在实践中学做教师丛书

总主编 王少非 陈建吉

在教学实践中学做教学

粟高燕 编著

吉林大学出版社

图书在版编目(CIP)数据

在教学实践中学做教学 / 粟高燕编著. —长春：吉林大学出版社，2019.11

（在实践中学做教师丛书 / 王少非，陈建吉总主编）

ISBN 978-7-5692-5904-9

Ⅰ.①在… Ⅱ.①粟… Ⅲ.①小学教育－教育研究 Ⅳ.①G622.0

中国版本图书馆CIP数据核字(2019)第270076号

书　　名：在教学实践中学做教学
ZAI JIAOXUE SHIJIAN ZHONG XUE ZUO JIAOXUE

作　　者：粟高燕　编著
策划编辑：张维波
责任编辑：刘　佳
责任校对：宋睿文
装帧设计：杭州紫金港
出版发行：吉林大学出版社
社　　址：长春市人民大街4059号
邮政编码：130021
发行电话：0431-89580028/29/21
网　　址：http://www.jlup.com.cn
电子邮箱：jdcbs@jlu.edu.cn
印　　刷：北京虎彩文化传播有限公司
开　　本：787mm×1092mm　1/16
印　　张：20.25
字　　数：330千字
版　　次：2019年11月第1版
印　　次：2019年11月第1次
书　　号：ISBN 978-7-5692-5904-9
定　　价：98.00元

版权所有　翻印必究

代总序

在实践中学做教师

对高等教育职能的认识,有一个历史发展过程。早期大学的主要职能定位于人才培养,至19世纪初,洪堡治下的柏林大学确立了"教学与科研相统一"的原则,科学研究开始被认可为高等教育的重要职能;至19世纪中叶,以康奈尔大学、威斯康星大学等为代表的美国大学明确了将社会服务作为大学的重要职能。在此之后,高等教育"三大职能"成为广泛的共识。但随着高等教育在社会发展进程中承担的角色日渐重要,高等教育的职能也在不断扩展。2011年,时任中共中央总书记的胡锦涛在清华大学建校100周年庆典上发表重要讲话,将"文化传承与创新"作为高等教育的一项新职能,与人才培养、科学研究和社会服务"三大职能"并列。2017年,中共中央、国务院印发了《关于加强和改进新形势下高校思想政治工作的意见》,强调高校肩负着人才培养、科学研究、社会服务、文化传承创新、国际交流合作的重要使命,这意味着,以习近平同志为核心的党中央进一步把"国际交流与合作"作为大学的"第五项职能"。

毋庸置疑,对于高等教育而言,这些职能应该并重,协调发挥作用。然而,这是否意味着每一所高等教育机构都应当同时关注这些职能,"只有多项职能并重的大学才是真正的大学呢"?其实,高等教育职能观的发展历史已经告诉我们,中世纪欧洲的大学只重培养人才,但不妨碍他们的大学之名;洪堡只讲"教学与科研并重",但不妨碍其治下的柏林大学成为那个时代大学的典范。当我们在讨论高等教育的职能时,其实我们是将高等教育视为一个整体,讨论的是整个高等教育系统的职能,而并非某一特定高等教育机构的职能。即使对于作为一个整体的高等教育,这些职能的地位也是存在着一定差异的,正如有些学者对"三大职能"做出的区分:人才培养是基本职能;科学研究是重要职能;社会服务是职能的延伸。对于特定的高等教育机构,多项职能之间的关系恐怕不是简单的"并重""协调发展"所可概括的。借用美国心理学家霍尔关于儿童发展的著名观点,即个体心理的发展或多或少复演了种系进化的历史,一个高等教育机构的自然发展可能也或多或少复演了高等教育的发展历史,在不同的发展阶段,承担职能的侧重点会有所不同。在当今高等教育大众化的背景下,高等教育机构日渐多样化,产生了众多的类型,比如,国家将高校分成了"研究型、应用型和职业技能型",重庆市在此基础上将高校分为综合研究型、应用研究型、应用技术型和技能技艺型四种类型,浙江省则将普通本科高校分成研究为主型、教学研究型、教学为主型。显然,这样分类背后的一个逻辑就是不同高校承担的核心职能。然而,很奇怪的是,我们经常会看到一所将自己定位于"教学为主型"甚至"应用技术型"的高校,在涉及学科与专业的关系时言之凿凿地将学科建设放在首位——理由是,不做科学研究的大学还是大学吗?

学科与专业是高等教育理论体系中两个非常重要的概念,也是大学办学中两个非常重要的工作领域。作为两个不同的概念,学科和专业存在着不同的规定性:学科是按照知识体系来划分的,规定的是知识体系的领域;专业则是按培养目标来划分的,规定的是人才培养的规格。作为两个不同的工作领域,学科强调知识发展,专业侧重于人才培养。

在很多情况下,学科与专业经常被相提并论。的确,在大学教育中,学科与专业总是存在着千丝万缕的联系:学科支撑着专业,专业通过人才培养支持学科队伍建设。但不可否认的是,学科和专业有时并不完全对应:有时,一个专业背后就是一个学科,但更多的时候,一个专业需要多个学科的支撑,而且一个学科可以支撑多个专业。在不同层次或不同目标定位的大学中,学科与专业的重合度会有明显的差异。在高层次研究型大学中,专业与学科的重合度通常会比较高,因为其专业通常定位于培养某一特定学科领域的学者,也即某一学科领域学术队伍的新人,专业教育的支撑性学科也相对单一;但在相对较低层次的教学为主型或应用型大学中,培养目标通常定位于某一实践领域的从业者的培养,而正如没有哪一项工作可以仅凭一个学科的知识技能来解决,也没有哪一个旨在培养专业实践从业者的专业教育仅需一个学科来支撑。

国外有学者区分了"学者"(The Academic)和"专业工作者"(The Professional),两者之间的差别如表1所示。

表1 学者与专业工作者的区别[①]

学者(The Academic)	专业工作者(The Professional)
主要关注抽象的思考; 为提升思考而行动; 兴趣在于发现真理; 不必直接反映现实实践的变化; 通过出版物(短期)和对真实世界的思考和行动的影响(长期)来评价	主要关注实时的行动; 为改善行动而思考; 兴趣在于找到有用的东西; 要直接反映真实世界的变化; 按行动带来的变化的价值来评价

从具体的条目来看,也许是为了更好地展示两者之间的区别,有些条目甚至采用了截然不同的表述,如"抽象的思考"与"实时的行动","为提升思考而行动"和"为改善行动而思考"等。如此来看,定位于"学者"培养的教育和定位于"专业工作者"培养的教育应有巨大的差异,甚至可能难以兼容。正如佩尼所指出的,"学者需要的训练主要是知识的获得和对真理的探索,而专业工作者所需要的培养主要是发展植根于深思的有基础的原理之中的实践知能。"[②]学者的培养需要的是学术教育,专业工作者的培养需要的是专业教育。

师范教育到底该是一种学术教育还是专业教育?答案应该是不言自明

---

① Penny Ur. Teacher learning[J]. ELT Journal. 1992, 46(1):56-61.
② Penny Ur. Teacher learning[J]. ELT Journal. 1992, 46(1):56-61.

的。制度化的教师职前教育旨在为教师职业输送合格的候选人。从根本上讲,教师职前教育应当培养能够满足教师专业实践需求或能够基本胜任教师专业实践的人,而不是教育"学科"的研究者或学者。但在师范教育实践中,这一认识并没有得到认同,或者可能被认同但未能在实践中得以体现。一些高层次的研究型大学中的师范教育专业有很多可能定位于教师的培养,但从实际来看,过度强调学科逻辑体系的课程设置以及明显侧重于学术研究能力的培养过程明显表明其师范教育倾向于成为研究生的预备教育——事实上,甚至有些层次并不那么高的大学师范专业在课程设置上也更多为师范生的考研服务考虑。几年前,在教育部教师教育课程标准研制专家组组织的一次关于《教师教育课程标准》实施的研讨会上,我介绍了我校按照《教师教育课程标准》倡导的"实践取向"理念和建构的教师职前教育课程框架而开发的课程方案,一位来自以某省命名且师范生数量在该省占首位的师范大学的教育学院领导对此提出质疑:强调依据"实践取向"来设置课程,考研的学生怎么办?他的意思是,这样的课程怎能满足准备考研的学生需求?对此,我回应说,我所在的这个层次的学校,在课程设置上无法为那些准备考研的学生考虑。当面我只能那样回应了,可话说回来,不管是在哪个层次的大学,师范教育或教师职前教育难道应该专门为考研的学生来设置课程吗?

强调师范教育是一种专业教育,并不否定师范教育也需要学术性,也不否定师范教育的从业者需要学术研究。作为一种专业教育,师范教育需要学术教育,但指向于培养专业人员的学术教育与指向于培养"学问家"的学术教育应有明显差异,专业教育所需要的是"指向于实时行动且为改善行动的思考"。师范教育的从业者当然也需要学术研究,只不过旨在为争取"学科地位"而进行的学术研究不应是重点,重点应在于为支撑专业人才培养的学术研究。然而,遗憾的是,教师教育中的学术研究似乎未能有效起到支撑专业人才培养的作用,至少在大量的"教育学科"学术研究中看不到与教育专业实践人才培养的较为直接的关联。

关于学科与专业的关系,在最热衷此话题的"新建地方性本科院校"圈子中,主流的话语是"协调发展"。能"协调发展",当然再理想不过了,既能

"顶天"又能"立地",那该多好! 但"现实很骨感","顶天"诉求与"立地"诉求之间难免会出现某种张力。当张力出现的时候,"新建地方性本科院校"总是会把"学科"发展放在首位——当然,会有一个说辞,即"学科建设包含了人才培养"——实际上却可能将学科发展凌驾于专业发展之上,凌驾于人才培养之上。"新建地方性本科院校"恰好是教师培养的主力军,置身于其中的师范教育从业者不可避免地会被裹挟到"学科建设"的潮流之中,于是,学科建设中更为外显更为刚性的指标如论文、项目等成为师范教育从业者的追求对象,至于这些成果能否支撑人才培养,即使不是完全没有考虑,至少不是一个关键的考虑。更多的时候,学术研究与人才培养成了"两张皮"。

如果认识到教师职前教育的专业教育属性,那么教师教育中的学术研究同样应当转向于支持教育实践专业人才培养的研究——从传统的"教育学"研究转向《教师教育振兴行动计划》所倡导的"教师教育学"研究。但更重要的是,教师教育必须定位于培养教学这一职业的实践者。医学教育、法律教育培养的是专业化程度更高的从业者,也不讳言自己的职业教育的本质,教师教育更应直面自己的职业教育本质,不能像传统的人文教育和科学教育那样定位于学术教育。教师教育必须指向于未来教师实践能力的培养,应当为师范生从事教师职业提供知能,为其成为胜任的职业实践者提供保障。

尽管从实际情况看,当前的教师职业尚不能完全符合公认的专业标准,但毫无疑问,教师都是被视为专业工作者的。1966 年,联合国教科文组织《关于教师地位的建议》明确了教师是一种专门职业,需要经过严格训练和持续不断地研究才能维持专业知识和专门技能。1994 年,《中华人民共和国教师法》规定"教师是履行教育教学职责的专业人员";1999 年,《中华人民共和国国家标准职业分类与代码》教师被列入"专业技术人员"大类;2000 年《中华人民共和国职业分类大典》规定了八大类职业,教师同样被归入"专业技术人员"之列。

一个专业的核心追求不是学问,而是实践或行动的改善。世界著名的教师教育专家李·舒尔曼(Lee Shulman)认为,在专业工作中,行动与理解同等重要,甚至更为重要。"一个专业人员只停留在理解层面是远远不够的……

一个专业人员不管他是否已经拥有足够的信息,都要准备好去行动,去执行,去实践"。① 旨在培养教育专业实践者的教师教育自然得致力于培养师范生的教育实践能力——如果其中涉及关于教育的"学问",这些学问也应当是支持实践和对实践的反思,指向于实践改善的。

没有对实践的参与,实践能力的养成是不可想象的。好在师范教育一直没有忽视"实践"在教师培养中的作用,实践环节在制度化的师范教育中已有较为悠久的历史,并且一直得到有效的延续。在当前教师职前教育的诸多改革中,实践环节从未被取消,相反一直被强调。比如近年来在美国教师教育中影响日渐扩大的"反常规取向"(deregulation)的教师教育,甚至将实践当作教师教育的全部——该取向的教师教育强调,教学只是一项技艺(craft)。就像新闻记者一样,教师可以在工作中逐渐学会如何教学。因此,教师在入职前并不需要在教育学院经过系统的训练和获得专业的资格,针对学科内容进行的短期培训就足以让新教师应付最初的教学工作。② 不可否认,实践在教师职前教育中的地位的确在职前教师的养成中发挥着巨大的作用,有些学者甚至将构成教师职前教育实践教学环节重要成分的实习看成是"教师职前教育中最重要的介入"③。然而,从现实来看,实践环节远未发挥其在职前教师养成中的应有作用和价值。

这应归咎于教师职前教育中实践环节的安排。首先,实践环节被看成与学科课程教学分离的孤立环节。"实践环节"之名就意味着"实践"是一个"环节",一个相对独立于"理论教学"的环节——尽管通常被认为是以"理论教学"为基础的。"实践环节"通常是在相关的"理论教学"完成之后专门独立安排的,说起来是基于"理论教学"的,但实际上,由于高校的评价体系等诸多因素的影响,高校教师对实践教学的投入不足,指导能力也严重滞后,以致于所谓的"实践环节"基本上交给作为实践基地的中小学。而高校教师教育的内容经常备受中小学教师所诟病,作为指导教师的中小学教师基本

---

① 李·舒尔曼. 标志性的专业教学法:给教师教育的建议[J]. 黄小瑞,译. 全球教育展望,2014(1).
② 王文岚,黄甫全. 美国大学本位教师教育改革的争议与新动向[J]. 江苏高教,2008(2).
③ C. 特尼. 师范教育实习辅导[A]. 国际教育百科全书,贵阳:贵州教育出版社,1990(8).

上沿袭他们惯常的做法来指导实习生。在这种情形下,被期望承担"沟通理论与实践"的"实践教学"甚至可能完全与"理论"无关,更甚者,因为教师资格考试、教师招聘考试中都包含了"笔试"和"面试"部分,尤其在教师招聘考试中"面试"的权重远超过"笔试",主导面试的中小学教师也会在教师职前教育的实践环节中占据主导的角色,在这种情况下,教师职前教育中的"理论学习"变得无足轻重,至多扮演着"敲门砖"的角色,"实践环节"甚至可能连"理论的应用"的成分都难以保证,遑论"理论与实践的沟通"!

其次,实践的时间难以保证。在很长一段时间内,尽管教师职前教育基本上都有实践环节的安排,但相当一部分教师职前教育项目中的实践时间是明显不足的,以致于需要教育行政部门对实践时间做一个明确规定。比如,浙江省在2009年启动教师教育基地建设时就规定四年制本科的师范教育实践时间不得少于一个学期,教师教育课程标准也规定实践时间不能少于一个学期。从现实来看,即使能够在人才培养方案上保证较长的实践时间,也只是名义上的实践时间,因为真正让学生实践的时间并没有得到充分的保证。这可能与作为实践基地的中小学有关,他们迫于"教学质量"方面的压力,未能给予实习生足够的实践机会,而承担教师职前教育项目的高校也因为不能为中小学提供有效的服务而难以开口向中小学提出更高的要求,以致于一些高校规定本科四年中"实习教学不少于8课时"!

再次,也是最重要的一个问题是,承担教师职前教育项目的高校以及承担实践教学任务的中小学对"实践"的理解明显过于狭隘。在相当一部分项目承担者眼中,见习就是听课,实习就是上课;实习的考核就是上过几堂课,以及备过几个教案。许多师范生头脑中有一种狭隘的专业观——教师的工作就是教学或教师的专业就是教学的专业——就与此不无关系。比如,在某些教师职前教育项目中,尽管课程能力被当作培养目标之一,也开设了"课程与教学论""课程开发""课程设计"等关于课程的职前教育课程,但这些课程甚至不像学科教学论、班级管理等课程那样有实践的机会,他们也甚至难以在实践基地观察到从课程开发到课程评价的完整课程实践。课程实践机会的缺失导致师范生以比其他相对更可能"有用"的课程更为单一的学习方式来对待与课程问题相关的课程学习,比如仅为通过课程考核而学习那些课程,将那些课程仅作为需要记忆的知识来对待。在这种情况下,师范生是不可能形成今后专业实践所需要的那种课程能力的。又如,许多教师职前教育项目中也有《教育科研方法》的课程,然而如同其他课程一样,《教育科研方法》也是一门定位于教师要"教"、学生要"考"的课程,于是,"方法"被当作"知识"来学习。结果,较好的情况是学生掌握了关于教育科研方法的诸多陈述性知识,最多记住了教育科研方法所基于的一些原理;最糟糕的情况是,一旦考试结束,所有相关的学习内容就像电脑中的文档被删除且清空回收站一样,在学习者头脑中未留下任何可见的痕迹。方法需要知识,也需要原理,但如果学习过程中没有实践,没有实际的"做",那些知识、原理绝无可能转化为能在真实情境中灵活运用的程序性知识和策略性知识!

台州学院是一所地方性综合性本科院校,但其漫长的办学历史中有很长的一段——自1907年的三台中学堂简易师范科一直到2002年升本——是师范教育的办学史。尽管近年来台州学院一直在朝综合化方向发展,且已具备明显的综合性特征,但师范教育依然是其办学的最重要的支柱之一。

作为台州学院的教师教育学院,我们的教师培养实践一直秉持"实践取向"的理念,我们相信教师培养一定要着眼于教师专业实践所需要的核心能力的养成,我们相信实践本身在教师专业实践核心能力发展中无可替代的作用。为此,我们对教师培养过程中的"实践"进行了整体设计,其核心有三:①依据教师的专业实践确定师范生的实践领域,将师范生的实践领域从以往较为单一的"教学"实践扩展到课程实践、科研实践、活动组织实践等;②根据教师专业实践的需求,改造通常意义上的"理论课",突破了以往"理论课"与"实践环节"的界限,在理论课中引入大量的实践元素,让学生在做中学;③极大拓展了实践的空间和时间,将学生的实践延伸到课外,延伸到小学的拓展性课程和课外活动。培养过程中的"实践取向"取得了良好的成效,从2011年至今,我们的各届毕业生在各地教师招聘考试中位居前三的均占毕业生总数的四分之一以上。

2015年,浙江省教育厅启动了"十二五"教师培养重点基地建设。台州学院作为全省十一个教师培养重点基地之一,申报了三个建设项目,并得以顺利立项,其中就包括了教师教育学院的两个项目:"实践取向的卓越幼儿园教师培养探索"和"实践取向的全科小学教师培养改革"。从项目名称上可以看出,我们试图在教师培养的实践取向上做持续的探索。本套丛书呈现的是我们对这些年来在教师培养"实践"上"实践探索"的梳理和总结。我们期望,我们的呈现能够引发教师教育者对教师培养方向的思考,引发对教师培养中"实践"的关注,为教师教育的改进提供哪怕是极为微小的启发。当然,我们还期望,将存在诸多不足之处的实践探索呈现出来,能够得到专家的批评指正,以能改善我们关于"实践"的"实践探索"!鉴于本套丛书的主题及所涉内容,我们相信,本套丛书不仅会对教师教育者有所裨益,同样会对师范生乃至在职教师的专业成长有所裨益。

本套丛书中的各本书基本上都以个人来署名,但并不表明各书呈现的成果仅属署名的作者一人。实际上,除个别书之外,其他单本呈现的都是我们整个教师培养团队的集体贡献。由于所涉人员太多,就不再一一罗列,谨以此一并对相关实践的所有参与者,包括教师、教学管理人员、学生致以诚挚的感谢!

王少非　陈建吉

目 录

第一章　教学实践与教师专业发展 …………………………………… 1
　第一节　教学实践：教师专业实践的核心领域 ………………………… 1
　第二节　教学实践能力：教师的核心专业能力 ………………………… 5

第二章　实践取向：教师教育学院教学实践改革概述 ………………… 15
　第一节　教师教育学院教学实践改革的背景 …………………………… 15
　第二节　教学实践改革的基本思路 ……………………………………… 25
　第三节　教学实践改革的成效：为师生的专业发展奠基 ……………… 54

第三章　课程标准建设：实践取向的教学改革专题（一） …………… 66
　第一节　课程标准建设的现实背景 ……………………………………… 66
　第二节　教师教育学院课程标准建设的具体方案 ……………………… 72

第四章　教师"在地实践"：实践取向的教学改革专题（二） ………… 84
　第一节　关于"在地实践"的一般性阐释 ………………………………… 84
　第二节　基于"在地实践"的博士工作站建设 …………………………… 93
　第三节　教师的课堂体验 ………………………………………………… 112

第五章　学生"在地实践":实践取向的教学改革专题(三) …… 122
第一节　"三习三体"实践教学模式的实施 …… 122
第二节　"拜师学艺":卓越教师培养途径探索 …… 147
第三节　"义务支教"的实践 …… 163

第六章　课程思政:实践取向的教学实践改革专题(四) …… 178
第一节　课程思政的一般性阐释 …… 178
第二节　教师教育学院课程思政的实施 …… 181

第七章　泛在学习背景下课程模式改革探索:实践取向的教学实践改革专题(五) …… 195
第一节　泛在学习背景下教育环境给养与教学实践改革 …… 195
第二节　泛在学习背景下的SPOC翻转课堂实践 …… 204
第三节　泛在学习背景下的蓝墨云班课探索 …… 212
第四节　泛在学习背景下基于微信的混合式教学探索 …… 216

第八章　实践取向的师生教学实践改革案例 …… 226
第一节　实践取向的教师教学实践改革案例 …… 226
第二节　实践取向的学生教学实践案例 …… 275

参考文献 …… 302
后记 …… 308

第一章 教学实践与教师专业发展

第一节 教学实践：教师专业实践的核心领域

一、教学实践与教师专业发展的内涵

(一)教学实践

对于教学实践的含义,我们首先得从"实践"与"教学"两个词语的理解开始。

实践有多层含义,其中观点之一是:实践是人们能动地改造和探索现实世界一切客观物质的社会性活动。简而言之,实践就是切实履行的社会性活动,或切实贯彻落实的社会性活动。实践具有客观性、能动性和社会历史性等特点。

对于教学的含义,学者们也从不同的角度进行阐述。王策三认为:"所谓教学,乃是教师教、学生学的统一活动,学生掌握一定知识和技能,同时,身心获得一定的发展,形成一定的思想品德。"[1]李秉德的观点是:"教学就是指教的人指导学的人进行学习的活动。进一步说,指的是教和学相结合或相统一的活动。"[2]顾明远在《教育大辞典》对教学的定义是:"教学是以课

---

[1] 王策三.教学论稿[M].北京:人民教育出版社,1985.
[2] 李秉德.教学论[M].北京:人民教育出版社,1991.

程内容为中介的师生双方教和学的共同活动。"[1]崔允漷在"有效教学"中指出教学是"教师引起、维持或促进学生学习的所有行为"[2]。还有学者指出，"教学有广义和狭义之分""广义的教学泛指那种经验的传授和经验获得的活动，是能者为师""狭义的教学是学校教育的教学，是人类社会一种有意识的活动，是由教师尽可能地采用最好的方式组织学习活动，使学生更有效地达到某种目的的最佳途径。"[3]尽管学者们对教学的定义各有所不同，但对教学的本质属性的界定是一致的，即教学是师生的共同实践活动。总之，教学是人类社会的一种实践形式，是作为一种人类社会实践活动而存在和发展的。

教学实践就是指教学这一社会活动，是师生共同进行实践活动的所有行为。在"教学实践"这里，"教学"是中心，"实践"只是一个补充说明，这一补充说明旨在规定我们必须把"教学"当作"实践"来理解。之所以要这么强调，一是因为现实中的教学往往由于教师主体地位不同程度地丧失而不成其为实践，二是为了辨明教学作为一种实践与其他人类实践不同的特殊性所在。在我们平常的指称中，"教学实践"中的"实践"往往被省略。

(二)教学实践与实践教学的区别

人们容易混淆"教学实践"与"实践教学"两个词语。两者既有区别也有联系。如上所述，"教学实践"的中心是"教学"，是区别于其他的人类社会实践形式，而"实践教学"中，"实践"是中心，是相对于"理论"而言的，"实践"修饰"教学"的，实践教学是相对于理论教学而言的，是理论联系实际的中间环节。实践教学是教学实践的一部分，实践教学的目的旨在强化理论知识的应用，培养学生的实践操作能力。

高校实践教学环节课程主要包括实验课程、专业见习、课程设计、综合实训、毕业实习、专业社会实践、毕业论文(设计)等。高校实践教学是巩固理论知识和加深对理论认识的有效途径，是培养具有创新意识的高素质应

---

[1] 顾明远.教育大辞典[M].上海:上海教育出版社,1990.
[2] 崔允漷.有效教学[M].上海:华东师范大学出版社,2016.
[3] 刘克兰.现代教学论[M].成都:西南大学出版社,1996.

用型人才的重要环节,是理论联系实际、培养学生掌握科学方法和提高动手能力的重要平台,是引导学生专业认同并完成特定职业角色转化的关键步骤,是学生实现专业化发展的有力推手。

(三)教师专业发展与教师专业实践

早在 1966 年,联合国教科文组织与国际劳工组织就已经在《关于教师地位的建议》中提出:应当把教师职业作为专门职业来看待[①]。20 世纪 80 年代以来,教师专业发展日趋成为人们关注的焦点。从国外现有的有关研究来看,研究者对"教师专业发展"的理解是多种多样的。但归纳起来,主要有三类:第一类是指教师的专业成长过程;第二类是指促进教师专业成长的过程(教师教育);第三类认为以上两种含义兼而有之。属于第一类理解的具体表述如霍伊尔(Hoyle,E.)认为"教师专业发展是指在教师职业生涯的每一阶段,教师掌握良好专业实践所必备的知识与技能的过程"[②]。格拉特霍恩(Glatthorn,A.)认为,教师专业发展即教师由于经验增加和对其教学系统审视而获得的专业成长[③]。属于第二类理解的具体表述如利特尔(Little,J.W.)明确指出,对教师专业发展的研究有两种截然不同的路径。路径的不同在一定程度上也反映了教师专业发展一词含义的两面性。第一是教师掌握教师复杂性的过程,这些研究主要关注特定的教学法或课程革新的实施,同时也探究教师是如何学会教学的,他们是如何获得知识和专业成熟,以及他们是如何长期保持对工作的投入等。属于第三类的表述威迪恩(Wideen,M.)指出,有以下几层含义:协助教师改进教学技巧的训练;学校改革整体活动,以促进个人最大成长,营造良好的气氛,提高学习效果;利用最新的教学成果的研究,以改进学校教育的一种手段;专业发展本身就是一

---

① UNESCO, International Labour Organization(ILO) Recommendation Concerning the Status of Teachers (Adopte. d by the Special Intergovernmental Conference on the Status of Teachers, Paris, 5October, 1966).

② Hoyle, E. Professionalization and deprofessionalization in education. In Eric Hoyle & Jacquetta Megarry(Eds.)World yearbook of education 1980:Professional development of teachers. London:Kogan Page,1980.

③ Glatthorn, A. Teacher development. InLorin W. Anderson (Ed.), International encyclopedia of teaching and teacher education(2nd ed.). Oxford:Elsevier Science Ltd.,1995.

种目的,协助教师在受尊敬的、受支持的、积极的气氛中,促进个人的专业成长。在本书中,我们把教师专业发展理解为教师的专业成长或教师内在专业结构不断更新、演进和丰富的过程。

教师是履行教育教学工作的专业人员,教师的专业实践就是指教师切实履行的教育教学活动的总称。关于教师专业实践的具体领域很广,不同时代不同的人士对其有不同的理解与认知。按照美国著名学者波帕姆(Popham,W.J.)的观点,教育活动主要由三大系统构成,即课程、教学、评价[①]。由此推知,教师的专业实践主要是围绕着人才培养目标而开展的课程实践、教学实践及评价实践的整体[②]。

二、教学实践是教师专业实践的核心领域

一种实践活动的独特性直接关系到它的专业化发展,从而决定着其从事者所获得的实践能力的专业性。

教学是教育的根本途径,是学校的中心工作,而教师是教学活动的主导者,没有教师的主导作用,也就不可能有教学活动,因此,教学实践是教师专业实践的核心领域,是促进教师专业发展的根本途径。正如有学者指出,"教师的作用主要是以教学来评价的"[③]。具体而言,教学实践对于教师专业发展的意义主要体现在:第一,教学实践是教师把握教育实践的主要方式。教学实践首先带给人对教师角色的感觉体验,正是这种教师角色体验构成了教师成长专业化的最初意识。教师对这个职业角色的认识只能从对自己的、实际的教学活动的感知开始。这种感知越是能真实地反映教学实践,他对教学的认识进展就越快,就越是能够有针对性地达成教师角色的专业性

[①] Popham,W.J.,Curriculum,Instruction,and Assessment:Amiable Allies or Phony Friends [R].Presentted at the annual meeting of the National Council on Measurement in Education,2003.
[②] 王少非.在课程实践中学做课程[M].长春:吉林大学出版社,2019.
[③] [日]筑波大学教育学研究会编.现代教育学基础[M].钟启泉译.上海:上海教育出版社,2000.

要求。教师只有通过教学实践,才能真正感知、确认自己是教师专业人员的身份。教师真正的专业成长始于其自我教学实践活动的建构。第二,教学实践是教师学校生活最基本的体现方式。教师的专业成长是在学校生活这一环境里得以实现的,离开了学校生活,就无从谈专业发展。教学实践本身就是教师职业化的生存状态。

第二节 教学实践能力:教师的核心专业能力

一、教师核心专业能力的内涵、特点与意义

(一)内涵

"核心能力"一词最早出现在管理学领域,1990年普拉哈拉德和哈默尔在《哈佛商业评论》发表的《企业的核心能力》一文指出"核心能力是组织中的关键性能力,特别是关于如何协调不同的生产技能和有机结合多种技术流派的能力,是企业竞争的优势之源",企业核心能力并没有超越企业能力的边界,与企业能力是一脉相承的,是企业能力发展的高级阶段[①]。后来对核心能力的研究就逐渐扩大到其他领域,从行业的本身发展到人,并在具体职业人的核心能力中进一步演化。

教师职业是一门专业,教师在专业发展过程中,需要诸多能力,如课堂教学的能力、与同事与学生交往的能力、促进自身发展的能力等。唯物辩证法指出,矛盾有主次之分,主要矛盾是唯一的,次要矛盾可以有多个。那么,在教师的各种能力中也必然存在着一种最主要的支配教师整个工作的能力,它是教师之所以成为教师的标志。同时这种能力具有排他性,其他行业

---

① 吴雪梅.企业核心能力论[D].成都:四川大学,2007.

不具备,其他人员也不易模仿。同样作为教师,为何有些教师能够很好地促进学生发展,成为特级教师甚至全国名师,而有些教师多年之后在自己的岗位上依然沿用自己传统的教育模式,没有获得实质性的突破,这就说明教师行业存在着一种关键的能力,指引着教师不断获得发展,这种关键能力就应是教师的核心能力,所以教师也同某些行业和职业人群一样具有其核心的能力。

学术界对教师核心专业能力的定义主要有三个视角:一是将教师核心专业能力局限于课堂教学,具体表现为监控能力或课堂监控能力[①]。二是将教师核心专业能力看作"教师教学活动中所反映出的最为重要、最为本质、不可缺少的能力"[②]。三是借助管理学中的核心能力概念,将教师核心专业能力看作教师制胜的竞争力,如"教师核心专业能力是蕴含于教师能力内质中、在教师能力系统中起主导作用、能使教师持续发展并在竞争环境中占据优势的专业能力。"[③]三种观点各有侧重,或重于个体教师的竞争力,或重于教师的职业特性,或从"核心"一词的内涵进行演绎。但不管从哪个角度来看,我们都应认识到核心能力蕴含于教师的能力系统之中,要充分了解教师核心能力的内涵必须对教师的能力结构有清晰的认识,明确核心能力在教师能力系统中的地位。教师的各种能力按照一定的程度和作用构成一个能力系统,各种能力间相互作用、相互联系完成日常的教学工作。按照教师能力机构的专业性和指向性我们大致可将教师的能力分为以下几个层面:基本层、专业层和核心层,与之相对应的是教师的基础能力、专业能力和核心能力,从能力的结构上看,其专业程度越来越高,指向性也越来越强。核心能力是教师专业能力的本质体现,是衡量教师个体优势的重要指标,是鉴别教师专业化水平的重要尺度,教师能力的众多特性也都是通过核心能力综合体现出来。教师的核心能力一般是教师通过长期的理论知识学习、教育实践经验积累和不断的教育教学反思而形成的,

---

① 王光明,张永健,吴立宝.教师核心能力的内涵、构成要素及其培养[J].教育科学,2018(4).
② 梁卿,蓝欣,马金强等.我国职教教师核心能力及其评价[J].河北师范大学学报(教育科学版),2009(9).
③ 朱超华.教师核心能力发展与教师管理模式变革的研究[D].广州:华南师范大学,2006.

而且相对于教师的其他专业能力,核心专业能力形成的时间更长,不易模仿,最能反映教师能力的本质特征[①],并且是教师能力的核心组成部分,起着统帅作用。

综合以上分析,将教师核心专业能力界定为教师在接受和参与教师教育、从事教育教学以及投身教研等活动中形成和发展的,能够适应社会发展、教师职业要求和促进自身专业发展带有统帅作用的能力。[②]

(二)特点

教师核心专业能力的特点主要表现为:共同性、统帅性和可建设性是教师核心能力的特征,从不同视角对教师核心能力进行的解构,同时为鉴别、分析教师能力的核心成分提供了重要的指标。三个特征共同组成了教师核心能力构成的必要条件。教师核心能力的共同性是指它是对所有大中小学教师的共同能力要求,具体表现为:一是面向大中小学全体教师,是所有教师必备的统帅性能力。二是教师职业社会规约与教师专业发展的共同规定,不是部分卓越教师或某类教师群体(如初任教师)的专属能力。教师核心能力的统帅性体现在三个方面:一是体现在过程的统领,是在接受和参与教师教育、从事教育教学以及投身教研等活动中形成的;二是体现在结果的统领,与教师非核心能力的关系方面,统帅着非核心能力的发展;三是体现在目标指向角度,能够适应社会发展、教师职业要求和促进自身专业发展。教师核心专业能力的统帅性是指教师在发展过程中随着自身水平和发展状态的变化,会不断地产生新的需求,并实现新的平衡。总之,教师核心专业能力是在教师专业发展中具有统帅地位,能够统帅和包摄教师的其他能力。

(三)意义

教师核心专业能力培养的现实意义主要可从两方面来认识。首先,这是顺应了核心素养发展的必然趋势。21世纪初,世界三大组织对核心素养开展了深入研究,引起了世界各国政府和教育界的高度重视,即经济合作与

---

① 朱超华.教师核心能力发展与教师管理模式变革的研究[D].广州:华南师范大学,2006.
② 王光明,张永健,吴立宝.教师核心能力的内涵、构成要素及其培养[J].教育科学,2018(4).

发展组织(OECD)启动了 DeSeCo 项目,联合国教科文组织发布了《发展教育的核心素养:来自一些国际和国家的经验和教训》,欧盟(EU)颁布了《终身学习核心素养:欧洲参考框架》(Key Competences for lifelong Learning: European Reference Framework)。2016 年,《中国学生发展核心素养》发布,要求将"发展学生核心素养"作为各学科的指导方针。此外,党的十九大及《中共中央国务院关于全面深化新时代教师队伍建设改革的意见》为新时代教师队伍建设指明了方向,对教师素质能力提出了新的要求。学生核心素养的培养和发展与教师的专业发展密切相关,没有教师的专业能力与素养为前提,学生的核心素养就缺少了理论与实践支撑。"核心素养"对学生的成长提出了要求,教师的教育理念、专业知识、教学技术等方面也应得到全方位的提高,以满足教改时代学生的多元化需求。[1] 显然,在核心素养背景下研究教师专业核心能力的发展关系到教育的长远发展,应予以高度重视。核心素养视域下教师专业化发展,最为关键的是教师专业核心能力的发展。

其次,顺应新时代教师教育发展的需求。教师是普及优质教育和实现教育公平的关键,是塑造下一代人思想和态度,以应对新的全球机遇和挑战的核心力量。教师的力量通过能力体现出来,关注教师的能力建设是当今世界各国教师专业发展的重点。[2] 美国 IBSTPI 教师能力标准、INTASC 示范核心教学标准和 NBPTS 高级教师标准,澳大利亚的教师专业标准,英国的教师专业标准等主要内容都强调培养教师的能力。我国 2012 年颁布的《中学教师专业标准(试行)》《小学教师专业标准(试行)》和《幼儿园教师专业标准(试行)》均强调教师要以"能力为重",提升教书育人实践能力,提高专业化水平。2018 年颁布的《中共中央国务院关于全面深化新时代教师队伍建设改革的意见》(以下简称《意见》)更指出,教师是教育发展的第一资源,要不断提升教师专业素质能力。因此,研究与培养教师的核心专业能力

---

[1] 中国学生核心素养发布[EB/OL]. http://edu.people.com.cn/n1/2016/0914/c1053-28714231.html,2016-09-14.

[2] 李德显,李慧燕. 论教师专业发展中的自我建构[J]. 教育科学,2014(5).

是教师专业发展中的重中之重。在师范教育专业认证标准中,也对师范生的教学实践能力做了具体要求。

二、教师核心专业能力的构成要素

教师本质是实践、关系与精神三者的结合。教师的实践性存在是指教师通过不断超越既定的存在状态,完成教书育人使命的过程,主要体现在教师的课堂教育教学过程中;教师的关系性存在是指教师在与他者的交流沟通中,获得他者的回应,确证自我的价值,体现的是教师与家长、同事、管理者等的关系;教师的精神性存在是指教师通过教书育人,追求实现"真我"的存在,完成自我的建构[1],体现的是教师与自我的关系。三者共同指向教师的专业发展,构成教师专业发展核心能力的三维层面,即师生关系、自我关系、他人关系。在师生关系维度,教师核心专业能力是指教师教育教学实践能力,具体指教育教学能力,包括教学设计能力、教学管理能力、教学实施能力、教学评价能力、课程开发能力、教学反思能力等。在自我关系维度,教师核心专业能力是指教师反思自我、提升自我、不断创新的能力,具体指学习创新能力,包括自我认知能力、学习能力和反思能力等。在他人关系维度,教师核心专业能力是指教师在与同事、家长、学校管理者的互动中具备的能力,具体指沟通合作能力,包括沟通能力和合作能力等。

师生关系是教育教学中最核心的人际互动关系。由上所述,我们可知,在师生关系这个维度上,教学实践能力就是教师的核心专业能力的重要组成部分,是教师从事并顺利完成教育工作的首要能力,也是最基础的核心能力,是教师实现自我价值最具表现性的能力。教师的教学实践能力的获得是教师专业性的根本体现。没有教学实践能力的教师就不能称其为专业性的教师。教师的工作植根于以知识、技能和伦理道德规范为媒介的师生之间的双边教育教学活动[2]。教学是教师的根本职业要求。教学

---

[1] 李德显,李慧燕.论教师专业发展中的自我建构[J].教育科学,2014(5).
[2] 申继亮,王凯荣.论教师的教学能力[J].北京师范大学学报(人文社会科学版),2000(1).

实践能力符合教师核心专业能力的内涵与特征。教学实践能力是世界各国教师专业标准中重点关注的能力。美国教师专业标准的主要内容均规定教师应具备怎样的教学能力[①]。英国的教师专业标准、澳大利亚的教师专业标准等都将教育教学能力视为重要的指标。我国的中小学教师专业标准也提出能力为重,强调教师要提高教育教学专业化水平,教育教学能力在当前的教师资格认定中处于核心地位[②],是我国教师专业发展中首要关注的能力。

如表 1-1 所示,我国各级教师专业标准及师范教育专业认证标准中关于教学实践能力的要求如下。

表 1-1　各级教师专业标准及师范教育专业认证标准中关于教学实践能力的要求一览表[③]

名　　称	对教学实践能力的具体要求
《中学教师专业标准(试行)》	(1)教学设计。①科学设计教学目标和教学计划。②合理利用教学资源和方法设计教学过程。③引导和帮助中学生设计个性化的学习计划。 (2)教学实施。①营造良好的学习环境与氛围,激发与保护中学生的学习兴趣。②通过启发式、探究式、讨论式、参与式等多种方式,有效实施教学。③有效调控教学过程,合理处理课堂偶发事件。④引发中学生独立思考和主动探究,发展学生创新能力。⑤发挥好共青团、少先队组织生活、集体活动、信息传播等教育功能。⑥将现代教育技术手段整合应用到教学中。 (3)教育教学评价。①利用评价工具,掌握多元评价方法,多视角、全过程评价学生发展。②引导学生进行自我评价。③自我评价教育教学效果,及时调整和改进教育教学工作。 (4)教育教学反思。①主动收集分析相关信息,不断进行反思,改进教育教学工作。②针对教育教学工作中的现实需要与问题,进行探索和研究。③制定专业发展规划,积极参加专业培训,不断提高自身专业素质。

---

① 刘正伟,李玲.美国中小学教师国家专业标准改革评述[J].比较教育研究,2016(1).
② 王沛,关文军,王阳.中小学教师教育教学能力的内涵与结构[J].课程·教材·教法,2010(6).
③ 根据国家颁布的相关文件整理而成。

续表

名　称	对教学实践能力的具体要求
《小学教师专业标准(试行)》	(1)教学设计。①合理制订小学生个体与集体的教育教学计划。②合理利用教学资源,科学编写教学方案。③合理设计主题鲜明、丰富多彩的班级和少先队活动。 (2)教学设施。①建立良好的师生关系,帮助小学生建立良好的同伴关系。②创设适宜的教学情境,根据小学生的反应及时调整教学活动。③调动小学生学习积极性,结合小学生已有的知识和经验激发学习兴趣。④发挥小学生主体性,灵活运用启发式、探究式、讨论式、参与式等教学方式。⑤发挥好少先队组织生活、集体活动、信息传播等教育功能。⑥将现代教育技术手段整合应用到教学中。⑦较好使用口头语言、肢体语言与书面语言,使用普通话教学,规范书写钢笔字、粉笔字、毛笔字。⑧妥善应对突发事件。⑨鉴别小学生行为和思想动向,用科学的方法防止和有效矫正不良行为。 (3)教育教学评价。①对小学生日常表现进行观察与判断,发现和赏识每一位小学生的点滴进步。②灵活使用多元评价方式,给予小学生恰当的评价和指导。③引导小学生进行积极的自我评价。④利用评价结果不断改进教育教学工作。 (4)教育教学反思。①主动收集分析相关信息,不断进行反思,改进教育教学工作。②针对教育教学工作中的现实需要与问题,进行探索和研究。③制定专业发展规划,积极参加专业培训,不断提高自身专业素质。
《幼儿园教师专业标准(试行)》	(1)环境的创设与利用。①建立良好的师幼关系,帮助幼儿建立良好的同伴关系,让幼儿感到温暖和愉悦。②建立班级秩序与规则,营造良好的班级氛围,让幼儿感受到安全、舒适。③创设有助于促进幼儿成长、学习、游戏的教育环境。④合理利用资源,为幼儿提供和制作适合的玩教具和学习材料,引发和支持幼儿的主动活动。 (2)一日生活的组织。①合理安排和组织一日生活的各个环节,将教育灵活地渗透到一日生活中。②科学照料幼儿日常生活,指导和协助保育员做好班级常规保育和卫生工作。③充分利用各种教育契机,对幼儿进行随机教育。④有效保护幼儿,及时处理幼儿的常见事故,危险情况优先救护幼儿。 (3)游戏活动的组织与指导。①提供符合幼儿兴趣需要、年龄特点和发展目标的游戏条件。②充分利用与合理设计游戏活动空间,提供丰富、适宜的游戏材料,支持、引发和促进幼儿的游戏。③鼓励幼儿自主选择游戏内容、伙伴和材料,支持幼儿主动地、创造性地开展游戏,充分体验游戏的快乐和满足。④引导幼儿在游戏活动中获得身体、认知、语言和社会性等多方面的发展。

续表

名　称	对教学实践能力的具体要求
《幼儿园教师专业标准(试行)》	(4)教育活动的计划与实施。①制订阶段性的教育活动计划和具体活动方案。②在教育活动中观察幼儿,根据幼儿的表现和需要,调整活动,给予适宜的指导。③在教育活动的设计和实施中体现趣味性、综合性和生活化,灵活运用各种组织形式和适宜的教育方式。④提供更多的操作探索、交流合作、表达表现的机会,支持和促进幼儿主动学习。 (5)激励与评价。①关注幼儿日常表现,及时发现和赏识每个幼儿的点滴进步,注重激发和保护幼儿的积极性、自信心。②有效运用观察、谈话、家园联系、作品分析等多种方法,客观地、全面地了解和评价幼儿。③有效运用评价结果,指导下一步教育活动的开展。 (6)反思与发展。①主动收集分析相关信息,不断进行反思,改进保教工作。②针对保教工作中的现实需要与问题,进行探索和研究。③制定专业发展规划,不断提高自身专业素质。
《中学教育专业认证标准(第二、三级)(试行)》	二级:[教学能力]在教育实践中,能够依据所教学科课程标准,针对中学生身心发展和学科认知特点,运用学科教学知识和信息技术,进行教学设计、实施和评价,获得教学体验,具备教学基本技能,具有初步的教学能力和一定的教学研究能力。 三级:[教学能力]理解教师是学生学习和发展的促进者。依据学科课程标准,在教育实践中,能够以学习者为中心,创设适合的学习环境,指导学习过程,进行学习评价。[技术融合]初步掌握应用信息技术优化学科课堂教学的方法技能,具有运用信息技术支持学习设计和转变学生学习方式的初步经验。
《小学教育专业认证标准(第二、三级)(试行)》	二级:[教学能力]在教育实践中,能够依据所教学科课程标准,针对小学生身心发展和认知特点,运用学科教学知识和信息技术,进行教学设计、实施和评价,获得教学体验,具备教学基本技能,具有初步的教学能力和一定的教学研究能力。 三级:[教学能力]理解教师是学生学习和发展的促进者。依据学科课程标准,在教育实践中,能够以学习者为中心,创设适合的学习环境,指导学习过程,进行学习评价。具备一定的课程整合与综合性学习设计与实施能力。初步掌握应用信息技术优化学科课堂教学的方法技能,具有运用信息技术支持学习设计和转变学生学习方式的初步经验。

续表

名　称	对教学实践能力的具体要求
《学前教育专业认证标准(第二、三级)(试行)》	二级：[保教能力]能够依据《幼儿园教育指导纲要(试行)》和《3～6岁儿童学习与发展指南》，根据幼儿身心发展规律和学习特点，运用幼儿保育与教育知识，科学规划一日生活、科学创设环境、合理组织活动。具有观察幼儿、与幼儿谈话并能记录与分析的能力；具有幼儿园活动评价能力。 三级：[保教能力]理解教师是幼儿学习和发展的促进者。能够依据《幼儿园教育指导纲要(试行)》和《3～6岁儿童学习与发展指南》，以学习者为中心，根据幼儿身心发展规律和学习特点，整合各领域的内容，科学规划一日生活，创设教育环境，综合实施教育活动，有针对性地指导学习过程，实施融合教育。有效运用多种方法，进行学习评价。

三、教学实践能力：职前教师教育的关键目标

毋庸置疑，教学实践能力是教师的核心专业能力，也是职前教师教育的关键目标。但要培养教师的教学实践能力，必须找到一个有效的载体。那什么是培养教学实践能力的有效载体呢？一般来说，学科知识可以通过"授—受"方式来获得，但是教学实践能力不能。虽然教学实践能力离不开学科知识，学科知识可以支撑教学实践能力的发展，但这些学科知识如果没有得到很好的运用，就不可能转化为教学实践能力。我国儿童教育家张雪门在论述如何培养幼儿教师的教学实践能力时，曾指出"学骑马者要在马背上学"的观点，意思就是指教学实践能力的培养必须在教学实践中去进行。教学实践能力的发展需要教学实践。美国学者波斯纳研究总结出了一个教师成长公式：经验＋反思＝成长。我国著名心理学家林崇德也提出"优秀教师＝教学过程＋反思"的成长公式。实践者与反思者成为当今教师教育倡导的新型教师角色，是对传统教师角色的超越。

成为专业实践者与反思者就是要求教师能够在教育教学实践中，以研究和批判的态度不断分析、反思教学实践，及时调整自己，创造教育新经验，提出教学新思想与新方法。具体要求做到：第一，具有先进的教学理念，增

强自主教学反思意识。教学理念是教师在对教学工作本质了解的基础上形成的关于教学的观念或理性信念,是教师实施教学的基本依据和内在基础。没有正确的教学理念,就不能有效地指导教学实践,更不可能产生恰当的教学行为。因此,要成为一名实践者和反思者,教师首先必须系统、深入地学习、理解、掌握和研究相关的教学理论,以树立正确的教学理念,进而形成恰当的教学行为。第二,丰富教学实践经验,不断提高教学实践能力及实践反思能力。在当前的师范教育中,师范生的教学实践经历主要通过教学实习来完成,通过教学实习师范生可以直接进入课堂进行教学实践。但是,师范教育中的实习时间总体而言是比较有限的,按《教师教育课程标准》规定,四年中见习+实习+研习要达到18周,但实际上许多高校未能达到这一要求。即使能达到这一要求的高校,也未能充分培养学生的教学实践能力。教学实践能力的培养仅依赖于18周的教育见习实习是不够的,还需要大量的专业实践时间来支持。

因此,近几年来,台州学院教师教育学院秉持实践取向的办学理念,深化教育教学改革,在培养学生的教学实践能力方面做了许多积极的探索,将培养师范生的教学实践能力作为师范教育的关键目标。相关工作的开展将在下文一一展开论述。

第二章 实践取向:教师教育学院教学实践改革概述

第一节 教师教育学院教学实践改革的背景

一、台州学院教师教育发展概况

(一)学校概况[①]

台州学院是一所经教育部批准建立的综合性普通本科高校,实行省市共管共建、以市为主的办学体制。学校历史悠久,办学源头可上溯至1907年成立的三台中学堂简易师范科,前身是1978年经国务院批准建立的台州师专。2002年3月,台州师专升格为台州学院。1995—2007年间,原台州教师进修学院、临海师范、台州卫校、温岭师范相继并入。学校坚持地方性、应用性、综合性的办学定位,秉承"澡身浴德 修业及时"的校训精神。

学校现在椒江和临海两地两校区办学,校园总占地面积1.22×10^6平方米,建筑面积54.40万平方米。下设14个二级学院,全日制在校生15289人。学校大力实施"人才兴校"工程,建立了一支较具实力的师资队伍。现有在职在编教职工1303人,专任教师804人,其中高级职称教师339人,占42.2%;博士250人,占31.1%;有3人入选省"千人计划",6人获国务院特

---

① 参见台州学院主页网站"学院简介":http://www.tzc.edu.cn/xxgk/xyjj.htm。

殊津贴,30多人次被授予全国"五一劳动奖章"、全国模范教师、全国优秀教师、教育部新世纪优秀人才、浙江省有突出贡献中青年专家等各类省部级以上荣誉称号。拥有省级一流学科4个,省级重点实验室2个,省级高校高水平创新团队1个,省院士专家工作站1个。学校坚持需求导向,紧密围绕台州主导产业发展专业,建立了制药化工、材料工程、电气信息、机械工程、建筑工程、生命环保、经济管理等一批特色鲜明的专业群。现有47个本科专业,其中国家级特色专业2个、省级优势专业2个、省级特色专业3个、省级新兴特色专业4个、省级重点(建设)专业9个。省级实验教学示范中心7个(其中重点1个)。学校是浙江省教师教育基地之一,还拥有1家三级甲等直属附属医院(台州市中心医院)。

学校推进产教深度融合,坚持校地协同发展,紧密对接台州医化产业发展,建立了浙江"千人计划"台州生物医化产业研究院,并获批国家级专家服务基地、浙江省博士后工作站。建立了高等研究院,设立了一批直接对接地方产业发展的高等研究所,吸引了9个由两院院士、长江学者、国千、省千、国家杰青等一流科学家领衔的创新团队入驻,直接为地方创新驱动发展提供高端人才和技术支撑。除此之外,学校还建立了台州学院三门研究院、浙江(台州)小微金融研究院、台州商人研究院、和合文化研究院、天台山文化研究院、台州市大陈岛垦荒精神研究中心等平台20多个。

近几年,学校积极推进教育教学改革,大力加强应用型建设,办学水平稳步提升。学生实践创新能力大幅提升,近三年,A类竞赛获奖总数增长率为22.1%,一、二等奖获奖总数增长率为75%,2016届有10个专业的创业率高于全省平均水平。毕业生受到用人单位普遍欢迎,就业率达到了96.08%,近三届毕业生专业相关度连续三年均比全省平均值高出近10分。师范教育保持传统优势,师范毕业生就业竞争力较强,2017届师范类毕业生教师资格证书获得率为86.60%。学校校友遍布全国各地,其中200多人次被授予省部级以上荣誉称号,部分优秀校友已成为企业家、博士生导师及各级党政机关的主要领导。经过升本以来十多年的建设发展,学校的办学水平和整体实力得到了显著提升。2017年武书连版大学排行榜中,我校在全国普通高校中排347名,较2016年前进了15名。

当前,学校正大力推进内涵建设,努力推动各项事业特色发展、内涵发展、融合发展、开放发展、升硕升格发展,开启新时代应用型大学跨越式发展新征程。

(二)教师教育概况

教师教育源头是 1907 年的三台中学堂简易师范科,前身为台州师范专科学校,1907－1978 年间,先后办过简师、中师、高师,师范教育从未间断。1995 年和 2000 年,台州教师进修学院和临海师范学校先后并入台州师专。2002 年 3 月,经教育部批准,台州师专升格为综合性本科院校。2007 年 8 月,温岭师范学校并入台州学院。

现有师范类本科专业 15 个,占全校 44 个本科专业的 34.1%,分布在 10 个二级学院,师范生 5117 人,占全日制本科在校生的 33.4%。

办学指导思想方面,台州学院以科学发展观为指导,全面贯彻落实国家、浙江省中长期教育改革和发展规划纲要,紧密围绕台州市基础教育发展需求,坚持"做精师范",秉持"实践取向"的理念,明确人才培养定位,进一步推动教师教育整体改革,优化办学布局,提升办学水平,培养应用型、实践性的教育人才,成为基础教育发展强劲"动力源"。

办学定位方面,台州学院教师教育以本科教育为主体,争取获得教育硕士专业学位授予资格。办学规模方面,全日制本科在校生基本稳定在 15000 人左右,其中师范生占 4000~4500 人;教师专业发展培训累计 20000 人次。

办学条件方面,台州学院为教师教育提供了较好的条件保障。基本教学条件能够充分满足教师教育改革和发展的需求;教师技能实训中心的条件得到极大改善,功能得到极大发挥;包括教师发展学校在内的实践基地能充分满足实践教学的需求。

专业布局方面,以义务教育阶段和学前教育师资培养为主体;对现有 15 个师范类专业进行适当调整、整合,优化结构,办学区域相对集中。

教师教育课程与教学改革方面,积极争取在国家级、省级特色和重点专业的数量上有所提升;教师教育课程的实践性明显加强,教师教育模式改革取得突破性进展;本科教学质量和人才培养质量不断提高,毕业生初次就业率和签约率处于省内同类专业前列,就业竞争力明显增强。

学科建设方面,正在努力争取课程与教学论成为省级重点学科;培育2个以上市级重点学科;地方服务平台——浙江省(台州)教师发展研究中心的功能得到充分发挥;建立以基础教育和教师教育为研究对象的研究所3个以上,基础教育与教师教育研究成果显著;争取开展教育硕士专业学位教育;学科对专业建设、人才培养的支撑作用更加凸显。

师资队伍建设方面,教师教育专业教师的学历职称结构明显改善,教授达到33人,博士达到102人;建立教师教育课程教师分类管理和考核办法,保持教师教育类课程教师队伍的稳定;致力于提升教师教育类教师实施"实践取向"的教师教育的能力,尤其是实践指导能力,40周岁以下的教师教育类课程教师均完成在中小学挂职锻炼,调整师范类专业教师队伍组建的方向,引进中小学、幼儿园有理论基础、愿意从事教师教育的、相对年轻的特级甚至高级教师来充实教师教育队伍;来自中小学、幼儿园一线的兼职教师达到教师教育类教师的20%。

台州学院对于教师教育的办学特色有明确的定位。在培养层次上,立足于培养义务教育及学前教育师资。在培养目标上,强化较强的实践能力和实践反思能力的培养,要求师范生具备终身专业发展的意识和潜力的中小学、幼儿园教师。在培养方式方面,突出实践取向的培养方式。依据中小学、幼儿园教育实践需求确定人才培养目标和规格,建构课程体系;依据实践逻辑开发教师教育课程,组织课程内容;实施以师范生实践能力和实践反思能力养成为核心目标的教学模式和教学方法改革;整体设计并大力加强实践教学,形成四年一贯、不断递进的实践教学体系,并促进理论与实践的充分互动;改革评价方式,运用评价来引导教师教育者的实践和师范生实践能力的发展。

学校还不断加大对教师教育改革与发展的经费投入力度。每年在教育教学经费预算中安排教师教育师资队伍建设专项资金,用于师资的引进、培养培训和兼职教师队伍建设;建立师范生教育实习经费保障机制,确保教育实习和见习等教育实践环节的经费;学校加大对教师教育专业实验室、教学网络平台和相关馆藏图书资源的建设力度,不断改善教学设施,以满足学校及台州地区教师教育需求。

二、教师教育学院教学实践改革的理论基础

(一)建构主义学习理论

建构主义学习理论是由日内瓦学派让·皮亚杰(Jean Piaget)首次提出的。建构主义学习理论认为学习是外部刺激加学生自主意识的能动作用。它强调学生是自身知识体系的主动构建者,强调主体意识的能动作用。建构主义学习理论主张学习环境重要的四大因素有:环境、合作、沟通和意义建构。学生学习知识的过程可以看作是自主意识能动作用建构知识的过程。知识是学生通过内在意识形成的,而不是仅通过外部刺激强加给学生的。知识是主观性的,是学生自身与外部环境互动后产生的结果。每个学生内在都是主动的学习者,教师要做的就是营造好的学习环境促使学生主动参与学习。因此,建构主义学习理论突出了人和环境之间的互动关系,强调课堂的多维性特征和学习的深层理解。建构主义教学观具体体现出三个方面的特征:一是主动性。学生建构自己对知识的理解,知识不是绝对的答案,不是灌输。学习是主动的,不是被动的。新的学习依靠现有的丰富经验。二是社会性与情境性,有意义的学习发生在真实的学习任务之中。三是提倡支架式教学、抛锚式教学、合作性学习、研究性学习等教学方式。支架式教学,是指为学习者构建知识体系、提供概念框架的教学。其具体过程为:进入情境→搭建支架,引导探索→学生独立探索→协作学习→效果评价。

教师的中心任务不是讲座式教学和只给学生提供答案,而是提供充足经验以支持学生学习,并营造良好的学习环境促进学生建构知识体系。学生自我建构知识的时候,教师仅作为支持者和合作者,学生自己才是建构知识的主体。

(二)多元智力理论

多元智力理论的代表人物是美国哈佛大学"零点项目"主持人霍华德·

加德纳。1983年出版《智力的结构－多元智能理论》一书,标志着他多元智力理论体系的正式建立。多元智力理论是对传统智力理论的批判。传统智力理论派采用单一的、可量化的智能概念,以标准智力测验分数对人类聪明程度进行界定。认为人的发展是由智商决定的。传统智力理论过分强调数、理、化智能,贬低其他认知方式的重要性,其带来的不良后果是:学校里只有一部分学生的学习是成功的,而大部分学生的学习注定要失败。多元智力理论提出八种智能:言语智能、逻辑数学智能、空间智能、身体运动智能、音乐智能、人际关系智能、自我认识智能、自然观察者智能。每个人同时拥有多种智能。

　　但多数人都只能在一两种智能上有出色的表现(某一方面的智力强项)。每一种智能存在多种表现形式,多种智能相互作用。多元智力理论的核心教学理念是:为多元智能而教,用多元智能来教,围绕多元智能而教。多元智力理论提出教学的核心基本特征是生成性、开放性、生活性、生动性,重过程、重应用、重体验、重参与。多元智力理论在教学内容与方法上,强调综合性学习、情境性学习(问题式学习、案例学习、主题学习、项目学习、服务学习、操作性学习);方法上多元化,尽量满足学生的多元需要,设置丰富的学习环境,充分发挥学生的积极性,以强项带动弱项。多元智力理论的评价观是增强学生学习信心、强化学生学习动力、提供学生成就的机会。评价方式上强调采用真实性评价或表现性评价及档案袋评价。多元智力了理论的学生观认为,无论何时,都要树立这样一种信念:每个学生都具有在某一方面或几方面的发展潜能,只要为他们提供了合适的教育,每个学生都能成长。教育工作者应该做的,就是为具有不同智力潜能的学生提供适合他们发展的不同的教育,把他们培养成为不同类型的人才。教学应该在全面开发每个人的各种智能的基础上,为学生创造多种多样的展现各种智能的情景,给每个人以多样化的选择,从而激发每个人潜在的智能,充分发展每个人的个性。

三、教师教育学院教学实践改革的现实依据

(一)基础教育课程改革的需要

基础教育课程改革必须要适应基础教育发展的需要,为基础教育输送合格的教师。而合格教师的培养,其关键取决于高校教师教育者教学实践能力的高低。我国新课程改革已近二十年。每一次教育改革都源于我们某种新的教育理想的理性设定,改革的每一个环节、每个因素都凝聚着我们对教育理想实现的期望。回顾这近二十年来的艰难历程,我们感到还有很多不尽人意之处,在这诸多不如意中,最引人注目的,还是教学这一作为实现教育理想的根本途径的实践,以及这一实践的主体教师。一个显而易见的事实是,人们对教学实践的关注,最终聚焦到了教师身上。教师是教育的关键,而教学能力是教师育人的关键能力。教育是人的教育,是借教而育,教的目标是学,教学总是教师的教学。没有教师,就谈不上教学,更谈不上教育。教师作为实践主体的确立,是教学实践产生、发展的前提条件。于是,对教师教学实践能力的关注成为教师教育研究中极其重要的部分,教师的教学实践能力成了"教育改革与教育研究的焦点"[1]。正因如此,我们今天的教师教育改革中,把着力提升教师教育教师的教学实践能力作为促进教师专业发展、保障人才培养质量的关键。

同时,有效的教师教育还要求我们在教师教育中对作为受教育者的教师(师范生,即未来的教师),也应该努力提升他们的教学实践能力,培养途径同样遵循人类认识发展的规律,即"感性认识—理性认识—再感性认识—再理性认识"的循环上升规律,用教学实践活动本身去激发、唤醒他们的生命感觉,使之带上教学活动的特殊印迹并发展成有鲜明的职业化特征的教学实践能力。

总之,作为国家行动的新课程改革离不开教师教学活动的实践支持。

---

[1] [日]佐藤学.课程与教师[M].钟启泉译.北京:教育科学出版社,2003.

(二)教师教育发展趋势的需要

重视教师教育者及受教育者教学实践能力的培养是教师教育发展的必然趋势。首先,把教师培养成一个完整的人,是当今教师教育的根本目的。回到教师本身,就是要把教师当作整体的人来对待,尊重教师作为人的人性的完整性。尊重教师作为人的完整人性,不但要尊重教师的理性能力,而且还必须尊重教师的感性能力。而感性能力就是实践能力。康内利和克兰笛宁也曾指出,在教学实践的视野中看教师,教师才是整体的人。[①] 没有教学实践能力的教师就不是完整的教师。其次,重视教师教学实践能力的培养是"卓越教师"计划的重要目标。"卓越教师"计划作为教师教育人才培养改革的重要举措,备受国际国内各大高校的广泛重视。培养卓越教师已成为英、美、德、澳等发达国家的普遍共识。英国的"卓越教师计划""培养下一代卓越教师"文件,美国的卓越教师专业标准,德国的"卓越教师教育计划"以及澳大利亚的"政府优秀教师计划"皆反映出国际教师教育改革的趋势。在国内,从国家到地方政府,再到学校层面的许多政策文件来看,加强卓越教师培养得到了高度重视。教育部于2010年启动卓越人才培养计划。《教育部关于实施卓越教师培养计划的意见》《国务院关于加强教师队伍建设的意见》《教育部、国家发展和改革委员会、财政部关于深化教师教育改革的意见》《教育部关于全面提高高等教育质量的若干意见》《浙江省人民政府关于加强教师队伍建设的实施意见》《浙江省高校课堂教学创新三年行动计划》等,都强调指出加强实践教学、培养师范生职业实践能力的必要性。本学院秉持"实践取向"的理念,将培养目标定位于小学、幼儿园教育的优秀从业者,期望能够探索一条有效融汇理论与实践、提升师范生教学实践能力和实践反思能力的职前教育路径。

(三)本科教育及我校转型发展的现实需要

高等学校的根本任务是培养人才,教学工作始终是学校的中心工作。近几年来,我国高等教育的改革与发展取得重大进展,特别是本科教育的规

---

① Connelly, F. M., Clandinin, D. J. Teachers as curriculum planners: narratives of experience [M]. Columbia: Teachers College, 1988.

模迅速扩大,随着社会主义市场经济体制的完善和经济结构的战略性调整,社会各方面都对高等教育人才培养的质量提出了新的更高的要求。显然,我国高等教育发展的重心正在由规模扩张向质量提升转变。以质量提升为核心的内涵式发展成为高等教育当前的发展诉求。

本科教育是高等教育的主体和基础,抓好本科教学是提高整个高等教育质量的重点和关键。当前,必须高度重视高等教育的质量建设,把加强本科教学工作列入重要工作日程。长期以来,国内众多高校教学改革的重心一直集中在专业结构、课程体系、实践体系、教学管理等建设方面,而对一线的教学过程和教学方法关注力度不够。课程教学改革是教育改革的最终落脚点,而课程教学理念及方式方法改革已成为现阶段提高教学质量、优化人才培养模式的关键。

此间,高等师范教育的课程教学改革问题也是颇受关注的问题。20 世纪末,我国师范教育课程设置在结构比例上一直是重学科专业课程,轻教育专业课程。进入 21 世纪后,随着基础教育改革的逐步深入,这种师范课程的适应性严重受到质疑,于是就加大了教育理论在师范课程中的比例,各类师范学校以选修、必修课等多种形式增加了多门的教育类课程,教育类课程大大增加,教育类课程比例相较以前有了较大提升。可以说,师范教育在新课程改革背景下已经付出很多努力,但是仍然无法使师范生顺利适应教师工作岗位,这也为一些学校拒绝应届师范生提供了"理由"。这种现象造成了人们对师范教育的高度怀疑,强调教育理论并没有达到增强学生教学能力的目的,师范课程结构的合理性再次受到严重挑战!人们不得不再次思考提升师范教育质量的路径。

透视国内外师范教育的发展经验,不难发现,我们师范教育的问题症结主要还是在于师范教育固有的课程教学模式:课程尊崇的是普通文化—学科专业—教育理论与方法—实习的单向路径,教学方面只重理论讲授轻实践体验。这样的模式暴露出最严重的问题就是理论知识与教学实践脱节,教学实践得不到保证的现象普遍存在。特别是实习排在最后学习阶段,这种分段学习的问题是,师范生经过理论学习之后进入教育实习,却很难将学过的理论知识用于实际教学,无法理解理论知识和实际教学之间存在什么样的关系。结果使学生怀疑所学习的理论,理论学习不能产生真正的效能,导致"眼高手低""高分低能"现象严重。

针对这一突出问题,国内外教师教育研究者对"回归实践"的师范教育研究日益重视起来。欧美国家纷纷开始探索"在地实践"的师范教育模式,把提升教师的实践性知识作为师范教育改革的突破口。教师的实践性知识不同于学科知识也不同于纯粹的教育理论知识,它是教师在教学中融合了自己的经验和理论的、属于自己的一套知识。日本学者佐藤学认为,实践性知识是特定的教师,在特定的课堂,以特定的教材、特定的儿童为对象形成的知识。[1] 我国陈向明教授认为教师实践性知识是教师真正信奉的,并在其教育教学实践中实际使用和(或)表现出来的对教育教学的认识。[2] 关注教师的实践性知识的获得日益成为师范教育研究的焦点。

台州学院是一所地方性、应用型高校,更是教学为主型高校。近几年在抓本科教学质量方面进行了许多可贵的探索。台州学院的师范生规模约占全校学生数的三分之一,可以说其师范生规模在全省综合性高校中是比较大的。台州学院的教师学院的主要功能是实施教师教育,具体任务有三大块:一块是负责全校师范生的教师教育类公共课程讲授,第二块是本院小学教育、学前教育两个师范专业的人才培养,第三块是职后的教师培训。作为实施教师教育的主体机构,我们在应对当前教师教育的诸多问题上也采取了许多的积极应对措施,特别是针对当前师范教育诸多的教学问题,我们做出了诸多改革尝试。我们认为,高等师范院校应当培养师范生形成教师实践性知识,关注教师实践性知识,强化教师实践性知识的课程是师范教育所成功面对挑战的关键。教师实践性知识涉及教师职业的方方面面,其中与教学直接相关的"教学实践知识"是其最为核心的部分。所以,我们把发展师范生的"教学实践知识"作为课程教学改革的重点,作为我们课程教学改革的根本前提。教师教育学院王少非院长适时提出了"实践取向"的师范教育课程教学改革理念。特别是2015年学校进行了新一轮人才培养计划修订

---

[1] 佐藤学.课程与教师[M].北京:教育科学出版社,1999.
[2] 陈向明.实践性知识:教师专业发展的知识基础[J].北京大学教育评论,2003(1).

工作以来，教师教育学院针对全校性师范生教师教育课程以及小学教育、学前教育两个本科专业的实践取向的教学实践改革研究项目正是以教学实践知识培养为目标，力图实现本科教学模式的"三个转变"——以教为主向以学为主转变、以课堂教学为主向课内外结合转变、以结果评价为主向结果与过程评价结合转变。在学院的组织下，一线教师积极立项，并在实践基础上凝练总结；学院组织学科教学专家对课程教学方法改革成果进行评估与总结，试图从本院经验出发寻求突破课程教学改革的瓶颈。

本书拟对近几年来教师教育学院一线教师开展的教学改革实践特征进行分析，一方面从中管窥当下高校本科课程教学实践改革的最前沿，聆听来自课堂教学改革现场的声音；另一方面，通过剖析不同类型课程的教学方法特征，探究实现"三个转变"的主要途径，并试图寻找改革中存在的共性与规律，为改革成果的推广、教学方法水平的持续提高提供经验与支持。

第二节 教学实践改革的基本思路

一、明确办学定位及人才培养标准

教师教育学院于2009年因浙江省教师教育基地建设而设立，其前身有比较漫长的中师、专科层次的小学和幼儿园教师培养经历。目前拥有小学教育和学前教育两个本科专业，同时承担着全校师范类专业教师教育类公共课程的教学工作。该类课程主要有"有效教学"《学生认知与学习》《教育研究方法》《班级管理》《心理辅导》《教师口语》《书写》等。本书介绍的教学实践改革主要是针对本院的小学教育、学前教育两个专业而言的，但也兼及教师教育类公共课程的教学改革实践。两个专业的教师与教师教育类公共课程教师是一个教师教育共同体。有些教师既是两个专业的任课教师，又是教师教育公共课程教师。

教师教育学院一直秉持"实践取向"的理念,致力于培养符合中小学和幼儿园实践需求的、具有较强实践能力和实践反思能力的专业"实践者"。多年的努力在人才培养上取得了良好的成效,毕业生就业竞争力较强,受到用人单位的普遍欢迎,培养质量在省内享有良好的声誉。

教学实践始终为学院的办学定位与办学理念。作为一所以"地方性、综合性、应用性"为办学定位,且正在朝"应用型"转向的地方性本科院校中的二级学院之一,基于所拥有的小学教育和学前教育专业,教师教育学院将自身定位于优质小学和幼儿园教师的培养基地。

教师教育学院的基本办学理念就是"实践取向"。以小学和幼儿园教育改革发展的需求和小学幼儿园实践的需求为依据,通过强化实践教学,强化理论与实践的沟通,培养适合于小学幼儿园教育发展所需,有较强实践能力,能胜任小学幼儿园教育工作的,具有实践反思能力和终身发展能力的优质的小学幼儿园初任教师。

一是"教师",强调的是一线的实践者,能胜任小学幼儿园教育实践的实践者;二是初任教师,强调的是入职时的合格,能较好胜任小学幼儿园教育实践工作,较好地履行小学幼儿园教师的职责;三是强调实践能力,也就是履行小学幼儿园教师职责的能力,而且又具有比较强的实践反思能力,能够不为现行的约束条件所束缚,具有创新和终身发展的能力。

两个专业人才培养的质量标准如表2-1所示。

表2-1 专业人才培养的质量标准

	小学教师培养的质量标准	幼儿园教师培养的质量标准
知识结构要求	具有坚实的人文、科学和艺术知识基础,对小学教育所涉学科(至少两门)系统的掌握;具备小学儿童身心发展的基本知识,掌握儿童研究所需要的基本知识和方法;了解教育发展的历史、现实和发展趋势;具备终身专业学习和发展所需要的工具性知识	掌握一定的自然科学和人文社会科学知识,掌握扎实的学前教育基本理论和基本知识。了解关于幼儿生存、发展和保护的有关法律法规和政策规定,了解幼儿教师专业标准和专业发展的最新研究成果,优化知识结构,达到幼儿教师专业知识规格的要求。具有一定的钢琴、舞蹈、绘画、乐理与视唱、幼儿玩教具制作和环境创设等相应的艺术欣赏和表现知识。具有终身专业学习和发展所需要的工具性知识

续表

	小学教师培养的质量标准	幼儿园教师培养的质量标准
能力结构要求	具备从事小学多学科教学、跨学科教学的基本能力,能够胜任小学两门以上学科的教学工作,能够开发并实施校本课程和综合实践活动课程;具备儿童研究和小学教育专业实践研究的意识和基本能力;具备班级管理、少先队工作、心理健康教育、家校联系等多方面的专业能力;具备在教育情境中分析问题、解决问题的能力;具备自我发展和终身学习的能力	能够根据学前儿童身心发展规律,掌握观察幼儿、评估幼儿以及实施保育和教育工作的基本能力;具有幼儿园教育活动和游戏活动的设计与组织、艺术表现和指导以及幼儿园环境创设与利用能力。能够建立良好的一日管理常规,维持正常的教育教学秩序。掌握标准的幼儿教师口语,使用符合幼儿年龄特点的语言进行保教工作;能够适应现代社会交流沟通的需要,与幼儿与家长进行有效沟通;具有一定的现代信息技术能力;初步具备科学研究能力以及终身学习与持续发展的意识和能力
素质结构要求	具有健康的身体、健全的人格,有良好的思想品德和负责任的公民意识;认同教师职业的价值,敬业爱岗,能够坚守教师职业道德,恪守教师专业伦理,尊重、关爱儿童;认同素质教育的理念,具有以儿童身心健康全面发展为重的意识;具有人文社会科学、自然科学、艺术等方面比较全面的综合素养	具有健康的身体素质、心理素质和健全的人格,有较强的社会责任感。认同幼儿园教师的专业性和独特性,注重自身发展;制定专业发展规划,不断提高自身专业素质。热爱学前教育事业,具有职业理想,履行教师职业道德规范,依法执教;尊重关爱幼儿,富有爱心、责任心、耐心和细心,为人师表,教书育人,自尊自律,做幼儿健康成长的启蒙者和引路人;具有团队协作和勇于创新的职业素养

学校强调人才培养,也就是强调教学的中心地位。学院将人才培养质量作为立院之本,高度重视人才培养工作,通过多种形式的宣传,使"学生发展中心"的观念成为全院上下的普遍共识。"学生发展中心"的主要内涵是:以学生的发展为根本出发点;以注重学生的全面发展作为教学的本质要求;注重每位学生的发展而不是少数优秀学生的发展;培养学生的主动学习能力是教学改革的核心要求;充分发挥教师的主导作用是教学改革的必要条件。学院用制度,特别是教学管理制度来支撑人才培养的中心地位,近年来出台了30余项与人才培养直接相关的制度;在经费上优先保障人才培养,利用创收经费奖励教师的人才培养工作。补充实验实训经费的不足,每年均在100万以上;积极推进人才培养全过程的改革,特别是强化实践取向课程教学改革,整合各种实践活动,建构了比较完善的实践教学体系;积极创建

各种平台,近年来不断扩大"拜师学艺"的范围,开展多样化的学生实践活动,争取到"少先队学科基地",组织学生开发"拓展性课程",并在大洋小学和临海实验幼儿园实施,为学生发展提供更多的机会;积极鼓励教师潜心人才培养,强化教师教学能力的提升,利用教师教学发展分中心、驻小学幼儿园的博士工作站等来提升教师的专业发展水平,尤其是实践指导能力;积极鼓励教师开展与人才培养相关科研和培训工作,引导教师将科研反哺教学,促进教学与科研的协调发展。

二、优化教学实践改革的资源建设

(一)加强教学人力资源建设

教师是教学实践改革的主体。教师教育学院共58名教职员工,其中专任教师45名,职员9名,辅导员4名。专任教师中有教授2人,副教授20人,讲师23人,高级职称占专任教师总数的48.89%;具有硕士及以上学位者27人(其中博士7人,在读博士1人),占专任教师的60%。有中小学教育实践经历者15人,占专任教师总数的33.33%,有出国访学经历教师2人。学校层面聘请了3名小学教师为兼职教授,有18名小学和幼儿园教师在两个专业承担实际的教学任务,年均有百余名小学幼儿园教师受聘担任学生的实践指导教师。专任教师学科背景比较复杂,有45名专任教师学科背景涉及教育学、心理学、理学、文学、艺术学五个一级学科。

教师教育学院的两个专业源于中师,师资队伍的老班底是中师教师,因此在教育教学上规范性比较强,教师在教育教学、学生管理上的精力投入总体上比较到位。所有专任教师都承担教学任务,积极鼓励教师承担见习实习指导、毕业论文指导、社团活动指导等实践教学任务,除极个别教师,绝大部分教师的教学工作量饱和。近年来从未出现过教学事故。

教师中涌现了省高校中青年学科带头人、省宣传文化系统"五个一批"人才、台州市拔尖人才等较高层次的人才;自校教学杰出奖和优秀奖设立以来,我院连续四届均有教学杰出奖获得者,另有教学优秀奖获得者11人。

学院高度重视教师的教学投入,将教师的教学态度、教学过程表现、教学业绩作为考核、评优评先、职评推荐的重要依据。近五年,除少数教师外出访学和因病休养外,所有教师均为本科生上课,学院也拟定了新的教学工作量计算办法,在教师教学工作量标准中专门规定了实践教学工作量(因学校要出台相关文件而未纳入去年底的教代会审议文件),鼓励教师承担各种类型的实践教学任务。教师参与见习实习、技能考核、毕业论文指导等实践环节的面比较广,部分教师还经常利用课余时间对学生进行社团活动、教师资格考试、拓展性课程开发等实践活动。教师在教学研究上也有较多的投入,四个系部经常性开展教研活动;全面完成了所有课程的基本建设,所有课程均制定了课程标准或教学大纲;承担省高等教育教学项目及课堂教学改革项目、校高等学校课堂教学改革项目、校高等教育教学改革项目和校人才培养模式改革项目、院级课程教学改革项目62项;《教师口语》《课堂评价》《中外学前教育史》列入重点规划教材,《课堂评价》《中外学前教育史》被评为省"十二五"规划优秀教材。

学院设立了教师教学发展分中心,采取了多种措施提升教师的教育教学水平。首先,鼓励教师参与各种类型各种层次的培训进修,近五年教师参与各种培训年均20人次以上,有一名教师考上博士研究生,两名教师海外访学;教研活动常规化,每学年四个系部组织的教研活动均近10次,且在教研形式上有创新,开展了与实践基地联合举行的教研活动;严格执行学校的青年教师培养制度,落实助教政策,为每一名青年助教配备指导教师,提供专业指导;鼓励青年教师以多种方式深入参与小学幼儿园教育实践,在两所小学和一所幼儿园设立三个博士工作站,近10年入职的青年教师全部参与其中,同时也借助学校地方服务八大重点平台之一"台州教育发展研究中心"组建多个项目团队,在服务地方的同时提高自己的实践指导能力;为教师发展提供比较充分的经费支持,制定了学院教学和科研奖励办法,在创收经费中给每系部2万元教研活动经费。

(二)加强教学物质资源建设

1. 教学经费

学校优先保障教学经费投入,近年来逐渐加大教学经费投入,教学经费持续增长。我院在确保学校下拨的教学经费100%用于教学之外,还积极争取中央财政补助项目,并利用学科建设经费以及成教和教师培训创收经费补充教学经费。如表2-2所示,2015—2017年争取到的经费有515.624万元,补贴在教学上的创收经费年均超过100万元,主要用途包括实验室建设、专业图书资料购置、教学楼和公寓文化建设、教师教研项目和教学奖励、学生见习实习交通费、学生科研项目和课外实践活动等,其中见习实习交通每年补贴就在10万元以上。

表2-2　2015—2017年本科教学专项经费投入情况(单位:万元)

来源	2015年	2016年	2017年
专项经费	22.348	94.126(含基地项目省补64)	99.15
学院自筹	100	100	100
合计	122.348	194.126	199.15

2.教学设施

学校为学院提供了比较完善的教学设施,相关设施和条件能够较好地满足人才培养所需。

学院有专业实验室用房总面积3800余平方米,其中本学院专用的实验实训场所2800多平方米,与其他专业共用1000多平方米,实验设施基本齐全,可满足专业实验教学的需要。如表2-3所示,目前已建有4个书法实验室(130多座,含作品陈列,其中1个粉笔实训室全天候开放)、2个美术实验室(60多座,含作品陈列)、1个幼儿手工作坊、1个心理实验室(60多台套)、1个普通话训练室(18台套)、1个幼儿园模拟活动实验室(60多台套,多个区角)、2个舞蹈教室、1个舞蹈排练厅、2个音乐教室、2个数码钢琴实验室(60多台套)、63个小琴房、1个教学示范室(即大微格教室,40多座,结构完整,功能齐备)、9个小微格教室(每间10多座),另有6个新型微格教室(含主控室,共300平方米)正在建设中,即将启用。所有实验实训室都配置多媒体教学设施设备,使用高清实物投影仪。幼儿科学教育实验室、幼儿园模拟活动实验室(二)、幼儿行为观察室、教师口语实训室等列入学院"十三五"实验室建设规划,目前正在申报启动。已建成的实验室有些安排上课,有些预约登记开放或全天候开放,资源利用率较高。

表 2-3 实验室教学设施配置

序号	实验室名称	数量	备注
1	书法实验室	4个	内有作品陈列;粉笔字实训室全天候开放,其他预约登记开放
2	美术实验室	2个	附1间作品陈列室;预约登记开放
3	幼儿手工作坊	1个	
4	心理实验室	1个	60多台套
5	蒙台梭利教学法实验室	1个	
6	奥尔夫音乐实验室	1个	
7	普通话训练室	1个	18台套
8	幼儿园模拟活动实验室	2个	多个区角,内有环境创设;预约登记开放
9	舞蹈教室	2个	
10	舞蹈排练厅	1个	全天候开放
11	音乐教室	2个	
12	数码钢琴实验室	2个	60多台套;预约登记开放
13	小琴房	63个	通过门禁系统授权,全天候开放
14	大微格教室	1个	40多座,功能齐全
15	小微格教室	9个	每间10多座,预约登记开放
16	新型微格教室	6个	含主控室,共300平方米;预约登记开放
17	科学探究实验室	1个	已纳入"十三五"建设规划
18	幼儿行为观察室	1个	已纳入"十三五"建设规划
19	教师口语实训室	1个	已纳入"十三五"建设规划
20	小学模拟活动实验室	2个	已纳入"十三五"建设规划
21	0~6岁婴幼儿保育实验室	1个	已纳入"十三五"建设规划

3.课程建设

2015—2017年,以小学、幼儿教育的现实需求为导向,根据《国家教师教育课程标准》《小学/幼儿园教师专业标准》《国家中小学教师资格考试大纲》等要求,对2个专业课程体系进行了优化,重点是加强对学生实践能力和创新能力的培养。优化通识课程与专业课程、加强实践课程、丰富自主选修课程,优化理论课程和实践课程的适当比例,压缩理论课程课时,加大实践课程的比重,优化实践课程设计,提高实践课程的质量。注重课程与课程之间的知识和理论衔接,保证课程的整体性与选择性,突出保护学生学习积极性,致力于开发学生创新能力。

课程建设规划得到良好的落实,所有专业核心课程都在逐步纳入课程建设规划。强化课程建设的保障机制:①明确基层教学组织为课程建设主体;②构建了一套课程建设的评估指标体系;③建立了课程建设激励机制,运用教学业绩考核加分、创收收入资助等激励课程建设,每门立项课程资助5000元。启动了以实践为特色的课程,《少先队学》《小学教育实践》《幼教名师选讲》《绘本制作》《教育科研方法》《课堂评价》《儿童行为观察与指导》七门课程作为第一批特色课程,建设具体做法各不相同,但总体指向于学生实践能力的培养。

强调教材—课程目标—人才培养目标之间的匹配关系,力求教材内容符合专业培养目标要求。所选教材整体水平高,使用效果较好。教材选用时教师一直被要求遵循以下基本原则:①专业主干课程在教材使用方面,坚持"精品教材为主,自编教材为辅"的原则,重视实践取向的教材,目前使用规划教材、优秀教材、获奖教材比例达90%以上。所选教材整体水平高,使用效果较好;②选用教材必须以提高人才培养质量为标准。鼓励优先选用教育部"面向21世纪课程教材"、国家级和省部级规划教材、教育主管部门或教学指导委员会推荐的教材;③优先选用2015—2017年出版的新教材或修订版教材;④积极选用先进的、能反映学科发展前沿的外文原版教材和高质量的电子教材;⑤对确属教学必须,并与教材配套的高质量教学参考书、教学辅助资料的选用,从严把关。

学院还鼓励教师结合专业特点及教学实践自编参编教材,《现代科学技术概论》为省高校重点建设教材,《新课程背景下的教师专业发展》入选全国教师教育推荐使用课程资源。《教师口语》《课堂评价》《中外学前教育史》是校重点规划教材,《课堂评价》《中外学前教育史》被评为省"十二五"规划优秀教材。《中外学前教育史》被列入浙江省"十三五"新形态教材,由我校教师参编的《学前教育学》《学前儿童语言教育》等被列为国家规划教材。

4. 社会资源

首先,充分利用社会资源,加强专业建设。小学教育专业和学前教育专业都成立了专业建设专家委员会,引入当地教育行政部门领导、小学和幼儿园资深专家作为专业建设专家委员会委员,为学院专业建设出谋划策;两次开展大规模的毕业生走访,听取用人单位的反馈意见,以为专业建设提供决策依据;每年举行实践基地负责人意见和建议,以改进专业建设。

其次,争取实践基地支持,强化实践基地建设。严格遴选,不断开辟新的实践教学基地,以满足学生实践教学需要。如表2-4所示,学院拥有教师发展学校26所,另有联系的小学幼儿园20余所,实践基地能满足学生多轮循环、不同层面见习实习的需要。2017年,大洋小学和临海实验幼儿园成为浙江省首批示范性教师发展学校。

表2-4　面向小学、学前教育的教师发展学校一览表

序号	教师发展学校名称	所属市区	备注
1	台州市白云小学	台州市开发区	
2	台州市学院路小学	台州市开发区	
3	椒江区第二实验小学	台州椒江区	
4	临海市哲商小学	临海	
5	临海市哲商现代实验小学	临海	
6	临海小学	临海	
7	临海市大洋小学	临海	省级示范性教师发展学校
8	临海回浦实验小学	临海	
9	临海市巾山实验小学	临海	
10	临海师范附属小学	临海	

续表

序号	教师发展学校名称	所属市区	备注
11	临海市古城小学	临海	
12	临海市机关幼儿园	临海	
13	临海市机关幼儿园大洋分园	临海	
14	临海市古城中心幼儿园	临海	
15	临海市大洋中心幼儿园	临海	
16	临海市实验幼儿园	临海	省级示范性教师发展学校
17	温岭市太平小学	温岭	
18	温岭市方城小学	温岭	省级示范性教师发展学校
19	温岭市城东小学	温岭	
20	温岭市机关幼儿园	温岭	
21	温岭市中心幼儿园	温岭	
22	天台小学	天台	
23	天台县始丰街道中心小学	天台	
24	天台机关幼儿园	天台	
25	天台恩美幼儿园	天台	
26	仙居县实验小学	仙居	省级示范性教师发展学校

最后,推进院－校合作,加强协同教学育人。除了与当地学校在见习实习上的合作,我们还采取多种举措推进院－校合作,提升协同教学育人的成效。一是选拔优秀师范生,与临海当地名师结对,进行"拜师学艺",近年还设立了院级"拜师学艺"项目,扩大"拜师学艺"的受益面。二是聘任一批名师直接参与两个专业的课程建设与教学,小学教育专业的《小学教育实践》和学前教育专业的《幼教名师选讲》均由我院与一线名师合作开发,并全部由一线名师承担。三是利用浙江省义务教育课程改革的契机,组织学生开发拓展性课程,借助大洋小学的平台,在大洋小学实施。从2016年第一学期开始,有30余门课程在大洋小学实施,共有300余名小学教育专业学生参与其中。拓展性课程实践既缓解了大洋小学课程资源不足的问题,也让大学

生获得了很好的锻炼机会。四是在大洋小学、邵家渡中心小学和临海实验幼儿园设立了三个博士工作站,13名青年教师参与其中,获得了很好的了解基础教育、提升实践指导能力的机会。

三、深化教学系统改革与研究

(一)围绕目标定位,加强顶层设计

加强顶层设计引导教学改革。颁布《教师教育学院关于提高人才培养质量的实施意见》,围绕这一顶层设计,先后出台了一些相关配套政策文件,涉及专业、课程、课堂、实践、创业创新各环节,以及学院、教师、学生教育教学管理的各个层面,推进"校地协同、双核强化、学做相融"的人才培养模式改革,全方位促进高素质应用型、复合型人才培养目标的达成。

步步推进,实施内涵提升。加强课程建设,开放课堂,持续推进课程教学模式改革;以省"十二五"重点建设教师培养基地项目及专业评估为抓手,加强小学、学前教育专业建设;以博士工作站、省示范性教师发展学校为平台,深化实践教学模式改革,强化校地协同育人。近年来,学院对专业建设、课程建设、教学改革与研究、规划教材、大学生创新创业训练计划等教学改革项目均给予政策支持,确保改革顺利进行。

(二)强化实践取向,创新育人模式

坚持"面向需求、以用为本"育人理念,强化"在地实践",创新育人模式,逐步形成"校地协同、双核强化、学做相融"人才培养模式,即强化以校地协同育人为应用型人才培养根本路径,以社会需求和学生就业为导向,化解学生知识能力素质与需求脱节的难题,构建应用型知识能力实现矩阵,优化通识和专业教育体系,构建"一核心二导向"的实践教学体系,培养"首岗胜任、多岗适应"的高素质应用型人才,初步形成实践取向的人才培养特色。

(三)坚持以人为本,提升信息化管理效率

依托学校的信息化管理平台,学院的教学管理效率不断提升。学校信

息化管理水平居省内高校前列。拥有办公自动化、教务、科研、人事、财务、图书馆等教学管理信息化平台,实现统一数据交换和信息共享,并不断进行人性化改进和建设,如更新改造教务管理系统、完善论文网络平台、优化网络听课反馈信息平台等。为积极引导教师运用现代教育技术手段,学校近几年大力推进教学信息化平台建设,购置新的网络教学平台,引入"尔雅""智慧树"等一系列优质网络教学资源,网络教学资源日益丰富,逐步满足"互联网+"教学方式方法改革需要。我院教师正在积极探索利用现代教育技术推进教学信息化平台建设,积极参加学校组织的多媒体信息技术培训。学院3门课程建立了天空教室课程网站,9门课程进行了网络课程立项,3门课程申报省精品网络课程建设。利用现代教学手段开展课程辅助教学,学生可利用网上题库做习题,提交作业,浏览大量的专业图片和相关知识。遇到疑点、难点问题,可通过疑问讨论与老师或同学进行网上互动交流。网络课程资源丰富,涵盖内容广泛,有效地优化了教学资源,实现了资源共享,满足了个性化教学的需求,为学生自主学习创造了良好的学习平台,深受老师和学生欢迎。

(四)实施开放办学

一方面是增加选择空间,尊重个性发展,实施校内开放。2014年,学校根据省教育厅有关转专业的指导意见,全面改革转专业制度,逐步形成了与本校校情相适应的转专业管理办法。2017年,再次修订转专业管理办法,不设报名门槛,申请次数增加到4次,只规定名额下限,不设上限,增加了退役学生、特长学生、创业学生优先转专业的规定。转专业过程规范、公平、公开,让学生享有充分的转专业机会。2015—2017年我院小学教育专业转入人数都在30人左右,学前专业的转入人数在不断增加,准入的质量也在不断提高。

另一方面,学院积极配合学校提升人才培养层次的相关措施,实施校际开放。鼓励学生积极参与国际国内学习交流项目,实现优势互补,提高培养质量。学院与美国杰克逊威尔大学、马来西亚大学等高校建立了合作交流关系。学院也积极配合学校的国内学生交流政策,搭建平台欢迎外校学生前来学习。学院于2017学年第一学期接受1名来自湖州师范学院的学前教育专业的学生来院学习。

（五）推进教学研究，支持教学改革

按常规要求开展教研活动。每学年各系部组织的教研活动均近10次，更有校内外联合开展的教研活动。为确保教研活动的开展，有教研活动方案、教学督导制度、教学检查制度、听课制度、激励制度等，并按时、有序、认真地组织全体教师参加教学研究活动，及时、完整地做好记录，对专题研讨总结提炼。每学年学院从创收经费中给每系部2万元教研活动经费。教研支撑教学改革的成效逐渐显现。学院教师承担省高等教育教学项目及课堂教学改革项目、校高等学校课堂教学改革项目、校高等教育教学改革项目和校人才培养模式改革项目、院级课程教学改革项目62项。

四、落实有效课堂

（一）坚持应用导向，实施双向定标

为促进应用型人才培养目标达成，学院开展新一轮标准或大纲制订工作。要求所有专业核心课程制订课程标准，其他专业必修课程、任选课和课外教育项目课程制订教学大纲。标准或大纲制订充分体现"一个符合，三个有利于"，即课程目标与任务符合应用型人才培养目标要求，有利于培养学生的创新能力和发展能力，有利于推进课程教学模式改革，有利于扩大课程教学的自主性和创造性。落实"双核强化、学做相融"理念，要求核心课程和核心能力考核"双向定标"，有机结合专业培养标准＋行业用人标准，把"应用性"贯穿课程目标、课程内容、教学方法以及课程评价等各个环节，着力提升学生实践应用能力和创新创业意识。对于课程标准、教学大纲的制定，学院多次组织研讨与修订。

（二）科研反哺教学，提升教学质量

科研与教学有机结合。"科研支撑教学，教学推进科研，保持两者的良性循环"是我院教育教学研究的重要特点。一些教师的一门课程就是一项课题研究的成果，一些教学改革实践最终升华为一个课题研究项目。如有老师的选修课程《课堂评价》正是源于他多年对课堂评价进行系统研究所积累的结果。为配合《浙江省课堂教学创新行动计划》，我院教师更是以研究的态度积极进行教学改革的探索，积极开展课程教学模式改革的研究与实践，不断推动课堂教学模式的创新。学院出台政策，积极推动院级课程教学模式的改革研究。2014年以来，我院教师开展校院两级的课程教学改革项目14项，开展课堂教学创新教研活动50多次。2015－2017年，学院获省级教改项目立项2项，获省厅"十二五"重点建设教师培养基地项目2项，分别是"实践取向的全科小学教师培养改革"及"实践取向的卓越幼儿园教师培养"，主编、参编教材7部，校院两级教改项目50余项，省厅教育科学规划项目3项。有教师获省微课比赛一、二、三等奖，校教学杰出奖、优秀奖，有多位教师获市厅级以上社科奖或教学研究成果奖。

（三）运用多样载体，激发课堂活力

学院积极响应学校的要求，制订了课堂创新计划，从强化基层组织、优化课程体系、完善教学基地、加大课改力度、拓宽教师培养途径等方面激发课堂活力，力求覆盖每位教师、每门课程，激发师生活力，打造优质课堂。为更好地促进学生成长成才，推进教与学的有机融合、教务与学工的密切配合，每年两学期分别以"课堂教学创新活动月"和"教风学风建设活动月"为载体，有计划地开展公开课观摩教学研讨、教学论坛等活动。从营造教学创新氛围，到第一课堂、第二课堂和第三课堂的衔接互补，激发师生活力，着力打造课堂教学新生态。通过这些载体，大大提升了教师的教学理念及教学能力，课改、教改成效明显。2015－2017年，力求实现教学模式的三大转变，严控项目实施质量，注重教学成果培育，发挥教改成果的反哺课堂作用。2015－2017年，完成省级教改、课改项目结题、立项4项，校重大教学成果培育1项。从项目申报人的结构层次来看，申报人90％以上是来自教学一线的普通教师，60％左右为40周岁以下的青年教师，说明课改项目实施切实面向一线，而青年教师已逐渐成为学校教学改革的主导力量。从项目实施对象覆盖率来看，小学教育专业和学前教育专业的全体学生及职后培训教师都从中受益，据学校组织的学生调查问卷显示，93％左右的学生表示教师课堂的改革与创新增加了学习兴趣,提高学习效率和质量。从项目改革内容来看,大多数改革都紧扣"校地协同、双核强化、学做相融"人才培养理念,其中有40%左右的项目以问题、实践或能力为导向开展课改,有30%左右的项目尝试了现场教学法、探究式教学法、项目教学法、案例教学法、PBL教学法等多样化教学方法,引入慕课、微信、云教学等网络平台探索信息化教学手段,尝试翻转课堂。

学院发挥优良学风班在学风建设中的示范带头作用,推动第一课堂和第二课堂的良性互动,激励学生积极搭建展示自己的平台。鼓励教师进行"翻转课堂"、微课、慕课等方面的教学,引导学生主动学习、独立思考,形成了课内外良性互动的机制。

学院鼓励教师进行课堂教学改革,全面提高人才培养质量。近年来,学院鼓励教师在教学过程中采取适宜、有效的教学方法开展多元化教学活动,着力提高学生的学习兴趣与主动性。在传统课堂讲授的基础上,问题教学法、案例教学法、探究式教学法、启发式教学法等以倡导学生为中心的教学方法不断被教师引入教学实践,一定程度上打破了教师讲解、学生被动接受的课堂教学局面,大大提高了课堂的抬头率和教学的有效性,较好地实现了课堂教学的"三个转变"。

(四)倡导多元评价,注重过程考核

全面推行多元化课程考核方式改革。学院根据学校的要求制定了《教师教育学院关于推进课程考核方式改革的实施方案》,注重核心课程和核心能力考核,强化学做相融,逐步实现课程考核从单纯"知识掌握"考核向"知识、能力、素质"综合考核相结合的方式转变,切实提高应用型人才培养质量。一方面,创新校内评价体系,从2017年下半年开始,要求所有考试课程采用"N+1"形式进行考核,"N"是指教学过程中的考核项目数,"1"是指期末考试,"N"不小于3;考查课程应采用"N"形式进行考核。从2017学年第一学期开始,要求对所有考查课程的过程考核材料进行档案盒管理。另一方面,引入社会评价机制。建立学校、实习单位、用人单位共同参与的人才质量社会监控体系。如实习成绩的评定、毕业生对母校的满意度调查、用人单位对毕业生满意度的调查等。

严把考核质量关。一方面,学院秉承师范教育的优良传统,教师严谨治学,规范试卷命题、制作、阅卷及成绩评定,要求教师应根据《台州学院试卷检查指标体系》认真出卷评卷,做到客观公正、标准明确、评判准确。另一方面,发挥校院两级督导工作联动机制开展试卷抽查,总体而言,试卷装订较为规范,命题基本科学合理,试题内容有一定覆盖面,评分标准较为规范、合理,阅卷较为认真。

考风考纪状况总体良好。学院严格考风考纪,教与学互联互动,每学期除常规警示宣传外,在考试前一周都召开教学、学工例会,强调考风考纪,对于违反考风考纪的学生严格按学籍管理制度有关规定进行处理。

(五)扩大选修比例,满足兴趣需求

学校2015版人才培养方案扩大选修范围和比例,选修范围包括通识动态模块、通识选修课、专业方向课、专业选修课、课外教育创新能力类和素质拓展类项目,小学教育专业和学前教育专业选修学分比例在30%左右。

五、推进实践教学改革

(一)校企协同育人,强化核心能力

以专业核心能力考核为抓手强化实践能力培养。学校从2015级开始大幅提升实践教学比例,文管类在20%左右,理工类在30%左右,并按照"双核强化、学做相融"改革思路,引导各二级学院结合专业特点建立专业核心能力训练、考核体制,切实提升学生实践创新能力。我院一直重视专业核心能力考核,特别是依托校-校合作平台创新"在地实践"核心技能培养方式。学院依据《教师教育课程标准》《小学教师专业标准》《幼儿园教师专业标准》《教育部关于深化教师教育改革的意见》《教育部关于实施卓越教师培养计划的意见》《教育部关于加强师范生教育实践的意见》《浙江省教育厅关于深化教师教育改革的实施意见》《中小学和幼儿园教师资格考试标准(笔试、面试)》《教师教育学院专业"十三五"专业发展规划及调研报告》以及小学教育专业和学前教育专业的人才培养方案等要求来设计专业核心技能考核内容。小学教育专业主要有演讲、教师口语、三笔字、说课模课、儿童绘画、音乐舞蹈、手工制作、教师专业考试面试技能;学前教育专业主要有:教师口语、书写、说课模课、活动设计、儿童绘画、儿童故事、儿童舞蹈、自弹自唱、即兴伴奏、儿童歌曲弹唱、手工制作、教师专业考试面试技能。

强化校地互动、协同育人,突出师生"在地实践",是学院强化核心能力的主要措施。具体做法是:第一,与大洋小学、临海实验幼儿园深度合作,成功申报首批省级示范性教师发展学校。第二,聘请一线名师为两个专业的学生来院授课。2017年共聘请了25名小教、学前名师来院授课,指导学生的专业实践。第三,学生的"在地实践"。即与小学、幼儿园深度合作,为学生提供"在地实践"平台。两个专业的300多名学生在大洋小学开展拓展性课程教学,学前教育专业有100多名学生以助教的身份在临海实验幼儿园开发与实施STEAM课程,这种"在地实践"的锻炼极大地提升了学生的专业实践能力。第四,教师的"在地实践"。学生专业核心技能的培养需要教师的专业实践能力来保障。学院通过在多所小学、幼儿园建立博士工作站,让教师到小学、幼儿园挂职锻炼,提升教师专业技能的指导能力。

(二)加大实践投入,注重过程管理

加大投入实习实训,切实改善实践环境和条件。一是经费有保障。学院利用成教、培训收入,大力投入实习实训,出台了《教师教育学院关于成人学历教育相关事宜的暂行规定(试行)》。2015—2017年学院每年用于实习实训的投入达30余万。二是基地相对稳定。实施"学院启动、学校推动、单位联动"机制,推进共建、共管、共评的一批稳定、紧密、高效的实践教育基地建设,为学生提供了充足的实践教学条件。三是过程管理规范。严格按照实习大纲要求落实实习内容,加强实习巡视与实习调研。2009年上半年,台州学院成为浙江省的十大教师教育基地之一,教师教育学院作为教师教育基地建设的主体性单位,构建了以临海市和椒江区为主体,辐射台州市内7个县、市、区小学、幼儿园二十多个实践实训基地,为小学教育专业和学前教育专业的实践教学提供了更为宽广的平台。

激励引导学科竞赛,提升学生综合应用和创新能力。一是加强竞赛的制度、管理与激励等保障机制,出台竞赛管理、科技作品替代、创新创业等方面的管理办法,引导和鼓励学生参与各级各类创新实践活动。二是扩大学生参与面和受益面。所有核心技能考核都采取与学科竞赛相结合的方式进行,保证核心技能的竞赛人人参与,每年学院组织的院校两级学科竞赛项目平均约16项。学科竞赛还和学生专业社团、课程教学相结合,基本做到了学生全员参与。三是学生竞赛水平和质量不断提升。每年组织学生按指标足额参加省A类竞赛。适合我院学生参加的省级A类竞赛只有两个,省师范生教学技能竞赛和省大学生汉语口语大赛。两个竞赛都是有名额限制的,须按指标参赛,所以在本校就竞争非常激烈。如表2-5所示,近几年,我院师生努力拼搏,在两个省级A类竞赛中取得了一定的成绩。此外,也有学生曾在省级A类竞赛"大学生服务外包创新应用竞赛"中获二等奖等。

表2-5 学生在省级A类技能竞赛中获奖情况一览表

序号	年度	竞赛名称	竞赛级别	姓名	学生专业	获奖等级
1	2015	浙江省第九届大学生师范生教学技能竞赛	省A	金璐	小学教育	二等奖
2	2015	浙江省第九届大学生师范生教学技能竞赛	省A	张一晨	小学教育	三等奖
3	2015	浙江省第九届大学生师范生教学技能竞赛	省A	郑颖	小学教育	三等奖
4	2015	浙江省第九届大学生师范生教学技能竞赛	省A	徐露琪	学前教育	三等奖
5	2015	浙江省第三届大学生汉语口语竞赛	省A	孙呈曙	小学教育	二等奖
6	2016	浙江省第四届大学生汉语口语竞赛	省A	徐杨娟	小学教育	三等奖
7	2016	浙江省高等学校第十届师范生教学技能竞赛	省A	杨诗意	学前教育	二等奖
8	2016	浙江省高等学校第十届师范生教学技能竞赛	省A	池亚妮	小学教育	三等奖

续表

序号	年度	竞赛名称	竞赛级别	姓名	学生专业	获奖等级
9	2016	浙江省高等学校第十届师范生教学技能竞赛	省A	卢钦	小学教育	三等奖
10	2016	浙江省高等学校第十届师范生教学技能竞赛	省A	孙呈曙	小学教育	三等奖
11	2016	浙江省高等学校第十届师范生教学技能竞赛	省A	许雨菡	学前教育	三等奖
12	2017	浙江省第十一届师范生教学技能竞赛	省A	陈巧圆	学前教育	一等奖
13	2017	浙江省第十一届师范生教学技能竞赛	省A	郑洁茹	学前教育	二等奖
14	2017	浙江省第十一届师范生教学技能竞赛	省A	程芷珞	小学教育	二等奖
15	2017	浙江省第十一届师范生教学技能竞赛	省A	陈琛	小学教育	三等奖
16	2017	浙江省第十一届师范生教学技能竞赛	省A	应雅晨	小学教育	三等奖
17	2018	浙江省第十二届师范生教学技能竞赛	省A	方亦天	小学教育	二等奖
18	2018	浙江省第十二届师范生教学技能竞赛	省A	臧金超	小学教育	三等奖
19	2018	浙江省第十二届师范生教学技能竞赛	省A	应双荟	小学教育	三等奖
20	2018	浙江省第十二届师范生教学技能竞赛	省A	倪以琳	学前教育	二等奖
21	2018	浙江省第十二届师范生教学技能竞赛	省A	卢玮妮	学前教育	三等奖

严格把关毕业论文,培养学生创新和研究能力。学院严格按学校要求进行。为确保毕业论文质量,我们主要采取两方面的有力措施,一是过程方面试行双导师制,把小学、幼儿园一线名师选为第二论文指导师。第二,结果方面加强质量监督管理。学校奖惩结合,出台《台州学院优秀毕业设计(论文)评选办法》,制定毕业论文(设计)抄袭处理办法细则,通过"一选、二

导、三查"措施,确保毕业设计(论文)过程规范和质量。一是严把选题关。2015－2017年,论文选题紧扣专业需要,加强应用策略型问题研究。二是学院自查、学校抽查、系统检查。2016－2017年,校院两级90余位教学督导以双向盲审的形式随机抽查了涵盖全校论文,我院论文合格率为100%。2017年,校教学督导分组深入二级学院进行"推磨式"检查,督查评价意见和管理建议,有助于提高论文管理质量。"中国知网"学术不端文献检测系统数据显示2015－2017年我院毕业论文检测不合格率均为零。

六、科学发展第二课堂

(一)完善育人体系,强化保障措施

完善"五位一体"育人体系。学院根据学校的相关要求,完善第二课堂育人体系。学校在2015版人才培养方案课外教育项目中设置了创新能力和素质拓展两类第二课堂项目,各2个学分。引进"PU口袋校园"信息化管理平台,以"非专业素质拓展成绩单"为总纲,构建并完善"五位一体"的育人体系,引导学生按照兴趣爱好和发展需求,完成第二课堂的思想成长、校园文化活动、社会实践、志愿公益、创新创业五个方面的核心任务,通过积分转化的办法,完成人才培养方案规定的4个学分要求。为促进一、二课堂的有机融合,学院出台了学分激励政策,如《教师教育学院学生创新学分认定实施细则》《教师教育学院科技作品替代课程、课外学分、毕业论文正文暂行细则》等,奖励在学术研究、学科竞赛、科技活动、成果转化等方面取得突出成绩的学生,可以替代相应课外教育项目和专业选修课程学分。

(二)科学管理社会实践,促进人才素养提升

学校将社会实践明确纳入人才培养方案管理,共计2学分。学院围绕以"实践取向"为核心的人才培养方向,以德才兼备的未来人民教师为培养目标,积极构建以社团活动、社会实践、志愿服务"三位一体"的学生的课外实践活动,加强学生师德素养和教师技能的培养锻炼。学院坚持"实践常态化、运行项目化、育人长效化"的理念,通过深化"双百双进"活动,建设"大爱

台州"教育实践基地,将暑期"三下乡"社会实践与常态化服务基层、与创建社会实践项目、与提升大学生实践能力相结合。学院利用少先队研究协会、教学研究协会、创意手工协会、才艺表演协会、演讲协会等社团开展丰富多彩的社团文化活动。为大洋小学开设18门拓展性课程,近300名学生参与其中。每年上半年结合专业特点开展"教育节"系列活动,内容包括口语、声乐、舞蹈、书画等专业特色鲜明的各项活动。每年六一前夕,学生为全市儿童开展儿童剧公益演出,《绿野仙踪》获浙江省大学生艺术节二等奖,被《青年时报》《台州日报》等多家媒体报道。学院每年组建暑期社会实践队,为特殊儿童、民工子女、留守儿童开展爱心支教活动。开设作文、书法、合唱、手工、舞蹈、朗诵等特色教学素质拓展课程。2015—2017年来,学院共组建了12支实践活动队。暑期社会实践团队和个人9次获得省、市暑期文化科技卫生"三下乡"优秀团队、个人荣誉称号,被《中国产经新闻》《青年导报》《台州日报》、台州电视台等媒体报道70多次。开展"关爱垂暮尊老敬老"敬老行动、"一样的爱,给特殊的你——给特殊儿童过生日活动"和给残障儿童送教上门等志愿服务活动。

七、完善人才培养质量保障体系

(一)教学质量保障体系

1. 围绕培养目标,健全质量标准

学校制定《台州学院健全教学质量标准体系的指导性意见》,逐步完善统分结合的校院两级教学质量标准体系,以利于人才培养目标的达成和特色凝练。一是专业建设标准。学校制定了新专业建设指标体系、专业评估指标体系;鼓励各专业结合教育部专业认证指标体系进行专业建设;拟出台应用型专业建设标准。二是人才培养方案标准。学校依据教育部与各专业教学指导委员会有关质量标准要求,结合毕业生和用人单位反馈信息,吸收行业企业建议,制定专业人才培养方案制定标准,并邀请校外专家进行论证。三是主要教学环节标准。学院制定课程标准和教学大纲,抓好实践环节、课程考核、毕业设计环节的质量,形成较为全面的质量标准体系,为保证本科教育教学质量提供了基本依据。

2.强化教学中心,完善保障模式

如图2-1和图2-2所示,围绕"地方性、应用性"办学定位,面向社会需求和岗位需求,以学生对学习效果满意,用人单位对人才的质量满意为根本目的,按照"标准制订、贯彻执行、监测分析、持续改进"的程序,健全教学质量保障体系,逐步完善循环闭合的教学质量保障工作运行机制。

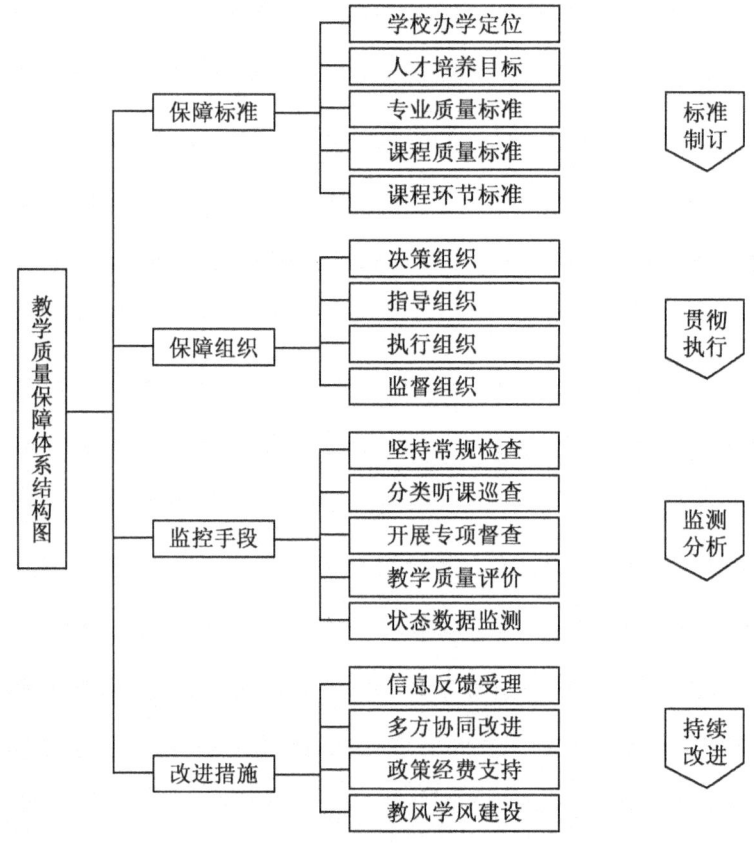

图2-1 学校教学质量保障体系构架①

---

① 引自台州学院教务处2018年本科教学审核评估工作报告.

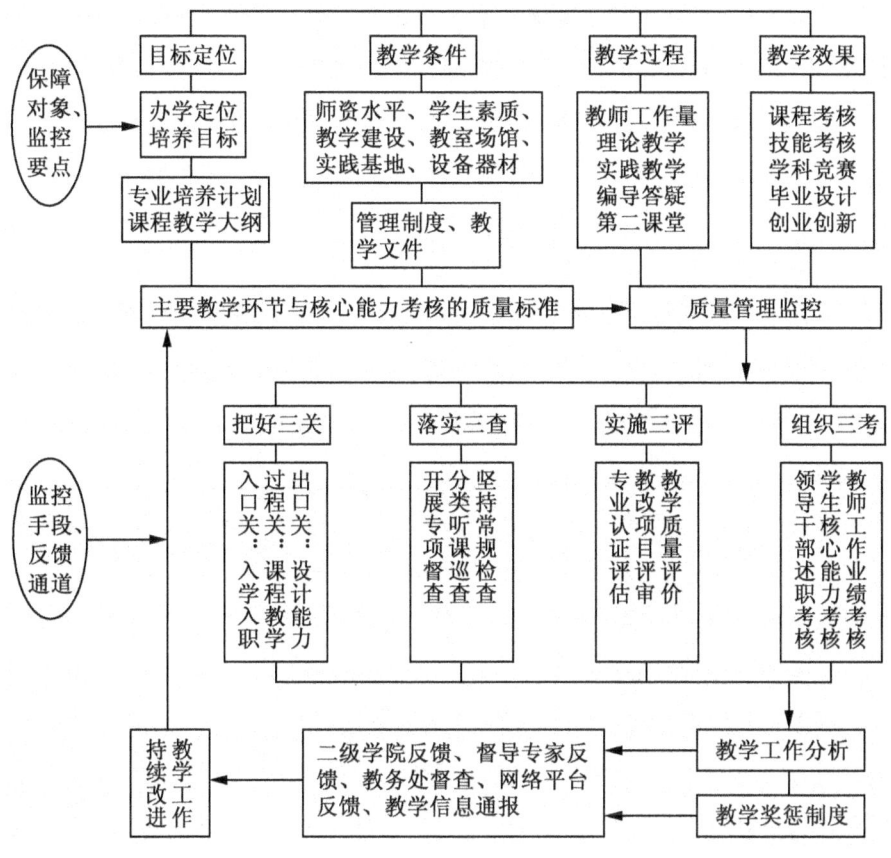

图 2-2　学校教学质量保障运行①

3. 加强组织建设，推动全员管理

学院的教学组织建设与学校的教学组织建设紧密对接。学校教学管理制度健全，涉及教学建设管理、教学运行管理、学籍学位管理、实践教学管理、教学质量管理等。学校教务处设立质量监控科与督导委员会办公室合署办公，学校结合校院两级管理，点面结合，工作联动，有效发挥教学质量保障作用。

(1)决策。主要由学校党委会、校务会对本科教学工作重大事项做出决策。

---

① 引自台州学院教务处 2018 年本科教学审核评估工作报告.

(2)指导。主要由校院两级教学委员会对教学中的重大问题进行研究、指导,提出建议和改进措施。

(3)执行。主要由校院两级教学管理部门和相关职能部门、基层教学组织负责安排落实各项教学活动,根据质量标准进行检查并改进教学工作。

(4)监督。主要由校院两级教学督导组织对学校教学工作进行督查。

4. 重视队伍建设,结构合理稳定

学院教学质量保障队伍建设与学校相关要求紧密对接。我院质量管理队伍由院领导、院、系部办两级教学管理与教学质量保障机构人员、学生指导人员、专业建设指导人员等构成,共40人,其中校外专业建设指导人员20人,形成了一支人员相对稳定,职称、学历、年龄结构较合理的教学管理队伍。学院现有教学督导小组11人,队伍中既有不同学科的专家教授,也有经验丰富的管理干部,更有课堂一线的教学能手。通过督导工作联动机制,将质量管理和督查深入到教学一线。

5. 重视制度规范,加强政策引导

如表 2-6 所示,为更好地保障人才培养质量,学校编印了《台州学院管理文件汇编》,其中汇编了相关各类教学管理文件,内容主要包括上级教学主管部门文件,学校教学管理、教务管理、实践教学管理、教学质量监控、综合管理等方面的文件,涵盖管理制度、工作规范、质量标准和评价体系等各方面。学院在全面执行学校下发的各类教学管理文件的基础上,根据学院具体情况,制定了必要的相关教学管理文件,比较有效地保证了学院教学工作的顺利开展。

表 2-6 学院教学政策措施主要文件一览表

序号	名称	时间
1	教师教育学院关于加强学生学业指导和管理的实施意见	2018.4
2	教师教育学院关于成立学生学业指导领导小组的通知	2018.4
3	教师教育学院关于进一步加强教风建设的实施意见	2018.4
4	关于公布教师教育学院 2017 年第 2 学期学科竞赛项目负责人的通知	2018.4

续表

序号	名　称	时间
5	教师教育学院关于成立学前教育专业建设指导委员会的通知	2018.4
6	教师教育学院关于推进课程考核方式改革的实施方案	2018.4
7	教师教育学院课程考核管理办法	2018.3
8	关于成立教师教育学院课程考核工作领导小组的通知	2018.4
9	教师教育学院教职工考勤奖励办法	2018.1
10	教师教育学院教学成果奖励办法	2018.1
11	关于公布教师教育学院2016年第2学期学科竞赛项目负责人的通知	2017.5
12	教师教育学院关于成立创新创业教育工作领导小组的决定	2017.11
13	教师教育学院创新学分认定实施细则	2017.10
14	教师教育学院关于成立2016学年教师课堂教学质量评价及教师教学业绩考核工作小组的通知	2017.6
15	教师教育学院教师挂职锻炼实施办法	2017.6
16	教师教育学院"十三五"实验实训室建设发展规划	2017.5
17	关于成立教师教育学院本科教学评建工作领导小组的通知	2017.4
18	教师教育学院关于本科教学评建工作的动员通知	2017.4
19	教师教育学院"十三五"课程建设规划	2016.12
20	教师教育学院第三届教职工代表大会第二次会议关于《2015级小学教育、学前教育本科专业人才培养方案》制定的决议	2015.4
21	教师教育学院关于提高人才培养质量的实施意见	2015.3
22	教师教育学院"十三五"专业发展规划（2015—2020）	2014.8
23	教师教育学院教师教学工作业绩考核实施细则	2016.4
24	教师教育学院课外教学工作量额定意见	2014.12
25	关于成立教师教育学院教学委员会的决定	2016.5
26	教师教育学院关于成教收入结余分配的补充规定	2012.12
27	关于成立教师教育学院教师教学发展分中心的通知	2014.5

续表

序号	名　　称	时间
28	台州学院教师教育学院关于成立学前教育专业建设指导委员会的通知	2013.10
29	教师教育学院关于成立小学教育专业建设指导委员会的通知	2016.5
30	教师教育学院关于学生回原籍分散实习的有关规定	2016.10
31	教师教育学院关于成立教学督导组的通知	2014.4
32	教师教育学院毕业论文抄袭行为检测及处理办法（试行）	2014.12
33	教师教育学院科技作品替代课程、课外学分、毕业论文正文暂行细则	2014.12
34	关于公布2017年教师教育学院立项建设课程的通知	2017.4
35	台州学院教师教育学院毕业论文撰写规范	2012.5
36	关于公布教师教育学院学前教育本科专业规划立项建设课程的通知	2013.10

（二）质量监控体系

1. 加强自我评估，强化质量监控

把好"三关"。一是入口关：学院重视新生入学教育和新教师入职培训工作，在生源和师资两方面把好质量保障的入口关。二是过程关：要求教师在授课前向学生公布课程质量标准，尊重学生在教学活动中的主体地位，明确设置形成性与终结性评价的计分比例。三是出口关：学院全周期开展毕业论文规范管理，突出核心能力过关考核，严格毕业资格审核，不另行安排任何形式的毕业前考试。

落实"三查"。一是坚持常规检查。开学第一天，校院两级管理人员对教学秩序进行集中检查，现场解决各类问题。学期中，主要检查教学进度、教学效果、教研活动开展等情况。学期末，主要对课程考核进行巡查，对教学质量进行综合评价。二是分类听课巡查。2017年下半年，学校实施分类听课巡查工作制度。学院根据人员岗位职责，从教学运行、教风学风、条件保障三方面，以随堂听课或教学巡查的方式通过网络渠道及时提交听课巡查记录，采取"当日提交、当周反馈、当月改进"的步骤，服务于课堂教学的持续改进。三是开展专项督查。结合实验、实习、毕业论文等工作进度适时开展前期、中期和后期的督查,对培养方案和课程标准、课程考核、毕业设计等主要教学环节档案材料进行交互督查。

实施"三评"。一是教学质量评价。2014年以来,学校实施课堂教学质量综合评价制度,评价主体包括学生、学院领导、教学督导等,所有授课教师无论上课学时多少都要接受选课学生的评价。二是课改教改项目评审。学校通过申报立项、中期检查、选优示范等环节的评审质量监控,有效保障了项目实施对教学质量的提升作用。三是专业评估。2017年上半年,学校邀请校外专家开展了全方位的专业建设和人才培养质量检测,通过摸清家底,查找短板,明确整改意见。

组织"三考"。一是教学工作业绩考核。学院按学年开展教师教学工作业绩考核,按年度接受学校对二级学院的教学工作业绩考核,将质量监控的工作落实作为一级指标予以体现。二是学生核心能力考核。按照应用型人才培养的能力目标,在培养周期内有效开展能力过关考核,切实保障人才培养质量。三是教师年终任职考核,年终考核凸显教师教学的工作实绩。

推行"三说"。一是"院长说教学"。院长以年度教学工作述职的方式,总结学院人才培养和教学创新的举措及成效。二是"专业负责人说专业"。专业负责人着重围绕审核评估"五个度"说说专业建设的目标与努力方向。三是"任课教师说课程"。任课教师着重说说课程在专业人才培养体系中的定位与作用,说说如何实施和开展课堂教学创新,说说课程在人才培养目标达成过程中的贡献度。

2. 强化质量观念,树立责任意识

通过常态化的质量监控工作,使得教书育人、管理育人、服务育人成为全院教职员工的共识和自觉行动。一是推进教学基本建设与后勤管理服务质量,不断改善教学设施条件。二是加强教学激励,教师教学投入明显增强,参与教学改革积极性显著提高,2015－2017年学生对教师的教学质量评价总体满意度率均较高。三是端正了学风,学生上课专注力和课堂效率显著提升,学生学业发展意识和创新创业能力日益增强。

(三)质量信息及利用

1. 重视数据采集,注重挖掘利用

学院积极配合学校以达到教育教学要求。学校按照教育部高等教育教学评估中心通知要求,定期采集教学基本状态数据,撰写本科教学质量报告,并对数据进行深入分析、对比,找出薄弱环节和问题,提出相应改进措施。同时,加强学校数据的梳理与整合,逐步开展校级、院级数据中心的完善,教务管理信息系统的升级等相关工作。

2. 开展多方调研,反馈质量信息

学院建立了多渠道的质量信息收集机制。通过召开教师座谈会、学生座谈会、分类听课巡查制度、各类教学检查、教学意见信箱、网络问卷和即时通信工具等方式收集教学、教学管理、教学资源和后勤保障等方面存在的问题和建议,集中了解师生对教学质量管理的具体意见和建议。及时借助科技手段统计、分析、反馈教学信息,如利用教学管理信息系统、网络教学平台、创新学分管理系统、毕业论文管理系统等。教学质量信息依照内容反馈给教学质量保障体系的各个组成部分,同时相关信息也反馈给教学一线的师生,促进科学决策、强化教学管理、优化资源支撑、改进质量监控,从而形成各方的合力,达到提高教学质量的目标。

3. 发布质量报告,接受社会监督

学院进行了按照上级教育行政部门关于推进信息公开的工作部署,2017年起,按时编制本科教学质量年度报告,并在学院门户网站上公开发布,接受社会公众的监督与评价。

(四)质量改进措施

1. 多方协同推进,加快信息反馈

学校出台了《台州学院关于提高人才培养质量的实施意见》等政策文件,学院也出台相应的实施意见,通过信息反馈、多方协同、政策经费、教风师德等途径,积极推动各个环节的教学质量改进与提升。

一是在2015年版专业人才培养方案的修订过程中,要求结合社会需求、用人单位和毕业生调查的反馈意见优化课程体系,加强业务指导,开展制订工作培训、进行数据校内交叉审核、邀请校外专家论证,结合省教学巡查反馈意见整改优化2016、2017级人才培养方案,促进"校企协同、双核强化、学做相融"人才培养理念落地。

二是针对课程大纲、进度计划等教学基本文件,以及课程考核、毕业生论文等质量监控关键环节,学院组织学院督导和学院领导、骨干教师开展检查评估,通过"推磨式"等形式进行检查,当场分析反馈问题,并要求各系部及时提交确认整改的书面材料,学院对整改提升情况跟踪督查。试卷检查总体情况良好,个别在阅卷批改、平时成绩规范性及试卷分析方面存在的问题也逐年改善。"中国知网"学术不端文献检测系统数据显示2015—2017年全校毕业论文首次检测不合格率为零。

三是教学运行和课堂质量保障方面,建立了基于网络问卷平台、短信群发软件和办公系统的听课巡查信息反馈渠道,收集来自领导、督导、同行、学生的意见建议,相关信息及时通过"教学信息反馈受理单"要求责任人核实整改,或者供任课教师反思和改进教学。四是在实践教学、第二课堂,以及教风学风建设和教学条件保障等方面,各部门通力合作,及时反馈或通报存在的问题,集中会商配套办法,有效促进教学工作的持续改进。

2. 完善改进机制,促进质量提升

监测评估、分析反馈、改进提升的质量管理闭环机制的有效运行,有效促进了教学建设和改革,教学质量稳步提升,教学成果逐步显现。"十二五"期间,完成了学前教育专业的新专业建设,进行了两个专业的自我评估工作,完成了小学、幼儿园两个省级重点建设教师培养基地项目的结题工作。"十三五"期间,省新形态教材立项1门。课程教学改革力度逐年加大,教师参与度逐年提升。学生评教总体满意度稳步上升。省竞赛排名逐年靠前,2015—2017年省师范生教学技能竞赛按指标足额参赛获奖率100%,获得一、二、三等奖的好成绩。2017届师范类毕业生教师资格证书通过率为99.89%。2015—2017年,学院毕业生就业稳定性好,专业对口相关度较高。

第三节　教学实践改革的成效：为师生的专业发展奠基

一、实践取向：教学实践改革的特色

经过多年的建设和发展，教师教育学院的办学已经形成了比较鲜明的特色，即实践取向。具体而言，应小学（幼儿园）教育改革发展之需和小学（幼儿园）教育实践之需设定培养目标，制定培养方案，开发教师教育课程；坚持教师专业的实践性，将实践取向的教学改革作为职前教师教育的核心组成部分，基于理论和实践的有效沟通来完成培养过程。小学教育专业目标定位于"热爱儿童，热爱教育事业，具备强烈的责任感和使命感，拥有宽厚的知识基础，具备较强的实践能力、实践反思能力以及终身学习和自我发展能力，能够精通一门，兼任多门小学学科教学的优秀小学初任教师"，学前教育培养目标定位于"培养德智体美等全面发展，具有良好的科学素养和人文素养，热爱学前教育事业，热爱幼儿，具有扎实的学前教育知识和能力、终身学习和发展自我的能力，能够在幼儿园等学前教育机构从事保教工作的高素质应用型本科人才"。

进行了实践活动的顶层设计。整合社会实践和专业实践，形成大实践教学体系。整体安排暑期社会实践、志愿服务、社团活动等社会实践活动，以及见习、实习、毕业论文、技能集训与竞赛、课外专业实践等独立设置的专业实践，并将专业课程中的实践环节纳入其中，形成了四年一贯的、多位一体的大实践教学体系。基于实地教学、现场教学的见习实习达到18周，在四年中分散安排，形成了"见习—体验性实习—反思性实习—研究性实习"连贯的递进循环的教育见习实习模式。明确了实践教学各组成部分和各环节的基本要求，制定了相应的评价标准。顶层设计的成果集中于《小学教育实践大纲》和《学前教育实践大纲》之中。

明晰了实践教学的目标。①密切联系小学（幼儿园），深入班级，全方位观摩、体验小学教育实践活动，了解小学课堂教学的规范与过程、小学生群体活动的状况、小学班级管理及班队活动的内容和要求，获得对小学工作内容和运作过程的感性认识。②能在指导下根据小学生的特点和教学目标设计与实施教学方案，经历1~2门课程的教学活动，参与指导学习、管理班级和组织班队活动，参与各种教研活动，获得直接参与小学教育实践的经历。③在日常学习和实践过程中积累所学所思所想，经历和体验制订计划、开展活动、完成报告、分享结果的研究过程，形成实践反思意识，能从实践中发现问题并通过反思研究尝试解决问题，具备一定的解决问题的能力。

加强了实践课程和课程实践建设。在2015年版专业人才培养计划中专门开设了必修课程"小学教育实践"或"学前教育实践"，延续一个学年，48课时，全部由小学（幼儿园）一线教师承担，主题涉及小学（幼儿园）教育实践的方方面面，如小学教育实践课程就涉及小学教育整体运行、小学德育工作、小学教研科研工作、小学心理健康教育工作、小学课程与教学管理制度、小学体艺活动、小学课程改革及其实践、小学校园和班级文化建设、模拟上课、说课、小学语文教学改革热点、小学数学教学改革热点等重要主题。同时高度重视理论课程的实践环节，加强、优化理论课程教学中的实践环节建设，"有效教学"《班级管理》《教育科研方法》《小学生认知与学习》《课程设计》《小学数学教学设计》《小学语文教学设计》《小学科学教学设计》《小学英语教学设计》《学前儿童科学教育》《学前儿童语言教育》《学前儿童社会教育》《学前儿童音乐教育》《学前儿童美术教育》等重要课程中均有20%以上的实践环节。

提供了多样的实践机会。①借助教师在职教育的平台，充分利用教师专业发展培训中的资源，一方面时常告知学生培训活动安排，以便于自主选择参与；另一方面邀请培训学员与学生进行互动。②与大洋小学、临海实验幼儿园建立了紧密的合作关系，保证学生在课余时间经常性地进入教育现场；组织小学教育专业学生为大洋小学开发了20多门适合于小学生的拓展性课程，并于2016学年第一学期进入现场实施，先后有600多名学生参与其中；学前专业的学生以助教身份参与幼儿园的保教工作，协同开发园本课程。③开展丰富多彩的社会实践活动。学院以德才兼备的未来人民教师为培养目标,在学生的课外实践方面,积极构建社会实践、志愿服务、社团活动等形式多样、广泛深入的实践活动,加强学生师德素养和教师技能的培养锻炼,重实干、出实招、求实效。近几年来,学院共组建了32支实践活动队。暑期社会实践团队和个人12次获得省、市暑期文化科技卫生"三下乡"优秀团队、个人荣誉称号,被《中国教师报》《青年导报》《台州日报》、台州电视台等媒体报道50多次。成立了青年志愿者协会,组织学生开展志愿服务活动少先队研究协会持续参与大洋小学的午间管理。④组织学生开展"拜师学艺"活动,在学校有限的名额之外,专业自行扩大了参与"拜师学艺"的学生范围,让更多的学生受益。⑤开展多种多样的教师技能训练活动。持续实施教师职业技能训练考核,以教师口语应用、三笔字书写、简笔画、教案编写、说课、舞蹈、音乐、儿童绘画、即兴伴奏、儿童故事演讲等16个项目考核为载体对学生进行全面的训练,实施达标制管理,强化了学生的教师职业技能;将省级师范生教学技能大赛向下延伸,开展专业层面的师范生教学技能竞赛训练,从专业竞赛中脱颖而出的选手才能获得参加校级选拔的资格,学生受益面更广。

加强了实践教学的条件建设。①加大实践教学的投入力度,不断优化实践教学物质条件。在校拨实践教学经费有限的情况下,学院充分利用成教、教师培训收入加大实践教学环节的投入,近5年来在拓展实践基地、实验室建设、学生科研活动、学生见习实习上额外投入近50万元。②拓展实践基地,提升实践成效。以往实践活动局限于临海当地的小学,随着实习生数量的增加,当地学校指导力量明显不足,且部分实践基地积极性不高,近年来结合省教育厅的教师发展学校建设,小学教育专业的实践基地拓展到临海市外,增加了多所市外的教师发展学校,其中天台小学、天台始丰小学、温岭方城小学、温岭太平小学、温岭城东小学、路桥螺洋小学、仙居实验小学、临海实验幼儿园、天台机关幼儿园、天台恩美幼儿园等陆续成为小学教育专业实际使用的实践点。这保证了每个实践基地的实习生数,确保实践基地能够集中优质资源,提升实践指导的质量。尤其是2016年毗邻我校的大洋小学北校区开始招生后,小学教育专业的课外实践基地得到很好的保障,小学教育专业的少先队研究会每个工作日都参加北校区的午间管理,拓展性课程团队每周四都在北校区开设拓展性课程。③加强实践指导教师的能力建设。通过教师发展学校建设,明确了教师发展学校的责任义务,新基地的建设也让专业可以向基地提出更高的要求。另一方面,专业也大力加强本专业教师的实践指导能力,通过组织教师实践带队、挂职锻炼、合作研究等,深入小学(幼儿园)一线,了解小学和学前教育的现状与发展趋势,提升实践指导能力。一项重要的举措就是在大洋小学、邵家渡小学、临海实验幼儿园设立教师教育学院的博士工作站,落实相关人员,持续在三个单位蹲点。

二、实践取向的改革成效:促进了师生的专业成长

(一)对师范生专业成长的促进

1.教师资格考试通过率情况

如表2-7所示,2016届师范生教师资格考试开始以来,两个专业学生的教师资格考试通过情况良好,其中初次考试的通过率远超全校平均水平。

表2-7 2016—2019届学生教师资格考试通过率情况一览表

学生届别	专业	人数	初次		第二次		总计/%
			笔试通过率/%	面试通过率/%	笔试通过率/%	面试通过率/%	
2016届	小学教育	163	93.87	89.78	96.17	90.12	95.71
	学前教育(1人回原籍考试)	111	89.19	91.36	95.42	91.21	93.69
2017届	小学教育	137	97.81	95.62	66.67	83.33	98.54
	学前教育	108	100	92.59	100	100	100
2018届	小学教育	170	94.71	97.52	88.89	87.5	98.82
	学前教育	108	98.15	99.06	100	100	100
2019届	小学教育	175	98.09	99.08	100	100	100
	学前教育	100	100	99.08	100	100	100

2. 初次就业率和签约率

如表 2-8 所示,初次就业率和签约率的数据并不显眼,进入正式编制的比例还比较高。尤其是小学教育专业学生在面对众多拿高一级教师资格证书的应聘者竞争的情况下,能够保持 60% 以上的入编率,殊为不易。

表 2-8　2012－2017 届毕业生就业情况一览表

学生届别	专业	初次就业率/%	签约率/%	入编率/%
2012 届	小学教育	95.91	77.55	71.42
2013 届	小学教育	93.54	79.84	69.35
2014 届	小学教育	89.94	76.54	64.25
2015 届	学前教育	99.00	97.00	68.00
	小学教育	93.16	70.81	60.24
2016 届	学前教育	98.21	90.18	71.43
	小学教育	94.47	82.82	71.17
2017 届	学前教育	97.22	89.81	65.74
	小学教育	97.08	74.45	61.31

3. 教师招聘考试前三名占比

如表 2-9 所示,毕业生在教师招聘考试中表现出较强的竞争力,在各地教师招聘考试中位居前三的比例均在 1/4～1/3 之间。

表 2-9　2012－2018 届毕业生在各地教师招聘考试中位居前三的人数和比例一览表

学生届别	专业	毕业生总数	前三名人数	占比/%
2012 届	小学教育	147	42	28.57
2013 届	小学教育	124	36	29.03
2014 届	小学教育	179	53	29.61
2015 届	学前教育	100	26	26.00
	小学教育	161	39	24.22
2016 届	学前教育	112	26	23.21
	小学教育	163	56	34.36

续表

学生届别	专业	初次就业率/%	签约率/%	入编率/%
2017 届	学前教育	108	33	30.56
	小学教育	137	36	26.27
2018 届	小学教育	139	40	28.77
	学前教育	108	34	31.42

4. 录取分数变化

如表 2-10 所示，小学教育专业的录取分数不断提高，2015 级至今普通高招入口生源平均分均在全校排第一；学前教育的生源总体上也有改善趋势。

表 2-10　2011—2017 级专业录取分数情况一览表

年级	专业	计划招生数	科别	最低分	最高分	平均分	学校投档线	本科专业中的排名	备注
2011级	小学教育	150	文科	500	519	504	499	6/15	
			理科	461	489	471	452	7/40	
	学前教育	100	文科	499	506	501	499	15/15	
			理科	453	477	462	452	16/40	
2012级	小学教育	160	文科	527	546	533	527	4/16	
			理科	519	541	525	506	3/42	
	学前教育	120	文科	527	546	531	527	12/16	
			理科	506	521	512	506	16/42	
2013级	小学教育	120	文科	546	576	552	543	2/14	全校文科最高分在本专业
			理科	533	547	539	519	5/39	
	学前教育	120	文科	543	552	546	543	10/14	
			理科	520	537	526	519	18/39	
2014级	小学教育	150	文科	555	566	559	551	2/15	全校理科最高分在本专业
			理科	518	552	525	501	4/40	
	学前教育	120	文科	551	563	554	551	10/15	
			理科	507	533	513	501	13/40	

续表

年级	专业	计划招生数	科别	最低分	最高分	平均分	学校投档线	本科专业中的排名	备注
2015级	小学教育	120	文科	557	571	561	548	1/14	全校文科最高分在本专业
			理科	532	548	542	512	1/39	
	学前教育	120	文科	548	569	552	548	8/14	
			理科	518	531	524	512	14/39	
2016级	小学教育	120	文科	537	568	542	530	1/15	全校文理科最高分均在本专业
			理科	531	554	538	439	1/42	
	学前教育	120	文科	530	542	534	530	7/15	
			理科	510	540	520	439	14/42	
2017级	小学教育	120		565	582	569	540	1/44	全校最高分在本专业
	学前教育	120		554	565	557	540	15/44	

5.转专业转入报名人数

如表2-11所示,小学教育专业从2005年开始有转专业学生,当年转出1人,转入1人,之后一直到2008年,转出与转入的比例为6∶3。从2009—2010级转出和转入之比为0∶9,小学教育专业开始变成纯转入。2011—2017级的第一次转专业完成后,转出和转入之比为7∶176。学前教育专业转专业情况较差,以转出为主,转入较少。2012—2017级今转出人数为74人,转入报名人数仅为21人。

表2-11　2012—2017级教育专业转专业情况一览表

年级	专业					
	小学教育			学前教育		
	转出人数	转入报名人数	转入人数	转出人数	转入报名人数	转入人数
2012级	4	14	10	5	2	2
2013级	1	22	20	10	4	4
2014级	1	55	22	8	4	3

续表

年级	专业					
	小学教育			学前教育		
	转出人数	转入报名人数	转入人数	转出人数	转入报名人数	转入人数
2015 级	0	71	48	16	3	3
2016 级	1	64	29	13	4	4
2017 级	0	54	37	22	5	5
合计	7	280	166	74	22	21

6. 口碑

学生较强的就业竞争力以及用人单位较好的评价使小学、学前教育专业有了良好的口碑，总体上人才培养质量既得到学生的认可，也得到社会和用人单位的认可。学生的认可度至少从转专业的情况中可见一斑。从社会的认可度看，台州籍生源的急剧增加或许是一个指标，近年小学、学前教育专业台州本地的生源急剧增加，2011～2013 级，台州籍生源都只占四分之一左右，但近四年，台州籍生源人数和占比都不断提高，2014～2017 级台州籍生源占到招生总数的 41.73%、56.67%、59.17%、64.8%。部分用人单位的评价参见前述。

(二)对教师专业成长的促进

教师教育学院现有专任教师 52 人，其中教授 3 人，副教授 23 人，高级职称占 48.1%；具有硕士及以上学位者 30 人，其中博士 7 人，占专任教师的 57.7%。有中小学教育实践经历者 15 人，占教师总数的 28.85%，教师中有省高校中青年学科带头人、省"千人计划"人才、省宣传文化系统"五个一批"人才、台州市拔尖人才等高层次人才，以及校教学杰出奖获得者 3 人，教学优秀奖获得者 8 人。有出国访学经历教师 1 人。聘请了 3 名小学教师为兼职教授，有 18 名小学和幼儿园教师在两个专业承担实际的教学任务，年均有百余名小学幼儿园教师受聘担任学生的实践指导教师。

教师是教学实践改革的主导者，在这一系列的改革过程中，教师的教学实践能力有了明显的提高，具体表现在：实践取向的教学改革与研究意识明显增强，课堂管理能力、理论联系实际的能力、课程资源开发能力、教学研究能力、科研反哺教学的能力、实践反思能力等都有明显提升，取得了较好的教学科研成果，促进了自身的专业成长。

如表2-12所示，近年来，专业教师承担以教师教育为主题的教育部社科基金规划项目、省哲学社会科学规划项目、国家留学基金委项目、省教育厅课题、省教育科学规划课题、省中小学教师培训中心课题、教师教育基地课题以及台州学院校立课题等各类项目100多项。取得教师教育方面的著作、教材、论文等成果近100项。其中，教师曾获教育部人文社科研究重点基地重大项目等高层次项目，在华东师范大学出版社、南京师范大学出版社等出版著作教材8部，在《教育发展研究》《课程教材教法》等期刊发表论文70余篇。

表2-12 教师教育学院近五年高层次项目一览表

项目名称	项目来源	主持人	起止时间	进展状况
义务教育阶段促进学习的课堂评价研究	教育部人文社科研究重点基地重大项目	王少非	2013—2017年	已结题
实践取向的全科小学教师培养改革	省教育厅"十二五"重点建设教师培养基地项目	王少非	2015—2017年	已结题
实践取向的卓越幼儿园教师培养	省教育厅"十二五"重点建设教师培养基地项目	粟高燕	2015—2017年	已结题
浙江省中青年出国理学资助项目	国家留学基金委与浙江省教育厅	粟高燕	2013—2014年	已结题
百年幼儿师范教育发展的历史研究（1904—2010）	教育部人文社会科学研究规划基金项目立项	粟高燕	2012—2015年	已结题
教师实践性知识的生成与发展机制研究：生活史的视角	教育部人文社科研究青年项目	吴银银	2014—2018年	进展中
中外合作办学发展史研究(1876—2010)	省哲学社会科学研究规划项目	粟高燕	2016—2018年	进展中

续表

项目名称	项目来源	主持人	起止时间	进展状况
实践取向的教师教育课程实践教学体系构建研究	教育部人文社科研究一般项目	蒋茵	2016—2019年	进展中
基于体验性学习的卓越幼儿园教师培养模式的创新与实践研究	省级教改项目	粟高燕	2016—2018年	进展中
基于"导学案"的微积分D教学模式研究	省级课改项目	朱卫平	2013—2015年	已结题
基于"行动导向"的学前儿童音乐教育	省级课改项目	李敏	2015—2017年	已结题
小学英语教学设计课程主题式教学改革研究	省级课改项目	余文丹	2016—2018年	进展中

有教师获省微课比赛一、二、三等奖,校教学杰出奖、优秀奖,有多位教师获市厅级以上社科奖或教学研究成果奖。王叔新的《高师小学教育专业实践教学模式改革探索》被誉为"在全国小学教育专业和其他师范类专业很有推广价值"的著作。陈建吉的《教育科研方法》课程采用"做中学"的方式,产出了众多优秀的学生成果;蒋茵的项目"实践取向的教师教育课程实践教学体系建构研究"获教育部人文社会科学研究项目立项;王少非针对教师专业实践中的评价活动开发的课程《课堂评价》和张洁的《教师口语》被"教师教育课程标准研制专家团队"列入"教师教育课程标准新教材";王少非主持的"实践取向的教师教育课程改革实践"获校级教学成果一等奖,论文"教师教育课程的实践取向:何为与为何"发表于《教师教育研究》(2013年5月),合作论文《教师专业发展即专业实践的改善》发表于《教育研究》(2015年9月),获上海市第十三届哲学社会科学优秀成果奖论文类二等奖;粟高燕的专著《中国百年幼儿师范教育发展史研究》(天津古籍出版社2014年版)获台州市哲学社会科学优秀科研成果一等奖。

特别是一些老师在相关学术领域有较大的声望。如王少非老师作为地方高校唯一代表参与了教育部教师教育改革重大项目《教师教育课程标准》和《中小学教师专业标准》的研制,并作为《教师教育课程标准》研制专家组核心成员。基于教师教育课程标准的教师教育改革实践,王少非参与了《〈教师教育课程标准〉解读》的编写工作,并在2012年5月以"实践取向的教师教育课程改革——台州学院的实践"为题,在《教师教育课程标准》研制项目承担单位举办的"基于标准的教师教育课程改革"论坛上做了主题发言,得到与会者的充分肯定。粟高燕老师2012年通过"浙江省高校优秀中青年骨干教师出国研修项目"评审,得以赴美国内布拉斯加大学任访问学者,师从美国著名学前教育专家卡洛琳·爱德华兹教授。在出国访学时,建立了比较广泛的国际学术关系,2013年7月10日至7月13日,出席由NAREA(北美瑞吉欧教育协会)在美国夏威夷大学与中太平洋研究院主办的国际学术会议。会议的主题是 The Ninth NAREA Summer Conference:Dialogue Across the Pacific: Honoring the Child as Learner, Collaborator and Citizen(第九届北美瑞吉欧教育协会夏季会议:跨越太平洋的对话——实施把儿童培养成一个学习者、合作者、民主社会公民的教育)。通过这次会议,开阔了学术视野,丰富了学术生涯,特别是在讨论小组上做了主题发言,引起国际专家较为广泛的关注,建立了更加广泛的国际学术合作与交流关系。2019年粟高燕老师第二次获得国家留学基金委出国留学资格,赴英国知名高校任访问学者,专修学前教育。2018年12月1—4日,我院翠典老师应邀参加第五届中国幼教年会暨中国(杭州)国际幼教产业贸易展览会,并被大会授予"2018年度幼教中国影响力(学习力)人物"荣誉称号。

如表2-13所示,部分教师因其专业成就还获得了较高层次的荣誉称号。

表2-13 教师教育学院部分老师较高层次人才称号一览表

人才称号	获得者	获得年份
浙江省高校中青年学科带头人	王少非	2007年
浙江省宣传文化系统"五个一批"人才	王波	2009年
浙江省高校青年教师资助计划人选	粟高燕	2008年

续表

人才称号	获得者	获得年份
台州市第六届拔尖人才	王少非	2010 年
	王波	
台州市第七届拔尖人才	王少非	2014 年
台州市 211 工程培养人员第一层次	王少非	2009 年
台州市文化宣传名家工作室	王波	2014 年
台州市名校长工作室	王少非	2017 年
台州市宣传文化系统"四个一批"人才	粟高燕	2013 年
	柯甫凯	2015 年
台州市 211 工程培养人员第一层次	吴银银	2018 年
浙江省"千人计划"	王波	2018 年

第三章　课程标准建设：
实践取向的教学改革专题(一)

第一节　课程标准建设的现实背景

一、课程标准的基本内涵与现实意义

(一)基本内涵

在顾明远编著的《教育大辞典》(第1卷)中,课程标准的定义是"确定一定学段的课程水平和课程结构的纲领性文件"。唐小俊等认为课程标准是关于某一课程的性质、目标、内容纲要、技能考核要求等多方面的综合性指导框架文件,是课程建设、课程发展,以及课程改革的基础。[①] 概言之,课程标准是指导一门学科课程教学的纲领性文件,主要是从该门课程的理念、目标、内容、实施、评价等几个方面进行阐述,以此促进教学质量的提高。我国有关课程标准的研究最早可追溯到清末。清末近代新式教育刚刚兴起,当时的学堂章程中就包括了"功课教法"章,这可以看作是课程标准的雏形,章程对课程分年表、课程门数表都有详细阐述。1912年,南京临时政府发布了《普通教育临时课程标准》,这份文件明确使用了"课程标准"四个字,课程标准开始正式使用,一致沿用到1952年。1952年以后,在计划经济体制下,我

---

① 唐小俊,顾建军.关于高职教育课程标准建设的几点思考[J].江苏高教,2009(4).

国学习"苏联模式",课程标准改为教学大纲。直到进入21世纪初,才又恢复课程标准概念。

课程标准是指导性课程教学的纲领性文件。学科课程标准就是对具体学科课程的质量要求和基本规范,是学科课程教材选择使用、教学组织形式、课程考核与评价的基本依据,一般包括了课程理念、课程目标、课程内容、课程实施、课程评价五个要素。课程理念是课程的灵魂,体现了国家发展的要求。在课程标准中,首先应明确本课程的理念,是对该门课程的性质、设计理念、开发思路的一种介绍,是对课程的性质、地位、功能等方面进行的定性描述。课程目标是指课程本身要实现的具体目标,是期望一定教育阶段的学生在发展品德、智力、体质等方面达到的程度。课程标准一般由总体目标、具体目标两部分构成,它指导着教学实践的方向,是教学活动的起点和终点,也是学生学习预期达成的结果。课程内容是课程内在结构的重要组成部分。课程内容是课程目标的具体化与现实化,课程内容中必定体现出一定社会的价值要求,即某一种文化,某一个国家主流价值观点、主流意识形态的要求。课程的实施一般包括对师生的要求、教材的选择、教学方法、教学手段、教学环境等内容。提高人才培养的质量,归根到底都要落在课程的建设和具体组织实施中去。课程评价是对教师教学、学生学习成果的检验,是课程标准建设中的重要一环。考试的目的在于了解并促进学生的学习,检测学生对于所学知识的理解程度和应用能力,也是评价教学成果的主要方法。常见的考核方式有笔试、课程论文、课后作业、课堂表现、单元测试、案例分析等。

(二)现实意义

进入21世纪,我国进入到一个基于标准的教育改革时代,如在师范教育领域里,就有《教师教育课程标准》《中学教师专业标准》《小学教师专业标准》《幼儿园教师专业标准》《中小学和幼儿园教师资格考试标准》《师范类专业认证标准》等的相继颁布。其中,课程作为教育改革的核心领域,其标准建设也成为21世纪以来教育改革的核心议题。20世纪90年代以来,基础教育成为我国课程标准建设的先行者。高等教育相对落后。重视应用型本科高校专业课程标准的建设是很有必要的。目前来看,本科院校开展课程标准建设的较少,较早的是湖南大学,于2010年11月印发了《湖南大学课程标准编制基本要求》的通知,在全校启动"课程标准"建设工作。后来,宁德师范学院、合肥师范学院也于2012年开始了课程标准建设。台州学院直至2016年才开始启动部分课程的课程标准建设工作。

课程标准是规定课程教学的性质、目标、内容框架、考核方式,提出教学建议和评价要求的规范性文件,是组织教学、选用教材教参、评价和考核的基本依据,是加强课程建设,实现人才培养目标的重要保障。应用型本科高校专业课程标准承载着应用型本科院校高等教育的理念和特色,规范着人才培养的质量与规格。课程改革与建设是高等教育改革的重要环节,构建课程标准是课程改革与建设工作的起点。高等教育改革的方向是满足社会的需要,满足大学生的需要。传统教学大纲仅仅以关注学科知识主要内容的教学要求,已远远不能适应现代高等教育的需求。

二、课程标准建设的现实背景

(一)高等教育内涵式发展的需要

高等教育内涵式发展是在高等教育大众化背景下提出来的。大众化这一概念,最早由美国著名教育社会学家马丁·特罗(Martin Trow)在1973年6月的巴黎"中等后教育的未来结构研讨会"上提出。会上他发表了《从精英教育向大众高等教育转变中的问题》一文,从西方国家高等教育大众化的发展史实出发,阐述了高等教育发展的"精英、大众、普及"三个阶段。他关于高等教育发展的这一观点,被称为"高等教育发展阶段学说",在国际上有着广泛的影响。到今天,高等教育大众化已成为一种全球化发展趋势。马丁关于高等教育阶段做了如下划分:当高等教育的发展规模能为15%以内的适龄青年提供学习机会时,高等教育还处于精英培育阶段;当这个比例达到15%时,高等教育系统的性质开始改变,转向大众型。大众型高等教育阶段可以在不改变其性质的情况下发展规模,直至达到适龄人口的50%。当超过50%时,即高等教育开始快速迈向普及时,它必然再创新高等教育模式——普及高等教育。①

推动高等教育大众化的原因,首先缘于社会发展和公众对高等教育的需求日益强烈,其次是经济发展提供了物质基础,第三是高等教育自身发展逻辑规律使然。我国已成为世界经济大国,但还不是经济强国。我国在经济社会发展中,在现代化建设进程中,最缺的就是高级专门人才,而高等教育是培养高级专门人才的基地。一个经济大国、经济强国,必须有强大的高等教育智力支撑。发达国家的发展经验告诉我们,要建成经济强国,必须先建成教育强国。推进高等教育大众化是建设教育强国的重要措施。

随着社会经济的发展,社会对人才的需求将继续上升,因此,只有高等教育实现大众化才能为社会经济发展出力。到2015年,我国高等教育毛入学率达到40%。种种迹象表明,我国的高等教育已开始由"精英教育"走向"大众化"、逼近"普及化"。此外,过去那种单靠政府包办大学的单一模式已经被打破,高等教育办学体制正向多样化方向发展。如此一来,更多的人便有机会接受高等教育,这和世界高等教育发展的大趋势比较吻合。我国高等教育的大众化时代正向我们走来。

但高等教育大众化并不意味着高等教育质量的下降,而且,即使在高等教育大众化时代也不排斥精英型教育的存在,两者可以并存不悖。但两者的质量评估体系是不同的。我们不能用单一的精英教育阶段的质量观来衡量大众化阶段的高等教育质量和水平。② 无论如何,大众化高等教育不能意味着就是降低教育质量,相反,大众化高等教育更要以质量求生源、保生存。

因此,在高等教育大众化时代,高等教育必须走内涵式发展之路,即确保高等教育的质量。这就很有必要加强课程标准建设,这对大众化高等教育的质量保障起着积极的促进作用。大众化的教育背景和传统精英教育模

---

① [美]马丁·特罗.从精英向大众高等教育转变中的问题[J].王香丽译.外国高等教育资料,1999(1).
② 卢晓中.当代世界高等教育理念及对中国的影响[M].上海:上海教育出版社,2001.

式间的冲突,计划性教育和市场性就业的矛盾呼吁着新兴的课程标准的建立要以高校自身办学的实情为基础,突出高校各自的办学特点,不再盲目追求精英式的培养理念,地方高校应该突出地方性人才的培养。

(二)核心素养对课程标准建设的推动

在第一章我们已经提到,核心素养概念的提出,对我们的教育教学提出了许多新的要求,进一步推动与深化了教育教学改革的进程。其中就包括对课程标准建设的新要求。以核心素养为本位的课程观,旨在通过运用所学知识,在特定的情境下掌握各种技能,通过自身能力的提升以形成正确价值观,进而促进学生的自我实现与社会的融合。核心素养课程观有利于适应国际课程改革的趋势,有利于提升课程改革的针对性,确定了课程的内容,对教师的课堂教学起指导作用。具体而言,核心素养对课程标准建设的推动作用主要体现在:第一,完善基础教育目标体系,以达到立德树人目的,核心素养就是课程建设的核心目标所在。第二,促进学习模式与范式的改革,以真正实现教育的"三维目标"。核心素养是人们在复杂与不确定的情境中创生新的知识、方法与情感态度的综合品质,在运用多种技能解决问题的过程中,促进知识吸收与方法的改善,树立终身学习不断进取的观念,养成积极向上认真生活的态度,以促进学习迁移的发生,真正实现三维目标的整合。第三,打破评价体系的单一性,构建基于核心素养的评价体系。基于核心素养的教学评价重视评价过程中被评价者的主体参与,采用形成性评价与终结性评价的有机结合,对学生多方面的能力和素养进行考核,从而改变当前教学评价的不足,满足学生多元智能发展的需要,真正实现教学评价促进学生的终身发展的目的。更为重要的是,根据以核心素养为本的课程标准的建设要求,构建合理的核心素养评价体系,依据评价结果的反馈,完善核心素养的养成过程。第四,基于核心素养,建构课程标准建设的逻辑体系。基于核心素养的课程标准建设,要从课程标准的整体体系上入手,在统筹规划与设计的基础上,对不同学科、不同学段、不同指向的课程标准的各个环节、各方面的内容予以一并建设。① 第五,学科内容及标准制定要以学科核心素养为依据,学科教学作为培养学生的主要途径之一,将学生核心素养充分融入学科核心素养中是具有重要的现实需求和意义的。第六,核心素养渗透于课程有赖于课程评价标准的真正跟进。课程评价标准与教育目标的不一致,必然导致实践和理论的脱节,因此,为保证以核心素养为主的教育理念在课程中能够真正地实施,必须改变当前的课程评价标准,并将此作为课程改革的外部推动力量,由外而内地推动核心素养课程改革的实施。课程评价是培养核心素养的主要途径。

(三)教学大纲存在的弊端

目前高校课程的实施计划主要是以教学大纲的形式来体现。但教学大纲的使用存在着较大问题,基本上是形同虚设。一是由于教学大纲在教学内容上一般规定了学生要求达到的最低标准,所以对大多数学生来说,这样的要求过低、过死,没有给学生的学习留有足够的空间;二是在教学的理念上也存在偏差,传统的教学大纲只关注课堂教学,对于教学的其他环节却没有涉及;三是在课程教学的实施上,太过死板,教师要严格按照教学大纲的规定进行授课,教学没有弹性,教师教学缺乏主动性和创造性。

而课程标准可以克服教学大纲的这些弊端。首先,高等教育已经步入大众化教育阶段,传统的精英教育模式已经不能适应当前大众化阶段的需求;其次,课程目标也发生了巨大的转变。当前的课程目标不仅要求学生知识的增长,对学生的实践能力和综合素质也提出了更高的要求,基本形成了"知识与技能+过程与方法+情感态度与价值观"的三维课程目标模式;再次,在课程实施上改变了传统教学大纲只关注课堂教学的弊端,更加关注课程实施的整个过程,课程标准不再只强调教师的教学,而是从根本上强调要关注学生的学习;最后,针对教学大纲对课教师教学管得过死、过细缺乏弹性的问题,课程标准强调课程教学应给教师足够的弹性空间,只对教师的教学起指导作用,对于具体的教学问题,由教师自己把握。

---

① 邵朝友,周文叶,崔允漷.基于核心素养的课程标准研制:国际经验与启示[J].全球教育展望,2015(08).

与传统的教学大纲相比,课程标准首先在课程理念上颠覆了只关注教师教学的问题,更加侧重关注学生的学习过程,明确了教师教学是为学生服务的观念,体现了教育中的"学生为本"的理念。另外,从对教师教学进行标准化的"刚性"管理转变为"弹性"指导也是给了教育者更多的自主权去因材施教,为学生提供更多的个性化指导。课程标准是学校关于某门课程对于学生的学习结果的期待,所以制定切实可行、紧贴实际的课程标准意义重大。高校应基于大众化的教育背景结合社会与学生的实际需求,制定相应的课程标准,促进教学质量与成效的提高。

第二节　教师教育学院课程标准建设的具体方案

一、课程标准建设的理论基础与指导思想

(一)理论基础

1. 泰勒课程理论

　　泰勒的课程观是基于"行为目标论"的角度,提出了设计一门课程必须包含的四个原理,即著名的"泰勒原理":学校要为学生提供怎样的教学经验、学校如何组织好这些教学经验、学习应力求要有明确的教育目标及学习如何保证这些教育目标的实现。泰勒提出的课程原理可以归纳为从课程的目标、课程的内容、教学的实施和教学的评价四个方面设计课程,也就是从课程的四个要素入手探讨课程的建设。具体来看,"泰勒原理"对于我们的课程标准建设具有如此几点启示:一是课程目标的制定要依据社会文化发展的需要。二是在课程内容方面,要重视学生的学习体验,注重理论联系实际。泰勒认为学习从根本上是学生与他所处的外部环境的相互作用,学习的经验并不是课堂上教师教授的内容,是让学生自己去体验课程目标中所

包含的意义,并在实践中成长。三是在课程的实施过程中,要尊重学生的学习主体地位。泰勒强调了学生的主体地位,认为传统教学的教师主导、学生被动的教育模式应该得到转变,学生的主动性和创造性由于被动的学习地位而被扼杀。四是要重视课程评价。关于课程评价的开发与设计应当不断完善、更新。随着社会经济的发展,社会的需求不断发生变化,但是高校教师长期以来都是以教学大纲为"教学圣经"或者依据教材上课,很少觉得学校课程的设置和开发设计是和自己息息相关的。泰勒对此提出了课程评价的开发和设计应是一个不断完善且持续的过程,教师也应在教学实践中对课程的编制不断提出改进的意见,使得课程和教学计划能得到不断地更新和完善。高校应该依据社会的需求,建立起一个运行通畅、贴近社会的课程标准方案,使课程设置保持活力,能够不断地改进,真正从内部促进课程体系和课程结构日趋完善。

2. 实践性课程论

施瓦布(1909—1988年)是美国著名的课程论专家和生物学家,他曾经是泰勒的学生,参加过结构主义课程改革运动。但是结构主义课程改革运动遭遇到挫折后,施瓦布针对以理论模式、目标模式为代表的传统课程理论进行了反思,提出了传统课程的弊端:第一,他认为过去的课程研究注重"理论的",不切实际,太抽象,概括化,而课程理论应当是实践的取向,解决实践中出现的问题。第二,传统的课程只根据学生的学习目标衡量课程的成败,关注学生学习的结果,而忽略了课程是一个动态过程;忽略了学生的学习过程;忽略了对课程实践过程的评价。第三,传统模式在目标、理论的指导下,课程的开发、实施、评价具有很强的一般性、普遍性,过于笼统,不具有针对性、个性化,培养出来的学生都是一样的,不利于因材施教,不利于学生个性化和创造性的培养。实践性课程论对我们进行课程标准建设是有积极意义的。我们正是秉持实践取向的课程观开展课程标准建设,这是对课程规律十分清醒和客观的认识。第一,科学定位,注重实践,特别是注重对学生创新精神及实践能力的培养。课程本身是动态的、变化的,课程研究不能一味追求理论的研究,课程应该是实践取向的,解决实践中出现的问题;课程研究应当立足于具体的课程实施状况。第二,多元综合,关注整合。从课程实践的各种事实出发,课程实践是一个相互作用的生态系统,注重手段、过程和相互理解与相互作用,不应偏执于某种课程理论,而是多元理论的有机结合,充分发挥学科课程与实践课程的优势,取长补短,培养全面发展的人。第三,鼓励教师,行动研究。教师与学生是主体间性关系,教师是课程的设计者、开发者,在课程编制中起主导作用,学生则通过参与课程,在课程中得到发展。鼓励教师在行动研究中,开发校本课程。第四,课程研究还要重视课程审议,邀请行业专家参与课程开发。

(二)指导思想

(1)进一步深化教育教学改革,以全面提升人才培养质量为宗旨。课程标准建设要全面贯彻《教育部关于加快建设高水平本科教育全面提高人才培养能力的意见》(教高〔2018〕2号)、《浙江省中长期教育改革与发展规划纲要(2010—2020年)》等文件精神,全面落实《普通高等学校本科专业类教学质量国家标准》《台州学院关于提高人才培养质量的实施意见》(台学院发〔2014〕35号),进一步深化教育教学改革。

(2)明确培养高素质应用型人才的育人目标。课程标准建设以习近平新时代中国特色社会主义思想为指导,全面贯彻落实党的十九大和全国教育大会精神,遵循人才成长规律和教育教学规律,践行立德树人,坚持"学生中心、产出导向、持续改进"人才培养理念,主动适应地方经济社会和产业行业发展对人才的需求,以提升学生的职业综合素养、自主学习能力和实践创新能力为重点,持续深化"校企协同、双核强化、学做相融"培养模式,进一步优化课程结构,整合教学内容和教学资源,不断改革教学模式,重塑教育教学形态,着力培养具有忠诚、奉献、进取、合作特质的高素质应用型人才。

(3)强化专业认证与卓越意识。学前教育、小学教育两个专业的课程标准建设要依据国家教育法规和学前、小学教师专业认证标准、教育部卓越教师培养计划要求来制定。要认真解读国家师范专业认证标准要求,强化专业认证意识与卓越意识。

二、课程标准建设的基本原则

(一)坚持德育为先,推进立德树人全面融入课程标准建设

坚持为中国特色社会主义事业培养可靠的建设者和接班人。积极推进地方文化、大陈岛垦荒精神等融入人才培养全过程,把思想政治工作体系贯穿到人才培养全过程,扎实推进课程思政,促使专业教育与思想政治教育相融合,专业课程与思想政治理论课程同向同行,使得每一门课程都蕴含育人元素,每一位教师都承担育人责任;强化课程引导,建构"知识与技能+过程与方法+情感态度与价值观"三位一体的课程目标体系。

(二)坚持学习成效导向,推进高效的应用型课程标准体系建设

课程标准体系建设坚持以学生学习成效为导向,全面审视专业人才培养过程,科学合理地设置课程内容及实践教学环节,构建知识能力实现矩阵,并根据人才培养要求反向设计课程目标、内容与方法体系;突出应用按照"有用、管用"的原则,减少纯理论性课程内容,整合或开发与地方经济社会发展和生产社会实践密切相关的新课程内容,提高校地共建共享的应用型课程内容比例,促进课程内容体系从学科导向型向职业能力导向型转变。

(三)坚持产教融合,推进校地协同育人的广度和深度

坚持开放办学、校企协同,进一步加强理论课程的实践教学,推进课程教学从理论主导型向能力主导型转变,从"为什么"到"怎么做"转变。强化校地协同育人平台建设,推进行业参与人才培养的全过程,在课程目标、课程内容、课程实施、课程评价等方面开展深度合作。

(四)坚持学做相融,推进高素质应用型人才培养

课程标准建设要坚持"做中学,学中做",有效拓展课堂教学的时间、空间和维度,构建效率教学大课堂,推进课内与课外、理论与实践、校内与校外、线上与线下联动,将第二课堂、第三课堂及创新创业教育等纳入应用型人才培养,在课程内容、方法、评价等层面切实落实"学做相融"。

(五)坚持特色发展,对标专业认证和卓越培养

课程标准建设坚持以生为本因材施教,注重培养学生的自主学习能力,更好地满足学生个性发展的需求。深化"学生中心、产出导向、持续改进"培养理念,积极推进师范专业认证,积极对接卓越培养计划2.0的相关要求,凝练课程特色。

三、课程标准建设的基本模式

教师教育学院的课程标准建设时间虽然不长,但因时代发展迅速,我们的课程标准建设也在不断地与时俱进,近几年其建设模式先后经历了三个发展时期,即学工结合模式—资格模式—认证模式。最初的建设模式是学工结合模式,即强调理论与实践的互动,注重按行业要求培养学生的实践动手能力。第二阶段是资格模式。从2012年起,所有在校师范生必须参加教师资格证考试,考试合格才能获得教师资格证。我们的课程标准建设进入以资格模式为主阶段,即指以职业资格标准作为课程标准建设的依据,使课程在性质、目标、框架、内容、设计、开发等方面既能促进学生知识与技能的发展,又能与职业资格标准相对接的一种课程标准开发模式。第三阶段是认证模式,就是课程标准建设以师范类专业认证标准作为重要依据,把师德规范、教育情怀、学会教学、学会育人、学会发展等方面融入课程标准建设目标,促进学生的健康成才。但这几种模式不是截然分割的,是有机联系的,具有开放性与非排他性,并不是说,以某种模式为主,就忽略学生其他方面的发展需要。现从专业认证的标准来看,其标准可以覆盖行业要求及资格标准,所以我们当今可以确认认证模式包容其他两种模式了。总体而言,我们今后的课程标准建设,应以核心素养培养为主要目标,仍处于多元模式有机结合的建设阶段,即专业认证—核心素养模式阶段。课程建设标准最终要以教师核心素养的培养为目标。

四、课程标准建设的基本内容

(一)课程理念

课程理念要体现出五个"有利于"。第一,有利于体现学生是学习的主体,扩大学生的自主性和创造性,有利于学生的自主性学习和探究性学习。如何让课程标准建设回归学生,真正让学生从课程的边缘走向中心,成为课程标准建设的主人,这是当今课程标准建设首先要考虑的。在过去的课程标准建设中,虽然也考虑到了一些学生要素,但多是从对学生的要求的角度,学生实际上是一个被虚拟化的存在,没有成为课程标准建设的真正主体。第二,有利于师德规范、教育情怀的培养。所有的课程,要体现出思想性与情感性的有机结合,体现教书和育人相统一。第三,有利于知识整合和技能综合,培养高素质应用型人才。应用型人才的本质特征是具有综合应用能力,不仅要具备专业知识,还有具备相应的职业技能,尤其是解决实际问题的创新能力。第四,有利于体现职业能力的培养。小学教育、学前教育专业的相关课程在课程标准的制订时要参照教师资格证考试及师范教育专业认证的要求,始终围绕人才培养目标,做到课程定位与目标、课程内容与要求、教学过程与评价等都以突出小学、幼儿教师职业能力培养为核心,有利于体现职业能力的培养。第五,有利于推动课程教学模式改革。有利于教学内容、教学方法、教学手段的教学模式改革,有利于考核的过程评价和阶段评价。在教学活动设计上,以典型技术、方法、过程为载体设计教学活动,激发学生的学习动机和成就动机,突出过程评价和阶段评价,以确保学生能了解和掌握目标岗位所要求具备的职业能力。

(二)课程目标

课程目标既是教学的出发点,也是教学的归宿,或者说,它是教学的灵魂,支配着教学的全过程,并规定教与学的方向。因此,必须慎重设置课程目标。我国课程改革提出了"知识与技能、过程与方法、情感态度与价值观"的三维教学目标,以期能够培养学生多方面的素养。在国家师范教育的专业认证指标里,强调了三维目标的课程目标要求。核心素养是人们在复杂与不确定的情境中创生新的知识、方法与情感态度的综合品质,在运用多种技能解决问题的过程中,促进知识吸收与方法的改善,树立终身学习不断进取的观念,养成积极向上认真生活的态度,以促进学习迁移的发生,真正实现三维目标的整合。"知识与技能"目标立足于让学生学会,"过程与方法"目标立足于让学生会学,"情感、态度与价值观"目标立足于让学生乐学。三维目标就像一个立方体的"长、宽、高",相互支撑,不能分割,任何割裂三维目标的教学都不能促进学生的全面发展。[①]

(三)课程内容

课程内容体现学前教育、小学教育的专业性,注重基础性、科学性、综合性、实践性,把社会主义核心价值观、师德教育有机融入课程教学中。选用优秀教材,吸收学科前沿知识,引入课程改革和教育研究最新成果以及优秀学前教育、小学教育教学案例,并能够结合师范生学习状况及时更新、完善课程内容,形成促进师范生主体发展的多样性、特色化的课程文化。

(四)课程实施

切实更新教育教学理念,基于高素质应用技术型人才培养要求,大力推进教学方式从理论主导型向能力主导型的转变,从"为什么"到"怎么做"的转变。积极推广问题主导型教学模式、体验—反思型教学模式、案例教学模式、专项技能训练模式等教学方式。重视课堂教学在培养过程中的基础作用。依据毕业要求制定课程目标,教学内容、教学方法、考核内容与方式应能支持课程目标的实现。注重师范生的主体参与和实践体验,注重以课堂教学、课外指导提升自主学习能力,注重应用信息技术推进教与学的改革。技能训练课程实行小班教学,形式多样,富有成效,师范生"三字一话"等从教基本功扎实。教学文化活动具有教师教育特色,有利于养成从教信念、专业素养与创新能力。

(五)课程评价

评价具有导向、激励、诊断等功能。课程评价对教和学都具有强烈的导

---

① 余文森."三维目标"就像一个立方体的"长宽高"[N].中国教育报,2007-4-20.

向作用。科学、合理、有效的课程评价不仅可以有效提升学生的学习态度、学习方法和学习效果,而且对教师的教学内容、教学方式方法改革具有重要的促进作用。

课程评价要围绕高素质应用型人才培养目标,结合专业实际,切合课程目标,实施贯穿于整个教学过程的多元化课程评价方式改革。逐步实现课程考核从单纯"知识掌握"考核,向"知识、能力、素质"综合考核相结合的方式转变,尊重学生的表现和差异,增强学生自我管理能力、表现能力、学习能力以及实践创新能力的培养,切实提高应用型人才培养质量。

课程评价方式改革,要围绕应用型大学的建设目标,与人才培养模式改革、教学方式方法改革同步进行,互补互动;要学习和借鉴应用型大学的成功经验,把实施有效的、公平的、恰当的课程考试和成绩评定的能力和方法,看作是一个大学教师的教学能力和水平的基本体现,是大学教师应具备的基本功。

每一位教师都要积极投入到课程评价方式改革中,在教学实践中不断探索和优化课程考核的方法,充分发挥教师的积极性和创造性,形成自己的教学和考核方法的风格。要通过考核环节的完善和创新,切实提高学生的专业能力和综合素养,保障高素质应用型人才培养的质量。

具体要求如下:

1. 推行形成性与终结性评价相结合的课程考核模式

各类课程要根据课程特点,优化、完善考核方式,强化形成性的过程考核,合理设置形成性与终结性评价的计分比例。要将学生阶段性学习效果作为过程考核的结果,丰富过程考核内容,可将课程考勤、课堂表现、作业、论文、测验、实验、实践、课外项目等环节纳入过程考核;要将学生课内外的表现作为成绩评定的重要依据。专业基础课可实行教考分离等方式,从严考核。要增加平时考核项目数(不少于3项),加大平时成绩所占比重,坚决杜绝结课时"一张考卷定成绩"的做法。对重在能力培养的课程,放宽书面考核形式。鼓励教师采用探究式教学,通过课程项目、课程论文等方式,带领学生在教学过程的各个环节中完成学习任务,并逐一评定成绩、累积计分。对实验实训类课程,要加强实验实训的过程管理,注重对实验实训环节的考核。通过多次考核的形式，强调对学生实际能力的考核与评价，引导学生自觉增强学习能力和探索精神。对通识任选课等其他课程，可根据专业需要或课程性采取自主考核方式。

考试课程应采用"N＋1"形式进行考核，"N"是指教学过程中的考核项目数。"N"不小于3，可以由考勤、课堂表现、期中考核、作业、论文、测验、实验、实践、课外项目等项目构成。"1"是指期末考试。成绩评定采用百分制整数记分。在总评成绩中，"N"和"1"的权重由教师根据课程特点来确定。各课程的具体考核方案报开课学院备案。

考查课程应采用"N"形式进行考核，"N"是指教学过程中的考核项目数。"N"不小于3，可以由考勤、课堂表现、期中考核、作业、论文、测验、实验、实践、课外项目等项目构成。成绩评定可采用百分制、五级制或二级制记分。

2. 提倡课程考核方式方法的多样性

教师要通过不断的学习和实践，在教学方法和考核方法上不断改进和创新。对应不同的教学方法，要提出与之相匹配的考核方法，以课程教学方法的多样性带动考试考核方法的多样性，如采用口试、答辩、开卷考试、团队合作考试、小组调查报告、案例演示、情景模拟、实习报告、调研报告、企业评定等多元化考核方式。

可打破传统的闭卷考试模式，减少乃至杜绝出现死记硬背的考题内容，改变学生被动应考的局面。

专业基础课和专业课要安排作业、论文、创新实验等研究性学习内容并分别予以考核。期末考核可以采用开卷、面试、机试、实践操作或多种形式相结合的考核方式。

3. 增强课程考核的目标性

围绕高素质应用型人才培养目标，深化考试内容改革，逐步实现课程考核从单纯的知识考核向兼顾知识、能力、素质的综合考核转变，考核内容更加注重能力评价与综合素质考评。

要按照以学生为中心、成果导向、持续改进的内涵要求，基于支持解决复杂教育问题之毕业要求达成的需要，将课程的教学目标与考核内容、方式,以及评分体系,与相应的毕业要求对应起来。考核方式应逐步摆脱"填空、单选、多选、判断对错、简述、简答"等传统题型的限制。

4. 加强考核的自主管理和监控

结合教学方法改革,提高课程考试的有效性和公平性。对考试类课程,要严格考试过程管理,抓好命题、审批、阅卷、成绩统计等环节的工作。任课教师及课程(或专业、学科)负责人等要严格把好试卷命题质量关,确保试题在内容涵盖、难易程度和题量上符合课程标准的规定要求。要以能力培养为重,加强对学生的考试咨询、辅导和服务工作。

附件

《××××××》课程标准

课程代码:　　　　　　　　　　**课程类别:**

课程总学分(企事业参与学分及比例):

计划总学时(企事业参与学时及比例):

××企事业参与学分学时填写说明: 指校外企事业单位参与该课程或实践实训等教学环节的情况,该学时学分及比例将作为衡量专业与企事业合作程度的主要依据。

适用范围:(请填专业)　　　　　**考核方式:**

先修课程:

授课单位:　　　　　　　　　　**教研室:**

制定人:　　　　　　　　　　　**审定人:**

第一部分　前言

一、课程性质

主要叙述本课程在人才培养中的地位、作用和功能,与其他课程的关系,以及课程类型等内容。

二、课程的基本理念

主要阐明课程教学应遵循的指导思想和基本原则。重点突出学生学习的主体地位,明确教与学两个方面的基本要求。

三、课程的设计思路

应将教育教学改革基本理念与课程框架设计、内容确定以及课程实施有机结合起来,阐述课程总体设计原则、课程设置依据、课程内容结构、理论与实践比例、课时安排说明、学分分配与考核评价方法等内容,充分体现课程标准的先进性和创新点。

第二部分　课程目标

一、课程总目标

课程总目标是对学生课程学习预期结果的综合概括,明确教学应达到的基本要求,是人才培养目标在本课程的具体体现。

二、分目标

具体目标可从知识、能力和素质等方面具体说明学生应达到的预期目标。课程目标的描述要具体明确,表述尽量不要使用"知道""了解""懂得""熟悉"之类的动词,建议采用"能或会＋程度副词＋操作动词＋操作对象"的格式,如"能熟练使用××测定××"。

1. 知识与能力
2. 过程与方法
3. 情感、态度与价值观
4. 对毕业要求的支撑

第三部分　内容标准

知识点或教学环节 1

内容标准：

教学重点：

教学目标：

知识点或教学环节 2

内容标准：

教学重点：

教学目标：

……

第四部分　实施建议

一、教学建议

二、评价建议

1.对学生的建议

2.对教师的建议

3.对课程体系的建议

三、课程资源的开发与利用

四、教材编写与使用建议

参考文献

第四章 教师"在地实践"：
实践取向的教学改革专题（二）

第一节 关于"在地实践"的一般性阐释

一、"在地实践"的基本内涵

"在地实践"（in the filed practice）是欧洲一些国家，特别是德国、英国、意大利、芬兰、瑞典五国，为了应对 21 世纪对教师教育发展的新要求而提出的一个概念，是 21 世纪教师教育课程发展的一种新模式。"在地"意指"在真实的实践场地"，或可具体理解为"在中小学幼儿园之基地"，因为教师教育面对的真实的实践场地就是中小学幼儿园，与当前医学界的"临床"有相同之意。"在地实践"教师教育模式是相对于传统的"高校中心"的教师教育而提出的，这标志着教师教育由传统的高校中心向基础教育中心转移，即从以高校为主导的教师教育向以基础教育学校为基地的教师教育转型。

传统的高校主导的教师教育非常注重教师的学术素养与理论思辨能力，注重"学术取向"的教师素质培养。这种模式下的课程过于理论化，脱离一线教学实际，师范生实践能力不足，等等，使实践在教师培养过程中处于薄弱地位，造成理论和实践的分离。但进入 21 世纪后，教师队伍面临着数量缺乏、质量下降的局面。同时，中小学的教育改革与发展也面临着前所未有的挑战与困境。① 对此,很多欧洲学者提出,当前的教师教育课程必须注重教育理论与教育实践的有机统一,突出"在地实践"在教师能力养成中的重要作用,强化教师的教育应用能力。这种"在地实践"取向的教师教育日益成为欧洲,乃至全世界教师教育改革的趋势。比如,英国于1992年就开始正式实施"以学校为基地"(school-based)的教师培养模式。这一模式改变了过去大学主导教师培养的方式,促进了大学和中小学幼儿园通过合作共同承担教师培养的责任。而且"以学校为基地"的教师培养模式的确立,给英国的教师教育带来了翻天覆地的变化。②

"在地实践"取向的教师教育目标旨在培养教师的实践智慧,一种让教师获得在教育现场中明智判断、机智选择、灵活行动的教育智慧,让教师教育学习者回归其丰富的教育生活世界,扎根于鲜活的教育现场。

二、"在地实践"的哲学基础与交往理性的教师教育

长期以来高校教师教育无法摆脱低效的困境。其主要原因是与教师教育学习者生活世界的脱离,而教师教育脱离生活世界是科学主义教师教育盛行造成的。胡塞尔说:"现代人漫不经心地抹去了那些对于真正的人来说至关重要的问题,致使科学丧失了生活的意义。"③教师教育在科技理性的支配下追求科学化、知识化,从而失去了教育生活的底蕴并丧失了人文性,使教师教育脱变为对规范与守则的盲目遵从和机械的行为操练,神秘的抽象的理性主义、认知主义是其最明显的特征,缺乏应有的生活意义和育人魅力。

自20世纪80年代以来,我国关于人的生活世界的问题研究,由哲学、文学领域发端进而向教育领域全面辐射,并迅速扩展为我国教育理论界的一股研究热潮。关注人的生活世界,反映了人类对自身的本质力量、价值及发

---

① 姜勇,戴乃恩,黄创.基于"在地实践"的欧洲五国教师教育课程改革述评[J].全球教育展望,2017(1).
② 胡中晓.教师专业发展学校培养模式的美英比较研究[J].继续教育研究,2014(12).
③ 胡塞尔.欧洲科学的危机和超验现象学[M].上海:上海译文出版社,1997.

展前途的认识和关注,也是随着人类文明的进步和人类在各个实践活动领域中主体力量的提高而导致的对自身存在和发展状态的一种反思。基于人们对科学主义教师教育的批判反思,基于人们对高效教师教育的自觉追求,教师教育要回归生活世界的主张也便成为教师教育理论界的共识和实践的指导思想。许多学者提出了以"交往理性的教师教育"超越"科学主义教师教育"的改革思想,一致认同"教师教育的本质是人格的、生命的、完整生活的质量的教育"[①]。而交往理性的教师教育,是指"在对话知识观指导下具有交往理性特征的教师教育"[②]。因为交往的本质是生活的交流与对话,因此,交往理性的教师教育其本质就是回归教育的生活世界。交往理论直接产生于人们对生活世界的深切关怀,其关于人的主体间性、实践性、生活特性的交往本质观既为教师教育范式的重建提供了理论支撑,又为教师教育的实现提供可能性的解释。因此,深入剖析交往理论,并借鉴其有价值的观点来关照当前的"在地实践"教师教育,将为新时代教师教育的实施提供新理念、新思维。

(一)交往理论的主要内涵

交往即交往实践。"交往"一词源于拉丁语,意即"共同的或使共同的"。伯里克利(Pericles)首次提到"交往"。马克思在《詹姆斯·穆〈政治经济学原理〉一书摘要》中首次明确提出"社会交往"。在汉语语境中,"交往"的同义词有"交""往来"等,可追溯至《论语》《老子》。《尉缭子》首先使用了"交往",即"相互往来"之意。"交往"的英文对应词是 communication,有沟通、传达、通信、交通、联络和交流之意。在德语中,与之相应的是 kommunikation 或 Verkehr,有沟通、交流、交往、联系、联络等含义。马克思和恩格斯在《德意志意识形态》中首次提出了一般社会交往理论,表达了"社会交往"的一系列概念。西方哲学的交往理论承认交往过程中的主体间性(intersubjectivity),认为交往本身即人的生存方式,它涵盖了人的历史、文化、生活的一切领域,人类交往的范围和界限。胡塞尔提出交互主体论,认为人们在生活世界中

---

① 何菊玲.教师教育范式研究[M]北京:教育科学出版社,2009.
② 何菊玲.教师教育范式研究[M].北京:教育科学出版社,2009.

进行着生动的，充满"人格主体态度"的交往。哈贝马斯以"交往行为理论"著称，认为交往是主体间的相互关系，而不是主体与客体之间的单项关系，交往行为是一种主体之间通过符号协调的相互作用，它以语言为媒介，通过对话，达到人与人之间的相互理解和一致。马克思把社会生产、交往实践与人的发展紧密联系起来，认为人的发展与人的生产、交往是前提和基础的关系，人的发展的基本含义就是人之主体性的高扬，使人能够全面地、自由地、和谐地发展。交往是人的一种内在的社会本性，暗示了"交往"可以确证和实现人的本质这一重大命题。交往理论的内涵主要包括以下几个方面：第一，交往的本质。交往是指人与人之间的物质和精神的交换过程，是人与人之间交换其活动、能力及其成果的过程，是人与人之间以一定的物质或精神的手段为媒介的互为主客体的相互作用过程。其作为人的一种感性的社会实践活动，关涉到意义的双向理解、生成和意见一致，关涉到人的本质性存在状态，关涉到主体间性的造就，关涉到"美好和真诚"——没有内外制约之下的生活的建立。第二，交往与人的发展。交往理论认为人的发展与人的生产、交往是前提和基础的关系。第三，人类的存在并非以一个独立的个体为基础，而是以"双向理解"的交往做起点。交往是人和社会存在的方式，是人性的一种本质，或者说人际间的相互理解，它渗透到人类社会生产、生活的各个领域。第四，交往是人与人之间的互动互惠活动，是人存在的交互共生状态，具有主体间性。交互异质主体性是交往的本质特征。第五，交往离不开特定的历史、社会、文化境况，离不开生活世界背景，具有生活特性。交往须在一些特定条件下才可能进行，且是以"生活世界"为背景的。语言则是交往成为可能的重要媒介。第六，交往具有双重性，它既是一个动态的双向建构与双重整合的活动性范畴，又是一个关系性范畴。人的交往不仅是人的特殊活动形态，它本身也直接就是人与人之间的社会关系，就是人与人之间的相互作用方式。其双向建构作用从横向上看，一方面，直接促进社会的发展，另一方面又造就现实社会生活的具体的人。从纵向来看，在人类历史发展的过程中，交往在建构社会与人的同时，也建构着本身，即交往本身的不断发展与完善。交往的双重作用表现在：一方面使个体的自主性彰显出来，形成自身的独特人格，另一方面又在多极主体的相互作用中整合出源于个体又超越个体的共性、统一性与普遍性,以形成一定的人与人之间的关系。

(二)生活世界、交往与交往理性的教师教育

1. 生活世界与交往的关系

交往理论是对生活世界的能动反映,所有交往理论都把关注人的生活世界作为焦点。生活世界概念最早由现象学创始人胡塞尔提出,其与科学世界相对应,指的是以经验为中心的人化的意义、价值世界,它是人一切活动的背景。之后,蓝德、格蕾贝、庞蒂、海德格尔、舒茨及哈贝马斯、马克思等哲学家重述和拓展了生活世界的论域。这一概念及其课题在 20 世纪成为西方哲学的重要话题。由胡塞尔现象学提出的"生活世界"意在把哲学从思辨引向人们生活现实的境遇。海德格尔视"生活世界"为人自身"在"的确证,它对人而言是已然的、既成的,日常生活承传着历史文化,其日用而不知的特点带给人们以惰性和保守。哈贝马斯实现了"生活世界"学说由先验现象学向交往行动理论的意义转换。马克思唯物主义实践观把"生活世界"理解为以实践为细节,是"知性"与"意义"相统一的属人的生活世界,并确立了实现人的自由全面发展的理想,交往行动的普遍化将为人的自由全面发展奠定坚实的基础。他们通过对生活世界的探索,指出了具有开创意义的交往理论。这些理论有代表性地体现在狄尔泰的"生活关联体"、胡塞尔的"生活世界"、哈贝马斯的"交往行动理论"、维特根斯坦的"生活形式"、海德格尔的"世界中的存在"、伽达默尔的"视野整合"等哲学概念中。他们对生活世界与交往的关系进行了深刻的阐述。主要观点是:生活世界与交往在本质上是互为一体的,一方面生活世界是一个主体间交往行动的背景视域,而交往又是生活世界的核心内容;另一方面,有生活世界才有交往,有交往才有生活世界,两者互为条件。交往越来越成为生活世界的理论视角中心。

2. 生活世界与交往理性的教师教育的关系

对于它们的关系,我们的观点是:交往理性的教师教育本身应该就是一个教育生活世界,交往理性的教师教育是为了教育生活世界的教育,交往理性的教师教育是在教育生活世界之中进行的教育。它们关注的都是人的意义世界,教育生活世界是交往理性教师教育的目的与归宿,交往理性的教师教育是引领人们通往教育生活世界的一条必然之路。

3. 交往与交往理性的教师教育的关系

交往与交往理性的教师教育在生活世界的场域里实现了视域的融合,正如交往与生活世界具有本质上的密不可分关系,交往与交往理性的教师教育在本质上也是密不可分的。第一,交往理性的教师教育是交往的一种特殊形式,交往与交往理性的教师教育是一般与特殊的关系。第二,交往是交往理性的教师教育的前提条件,是交往理性的教师教育存在的根本特征和核心内容。第三,交往与交往理性的教师教育具有目的性价值和意义上的统一性。交往的目的性价值和意义是"成人",是一个具有包容性和解释力的范畴,指向的是人的整个精神世界,它对于个体思想情感的健康发展和精神生活的全面丰富具有重要作用,这与交往理性的教师教育的宗旨是一致的,正如肖川博士所说:"交往的根本意义不在于获得某种认识论意义的主体际性,而在于展示、发现和发展自我,在交往中获得个人的完整性和全面发展。"[①]可见,交往理性的教师教育对于个体的人生意义与价值需要在生活世界的交往行动中得到说明。因此,交往理性的教师教育不能疏远以交往为基础的生活世界这个背景场所,不能没有交往。交往的普遍化是实现人的全面发展的必由之路,重视人的全面发展的交往理性的教师教育必须重视交往的普遍性以及普遍交往内涵的丰富性所赋予人的素质的提升功能,我们应树立"教师教育即交往、教师教育为了交往、生教师教育在交往之中"的教育理念。无疑,交往已成为教师教育的理论新视角,是交往理性的教师教育的逻辑起点与归宿。

(三)"在地实践":交往理性的教师教育之实践样式

在交往理性的教师教育理念下,"在地实践"实际上就是一个教师教育的实践方式之一,但并不是交往理性的教师教育的全部。"在地实践"对于

---

① 肖川.论教学与交往[J].教育研究,1999(2).

教师教育的意义,就在于它顺应21世纪教师教育发展的这些新趋势:①未来的教师必须在他们课程学习的初始时期就应熟练掌握一定的教育研究的结果与教育研究方法。②学科知识必须与教学实践活动建立有效的联系,并且在理论与实践二者之间建立恒定的交互联系。③教师教育的目标应设定为促进教师专业精神、专业态度、专业信念、专业智慧等的发展,即注重个体观念,而不仅仅是在于先验式和独立直观式信念的发展。④必须抵制错误的观念,即教育理论与实践的对立,以防止在教师教育中出现过于追求"学术"而忽视实践的需求。①⑤教师教育的人文性和实践性要求我们不能再局限于在主客体的关系中去认识教师教育的理论与实践,而必须从主体间的交往对话关系出发去理解教师教育。②"在地实践"的教师教育模式将对教师教育的课程、教学、方法、评价等产生新的重构。

三、我院"在地实践"的选择

(一)"实践取向"与"在地实践"

教师教育学院的人才培养一向重视师范生的教学实践技能训练,人才培养质量较高,毕业生就业前景较好。特别是王少非任教师教育学院院长以来,他深谋远虑,高瞻远瞩,根据时代发展对教师教育的新需求,审时度势地提出了"实践取向"的教师教育理念。

"实践取向"与"在地实践"有异曲同工之处。两者都强调教师教育要注重对教师教育学习者实践智慧的养成。但细思一下,两者还是有一些不同。"实践取向"更多的是从教师教育哲学层面提出,是形而上的思考,是教师教育的哲学取向,是一种宏观层面的、比较抽象的价值引导。而"在地实践"是对教师教育形而下的思考,是教师教育的实用或现实取向,对教师教育的实施"空间"有了明确的规定,即"在地实践",这种观点更微观与直观,具有更

---

① 姜勇,戴乃恩,黄创.基于"在地实践"的欧洲五国教师教育课程改革述评[J].全球教育展望,2017(1).
② 何菊玲.教师教育范式研究[M].北京:教育科学出版社,2009.

直接的参与性与体验性。但其狭隘性也是明显的,过于强调"在地"学习,即过于强调直接经验在教师教育中的价值。教师实践智慧的获得,"在地实践"虽是一个必然途径,但是,"非在地"的学习,即间接经验的学习更是人们获取实践智慧的应然途径。因为"人生有限而学海无涯",人类历史上,别人的、间接的实践智慧更是我们要继承的宝贵财富。特别受重视的对话法、案例分析法等就是让学习者在"非在地"的学习条件下获得实践智慧的重要教学方法。所以,我们可以把"在地实践"理解为是"实践取向"下的一种具体表现方式之一。其积极意义在于:体现了当代教师教育的特点,有助于加强教师教育与生活、与社会的密切联系;有助于教师教育学习者的整体发展;引起教师教育课堂教材的变化,要求采用更多的实际材料。但其局限性也是难免的,主要表现在:①以实用主义经验论和机能心理学为依据,过分强调了活动的地位,走向了另一个极端。②其强调的"在地"主要是个人现场亲自尝试的工作和活动,仅是获得和改造个人经验而忽略社会经验和间接经验,这种活动是以活动主体自己的兴趣和需要得到满足为目的活动,是一种可能会建立在尝试错误之上的盲目的个人探索活动,这是片面的。如,我们现在有些师范生到了教育现场后,抛弃已有的正确的教育理念,盲目服从现场老师的错误行为,"被现场绑架",这样的例子是比较多的。追本溯源,"在地实践"的片面之处还是在于没有处理好教学过程中的关于直接经验与间接经验、知识传授与发展智力、传授系统知识和丰富学习者感性经验等矛盾关系。

理想的教师教育不仅要为基础教育服务,适应基础教育发展的需要,但同时也要能对基础教育起到一种价值引领的作用。因此,"实践取向"的理念是一种更具交往理性的、开放包容的价值引导,更全面地涵盖了交往理性的教师教育的内涵,在这种取向里,把教师教育的理论与实际、直接的实践智慧与间接的实践智慧、教师的理性能力与感性能力有机结合起来,使教师教育的生活世界表现得更立体与多元。

(二)基于"实践取向"的"在地实践"

基于我们"实践取向"的办学理念,我们有计划、有目的、有组织地进行"在地实践"。这主要是出于两方面的考虑。

1.教师因素

(1)基本概况。教师教育学院共58名教职员工,其中专任教师45名,职员9名,辅导员4名。专任教师中有教授2人,副教授20人,讲师23人,高级职称占专任教师总数的48.89%;具有硕士及以上学位者27人(其中博士7人,在读博士1人),占专任教师总数的60%。有中小学教育实践经历者15人,占专任教师总数的33.33%,有出国访学经历教师2人。学校层面聘请了3名小学教师为兼职教授,有18名小学和幼儿园教师在两个专业承担实际的教学任务,年均有百余名小学幼儿园教师受聘担任学生的实践指导教师。专任教师学科背景比较复杂,45名专任教师涉及教育学、心理学、理学、文学、艺术学五个一级学科。

(2)存在的主要问题。师资队伍数量和结构上存在问题。首先,专业教师的数量不足,两个专业的生师比均在20:1左右。其次,教师队伍的职称结构、学历结构、年龄结构尚需进一步完善,尽管高级职称的占比尚可,但正高人数过少;具有硕士以上学位的教师占比尚可,但具有博士学位者人数偏少,无学位教师还有11人;总体上年龄偏大,40周岁以下的教师人数偏少,仅占教师总数的33.3%。第三,教师的学科背景比较复杂,45名专任教师,涉及教育学、心理学、理学、文学、艺术学五个一级学科。尽管从小学教育和学前教育专业的特性看,教师学科背景的多样化的确有利于人才培养,但从学科建设角度看,教师学科背景过杂是一个明显的不利因素。第四,具有小学幼儿园实践经验的教师数量偏少,有中小学任教经历的教师仅15名,尤其是年轻教师基本上都是直接从高校出来然后进入高校的,对学生实践的指导能力偏弱。第五,从教师教育学院的专业人才培养定位出发,相对于博士之类高学历人才,结构中更欠缺的是具有丰富小学幼儿园实践经历能够为学生实践提供指导的高技能人才,但这类人才的引进受到的限制比较大。所以,培养硕士、博士教师的实践指导能力成为我们学科建设、专业建设的重中之重。

基于师资队伍的这些不足,我们选择为教师提供"在地实践"的平台以提升他们的教育实践智慧。本章第二节要介绍的博士工作站就是出于这样的目的而创建的。

2.学生因素

我们学院主要是两个专业,即小学教育与学前教育,两个专业的在校生1000人左右。由于以往我们过于追求师范教育的实用性、规范性、目标至上性,过于注重学科知识在教育中的重要地位,过于强化教育是师范生之未来成功择业的重要阶梯,过于强调学业成绩是师范生之未来得以进入理想的中小学校的敲门砖,从而忽视了教师教育课程在师范生之精神世界之丰富与心灵境界之提升中的内在价值。忽视师范生"专业精神""实践智慧"的后果便是,"复杂完整的教育现象被迫离析、肢解……不仅使教育探究陷入'茧式化'的境遇中,而且使教育发展与改革陷入左右两难困境"[①]。因此,学生发展的后劲不是很足。不注重"在地实践"的教师教育课程不仅仅导致理论与实践的脱节,往往也不够重视和关心师范生的专业态度、专业情感、专业价值观的培养,最终导致教师忠诚度的降低、专业热忱的减弱、离职率的升高。事实上,教师教育课程归根结底要发展的并不是所谓的师范生的学科成绩,而是其热爱、敬爱、忠爱教师职业的"专业精神","通过教育对精神的建构,而把心理和生理的东西带出来。唯有精神才整合人的一切。"欧洲国家当前的教师教育课程改革正是注重未来教师的"精神的完整成长"。

因此,我们的学生也需要"在地实践"的教师教育。

第二节 基于"在地实践"的博士工作站建设

一、博士工作站的建立

(一)博士工作站的功能定位

教师教育学院致力于培养有较强实践能力和实践反思能力的优质的中

---

① 郝德永.不可"定义"的教育:论本质主义教育思维方式的终结[J].教育研究,2009(9).

小学、幼儿园初任教师。为此,"实践取向"的理念必须在人才培养方案编制、课程体系构建、课程开发和实施的过程中一以贯之。

"实践取向"理念落实的根本在教师!没有教师对中小学、幼儿园教师职业实践性的深刻把握,教师教育的专业实践就可能走偏;没有教师对中小学、幼儿园教育实践的全面深入了解,就不可能有围绕教育核心专业实践的课程开发,也不可能有效实现理论与实践的沟通;没有教师对中小学、幼儿园教育实践的深度参与,教师也就不可能获得对师范生实践能力发展至关重要的实践指导能力……

博士工作站是在教师教育学院王少非院长的倡导下创建的,是一个联结基础教育与高等教师教育的重要平台,由高校教师(博士为主)与中小学幼儿园合作建设,站长为高校教师(必须是博士)。其创建的主要目的是服务于高校教师教育者及师范生教学实践能力的培养,同时也服务于附属中小幼儿园教育教学的研究与指导。正如王少非院长所指出的:"我们将教师教育学院驻小学、幼儿园博士工作站的功能定位于:年轻教师深入小学、幼儿园,深度参与小学、幼儿园教育实践,提升实践指导能力的平台;高校教师与小学、幼儿园教师沟通交流,相互支持,协同解决教育实践问题的平台;师范生参与小学、幼儿园教育实践活动的支持平台。"这"三台"就是对博士工作站的功能定位。

鉴于此,我们于2015年启动了驻小学、幼儿园的博士工作站建设,在临海实验幼儿园、大洋小学、邵家渡中心小学建立了三个博士工作站。至今先后有15名年轻教师全程参与其中。三年来,三个博士工作站运行情况良好,成效明显,"三台"功能发挥出色,尤其是为高校教师提供了"在地实践"的理想平台。

(二)博士工作站与教师专业发展学校(PDS)、一般实习基地的区别

特定的组织文化,是教师群体赖以存在的基石和灵魂。任何组织都建立在一定的组织文化基础之上。组织文化对教师的影响是巨大的,直接影响到教师的人生观、价值观、兴趣和行为方式,这些影响在日后必将融入教师的人格中。面对组织文化,教师表现出认识它、甄别它、认同它和融入它,成为一系列过程。当前的教师教育重视诸如 PDS、校外实习基地等组织的建设,就是通过组织文化来培养、培训教师的具体形式。

PDS 是由教育行政部门、高校和中小学(含中职学校、特殊教育学校、幼儿园)三方共同建设、服务于师范生培养和在职教师培训、附属在中小学校和幼儿园的新型教师教育机构。其建设主体是中小学校和幼儿园。其职能主要是师范生培养和在职教师培训,其与高校的关系更多地体现为义务性、互利性服务,联系比较紧密。

一般的实习基地主要就是承担高校师范生的实习工作,单向为高校师范生培养服务,在这一服务过程中,也提升本校教师的专业能力。而对高校教师的回馈服务一般没有什么要求,也没有在职教师培训的硬性规定。教师教育的功能没有 PDS 那么突出,其与高校的关系也不那么密切。实习基地的建设主体是实习基地本身。

可以说,PDS、一般性实习基地与博士工作站在性质上都属于交往理性的教师教育范式中的教师教育交往共同体。教师教育交往共同体不再是专家组成的共同体,而是由所有教师教育的参与者组成的交往共同体。这样的交往共同体是实现交往理性的教师教育的关键。相对而言,PDS 与一般性实习基地更鲜明的特点是有接纳师范生实习的任务,都是自身建设的主体,其交往主体主要是高校师范生、高校带队教师、实习基地师生、家长等。而博士工作站则有所不同。

博士工作站首先突出"博士"的特点。也就是说,在这一交往共同体里,博士是主要成员。博士是受过最高学术训练的学术型人才,而不是应用型人才。他们有比较高深的学术知识,但是缺乏社会工作经验。而教师教育是实践性很强的专业教育,从事教师教育的博士教师,如果没有丰富的基础教育工作经验,是很难胜任教师教育这一工作的。从这几年引进的年轻博士中,我们明显地感受到了这一问题的严重性。这便是我们建立博士工作站的最初动机。所以,博士工作站具有如下区别于 PDS、一般实习基地的特点:第一,其组织成员以高校的博士为主,其他非博士成员也可适当参加。博士主动与驻站学校(幼儿园)师生,甚至家长建立起交往共同体。第二,其功能主要是为我院从事教师教育的博士更快适应交往理性的教师教育的现实需要，帮助学术型博士建立起与基础教育对话交往的教师教育共同体，实现从学术型到应用型成长的转变。这是我院为培养教师教育者采取的一种"在地实践"的教师教育方式。一方面为博士自身的"应用型"发展服务，为博士提供"在地实践"的平台，让博士有机会获取教育实践经验，提升博士理论联系实际的能力；另一方面充分发挥博士的理论水平，为驻站学校（幼儿园）服务，满足驻站学校（幼儿园）理论知识的不足，双方教师合作开展研究。虽然前面介绍了博士工作站有"三台"功能，但主要是突出前"两台"功能，后"一台"功能也是要借助前"两台"功能的实现而实现的。总之，博士工作站的主要功能就是通过博士与小学、幼儿园师生的交往而实现共同的专业成长，有明显的主导性及互利性。第三，其性质是研究型的交往共同体，而非一般的教师交往组织。它以博士高深的理论知识与一线教师丰富的实践经验有机结合来共同研究、解决实际教育问题为主要任务。而分析、解决实际教育问题的过程也是一个学术研究、应用的过程，博士不仅充分发挥了原有理论知识的学术价值，而且还生产出新的教育知识，获得丰富的教育实践知识，提升了理论联系实际的能力，这有助于提升博士的课堂教学效率，从而提升人才培养质量。另一方面，驻站学校（幼儿园）教师在与博士共同解决问题的过程中，其理论水平也得到了相应的提高，有利于向专家型教师发展。所以，博士工作站的学术性、研究性是应该突出的，其实际也是一个智库组织。第四，其建设主体是博士工作的高校。高校在博士工作站的建设方面起着主导作用。

二、主要博士工作站简介

（一）临海市大洋小学博士工作站

临海市大洋小学博士工作站建于 2016 年 3 月，院长王少非教授全程指导，吴银银（站长）、宋杰、余文丹、张樱樱、张文娟等老师参与驻站工作。工作站自成立以来，除了参加大洋小学教科研活动等日常事务以外，重点为该校拓展性课程的开发与实施提供指导和帮助。截至 2018 年 4 月，教师教育学院已连续四学期为该校开设18门拓展性课程,学院师生近600人参与拓展性课程的开发与实施。拓展性课程作为学院加强校地合作、服务地方的一项重要举措,在提升师范生的专业实践能力、促进文化校园建设以及协同育人等方面取得了良好成效,得到大洋小学师生及家长的普遍好评。院长王少非教授指导的"临海市小学拓展性课程开发与实施现状研究"获2016年国家级大学生创新创业训练计划项目立项,学生发表相关论文,撰写拓展性课程主题毕业设计论文。博士工作站成员通过驻站实践,不仅提高了实践指导能力,而且对驻站经验进行提炼与反思,以"基于U-S协同的师范生课程实践能力养成研究"为题,获批台州学院2017年度高等教育教学改革重点项目。同时,伙伴合作学校临海市大洋小学教科研也获得长足发展,成果丰硕:校长单明芳主持的"社团化推进:小学'初为人师者'专业化发展的校本促进"获2015年度省教科优秀成果奖评比一等奖;学校获浙江省(2015—2016年度)教科研先进集体;"'法自然·画童年'课程园建设的行动研究"获浙江省教育科学规划2018年度研究课题立项,并于2018年1月成功入选首批"浙江省示范性教师发展学校建设学校"。

(二)临海市实验幼儿园博士工作站

临海市实验幼儿园博士工作站建于2016年3月,副院长粟高燕教授全程指导,冯翠典(站长)、唐继亮、李敏、汤霞敏、沈吟、张冉、柯甫凯、李玉秋等老师参与驻站工作。工作站自成立以来,除了参加实验幼儿园教科研活动等日常事务以外,重点为该园STEAM园本课程的开发与实施提供指导和帮助。截止到2018年12月,教师教育学院已连续四学期为该园开设STEAM课程,学院师生近200人参与STEAM课程的开发与实施。STEAM课程作为学院加强校地合作、服务地方的一项重要举措,在提升师范生的专业实践能力、促进文化校园建设以及协同育人等方面取得了良好成效,得到临海实验幼儿园师生及家长的普遍好评。副院长粟高燕教授、冯翠典副教授合作指导的"STEM理念下幼儿园主题课程的开发与实施""基于设计思维的STREAM教育与创客教育融合的幼儿园课程开发与实施的研究"分别获2016年、2018年国家级大学生创新创业训练计划项目立项,学生也发表相关论文,撰写 STEAM 课程主题毕业设计论文。博士工作站成员通过驻站实践,不仅提高了实践指导能力,而且对驻站经验进行提炼与反思,发表了相关科研成果,提升了科研能力及教学实践能力。站长冯翠典博士以在本园的 STEAM 实践经验,多次参与全国性的幼教论坛并做相关主题发言,引起强烈反响。2018 年被评为年度幼教影响力人物。同时,伙伴合作幼儿园的教科研也获得提升,双方合作申报了省级教改项目"基于体验性学习的卓越幼儿园教师培养模式的创新与实践研究"、省级"十二五"重点建设教师培养基地项目"实践取向的卓越幼儿园教师培养探索"及校级重大教学成果培育项目"核心素养理念下学前教育应用型本科人才培养模式创新研究",并于 2018 年 1 月成功入选首批"浙江省示范性教师发展学校建设学校"。

(三)邵家渡小学博士工作站

台州学院教师教育学院驻邵家渡中心校博士工作站于 2015 年 12 月 21 日建立,工作站由院长王少非教授全程指导,工作站成员包括葛福强(负责人)、吴晶、张樱樱等老师。

博士工作站建立之后,在院长王少非教授全程指导下,工作站成员积极开展工作。工作站根据邵家渡中心校的课程及科研发展现状、现有师资条件、地域特色和发展愿景,积极为邵家渡中心校课程改革与科研发展提供理论支持、实践指导并制定相应的发展规划。具体工作包括:①为学校发展规划的制定提供支持与理论指导;②为学校的课程实施提供理论支持与实践指导;③参与分析课堂教学,为学校科研项目提供建设性建议与指导;④为学校实践经验提炼与整理提供修改意见与指导。

博士工作站的建立对于加强校地合作、培养高素质应用型人才起到了促进作用,同时对提升工作站成员老师的实践能力,促进其向"双能型"转变以及提升邵家渡中心校教师的理论水平,促进其向"科研型"转变都起到了积极作用。博士工作站的工作目前正在按照计划,有条不紊地进行。

三、博士工作站的相关管理规定

为了确保博士工作站发挥好作为教师"在地实践"的功能,学院初步制定了相关管理规定，主要包括《台州学院教师教育学院博士工作站运行规则》及《教师教育学院教师挂职锻炼实施办法》。规定主要对驻站教师的工作职责、工作量计算、任务考核等方面提出了要求。

《台州学院教师教育学院博士工作站运行规则》

为落实"实践取向"的小学幼儿园教师培养，加强与当地中小学幼儿园的联系，也为教师参与基础教育实践提供平台，教师教育学院在小学、幼儿园设立若干博士工作站。

每个工作站设负责人1名，负责管理工作站的运行，工作站负责人须具有博士学位，由本人向学院提出申请，由学院根据实际情况来确定。教师教育学院教师所有专任教师均可申请成为博士工作站成员。

教师可在学期初申请驻站工作。每个学期每个工作站安排驻站人员不超过10人。工作站点负责人负责排定相关人员的驻站时间。多人同驻一站时驻站时间要相对固定，有临时活动时由工作站负责人召集。

驻站人员在规定驻站时间内按工作站所在学校（幼儿园）的作息时间上下班。

驻站人员的工作职责：①负责站点所在学校分配的任务，有相关项目时完成项目工作；②无明确的项目任务时每天听课不得少于两节；③参与学校组织的教研活动；④接待站点所在学校教师，为其教科研活动提供帮助。

学院负责对驻点工作进行考核。考核主要依据工作记录、过程中积累的档案，以及驻点单位的评价。

驻点时间可以折算成挂职锻炼时间，用于职称申报、"双能型"教师资格申请。

学院安排不定期的抽查，抽查结果作为学院教职工考勤的依据。抽查未到岗两次以上者，整个周期的驻点时间都不予认定。

教师教育学院

2015年11月

《教师教育学院教师挂职锻炼实施办法》

根据《台州学院教师挂职锻炼管理办法（试行）》文件，制定教师教育学院教师挂职锻炼实施办法。

全脱产挂职严格执行学校相关规定。本办法主要规范非全脱产的挂职锻炼。

一、挂职单位

挂职单位为台州市范围内的教育行政部门、教研室、教科所、中小学、幼儿园，具体单位以学院向学校人事处报备的名单为准。

二、可以折算成挂职时间的实践活动

（一）与中小学合作的横向项目（以学校备案的合同为准）；

（二）见习实习指导（以学院安排为准）；

（三）综合实践活动指导（指面向校内学生的技能训练指导、学生社团指导、课程开发等实践指导活动，以学院安排为准）；

（四）学院认可的学校蹲点实践（以学院安排为准）；

（五）有完备的资料支撑的学校调研、指导活动（需要提供包括照片、活动内容等较为完整的资料）；

（六）与中小学幼儿园合作的教研活动（以系部整体安排为准）；

（七）教师培训的实地培训部分的带队工作。

上述活动的认定均须完成学院规定或项目合同规定的任务为条件。未完成相关任务的一律不折算挂职时间。

三、折算办法

与中小学合作的横向项目，合同金额每万元可折算成15天；

见习实习指导，每一天可以折算成2天；

综合实践活动指导，以项目形式确定，每个项目可以折算成2天；

学院认可的附属学校蹲点实践，每天可折算成2天；

有完备的资料支撑的学校调研、指导活动，每一天可以折算成2天（需要提供包括照片、活动内容等较为完整的资料）；

与中小学幼儿园合作的教研活动，每一天可以折算成2天；

教师培训的实地培训部分的带队工作,每一天可以折算成 2 天。

以上实践时间的折算,若用于职称评审,计算周期为职称申报当年的前五年,含当年;若用于申请"双能型"教师资格,在每半年的申请周期中在挂职单位实际上班锻炼时间不少于一个月的,方可累计计算。

凡涉及职称申报、"双能型"教师资格申请,教师需要填写相应的表格,明确项目、时间,由学院组织审核。

教师教育学院
2015 年 11 月

根据以上规定,博士工作站人员有目的、有计划、有组织地与驻站学校(幼儿园)合作开展教学、科研工作。每学期初就要制订工作站计划,以确保工作站正常、有效地运行。现以《临海实验幼儿园博士工作站工作计划(暂行)》示例如下。

《临海实验幼儿园博士工作站工作计划(暂行)》

根据《台州学院教师挂职锻炼管理办法(试行)》(台学院发〔2015〕45 号)精神,挂职锻炼是学校落实办学定位,提高教师实践技能,培养"双能型"教师的重要举措。教师教育学院已洽谈临海市实验幼儿园作为我院教师挂职锻炼的实践基地,并建立博士工作站负责教师挂职锻炼的常规管理和运行。现综合考虑我校要求、幼儿园的合作需要和我院教师的具体情况拟定如下工作计划,希望工作站成员能以此为契机,扎实工作,深入学习,自强素质,服务地方,实现学校发展方向、个人发展需求以及地方服务需求的多方对接和共赢。

一、驻站时间

本工作站是不脱产挂职锻炼的平台,按相关规定,以半年为一个申请周期,每个周期内在挂职单位实际上班锻炼时间不少于一个月的,学校在认定"双能型"教师资格时按实际工作时间累计计算。

本工作站每周至少安排一次到园驻站,每次至少半天时间。具体的驻站人员数目和时间要提前一周和园方联系落实。落实后的具体时间、人员、主题要记录备案。

二、驻站任务

工作站人员应秉持服务、学习的态度，争取各项工作和任务落到实处，以成为实践领域的行家里手、成为园方的得力同伴为己任。驻站任务一方面是围绕园方本学期的切实需求开展。工作站人员要在园方的教研活动、教师基本功比赛、大型活动组织、日常教学运行等方面发挥作用，积极承担策划、评委、交流等任务。也应该根据幼儿园的具体需要开设讲座，以及进行多种形式的教师发展指导和园所发展建设。另一方面，工作站人员自身要制定具体的学习任务和学习方案，结合自身研究兴趣、课题方向等有步骤地开展切实的学习和实践研究。

驻站具体任务不是僵化不变的，需要及时沟通协商，工作站人员也应思考自己力所能及且能发挥所长的介入方式，再借助工作站的团队平台落到实处。

本学期的具体要求：

(1)每周到站一次，至少半天，做好到站记录。

(2)确定本学期驻站拟解决的主要问题。

(3)学期末上交驻站总结及工作资料汇编。

总之，工作站人员应自觉遵守挂职单位的有关制度，学习新的专业技能，了解行业发展情况，认真完成幼儿园及工作站布置的各项任务。

三、监督考核

工作站作为教师挂职锻炼的平台，应接受学校的挂职锻炼考核小组、二级学院的挂职锻炼工作小组的监督检查。同时接受幼儿园的监督考核，工作站活动由双方备案。

教师在挂职锻炼结束后，由幼儿园出具书面评价考核意见，教师向学校和学院提交《台州学院教师参加挂职锻炼考核表》，并附上相应材料（包括挂职锻炼工作记录表、挂职锻炼工作总结、调研报告等）。

四、工作站人员

经个人申请和学院审批，现阶段的工作站人员如下：

站长：冯翠典　　　　　　成员：李敏、汤霞敏、沈吟

五、联系人员及方式

我院联系人:冯翠典　　　　园方联系人:周君飞(副园长)

注:人员的变动情况将及时更新。

教师教育学院
2016 年 1 月 30 日

四、博士工作站的主要项目

(一)STEAM 课程的开发

1.项目方案

《临海市实验幼儿园"川流空间、童话世界"课程方案》

一、指导思想

为贯彻《国家中长期教育改革和发展规划纲要(2010—2020年)》《幼儿园教育指导纲要》和《3～6岁儿童学习发展指南》精神,努力遵循"开放、求索、和谐"的办园理念,秉持"让每个孩子触摸到世界、感受到未来"的课程理念,落实"川流空间、童话世界"课程框架,并以"在实践中发展、在发展中创新、在创新中完善"为课程管理模式,以陶行知"教学做合一"、维果茨基"最近发展区"理论以及美国 K-12 年级的 STEAM 课程理念和课程模式为课程实施思想,建设以整合为基础、以问题为导向、以目标为引领、以活动为载体、以探究为方式、以评价为保障的课程体系,充分发挥课程建设在促进幼儿学习、教师发展和幼儿园管理中的重要功能。

二、课程理念

教育终究是一个面向未来的事业。儿童是否能在未来成为自我实现的个体、合格有为的公民、具有实践精神和创造能力的建设者,是国家和社会关注的问题。而如何帮助儿童成为这样的人,是幼儿教育需要思考的问题。临海市实验幼儿园秉持的课程理念是"让每个孩子触摸到世界、感受到未来",期望以适合儿童的方式,让儿童在"身动、手动、脑动"的过程中与真实世界进行互动,并领悟到未来世界对他们的要求,体现"为未知而教、为未来而学"的先进理念,同时培养儿童"乐于探究、善于交往、敢于创造"的品质。

为落实课程理念,构建了"川流空间、童话世界"(STREAM SPACE, STORY WORLD)的课程框架。

"川流空间"是儿童探究的空间,STREAM 是"科学、技术、智能机器、工程、艺术、数学"(Science, Technology, Robotics, Engineering, Art, Mathematics)的首字母缩写,发端于美国为提高其全球竞争力而提出的要为知识经济时代培养具备 STEM(Science, Technology, Engineering, Mathematics)素养的人才的教育倡议。而随着智能社会和工业 4.0 时代的到来,以及强调科学与人文相融合的背景,在科学、技术、工程、数学领域之外,加上了智能机器领域和艺术领域。科学领域,希望儿童感受和探究物理、化学、生物、地球空间等自然科学领域的知识和问题;技术领域,希望儿童能了解技术领域的发展,并愿意使用技术来改变生活;智能机器领域,希望儿童能够接纳智能社会的生活方式,并愿意引领未来生活;工程领域,希望儿童能不仅会动脑,而且会动手,能通过设计和实施来展现自己的创造性;艺术领域,包括语言艺术和视觉艺术,希望儿童能够在对世界的探究和感触中运用语言艺术和视觉艺术,并能发展语言艺术能力和视觉艺术能力。数学领域,希望儿童能够感受和探究生活中的数、量、形及其之间的关系,并愿意用数学的方式来解决生活中的问题。这六个领域以科学领域为核心,并以其作为课程融合的主线,在相互融合的过程中提供给儿童足够的、活性的、有挑战性的探究空间。"STREAM"其中文词义"川流、溪流、河流",故用"川流空间"概括以科学为核心领域的六个领域的探究平台和互动机会。

"童话世界"是儿童化的世界,是童话般的世界,意指儿童身处的世界和表达的方式两重含义。第一,取"童话"日常的意思,强调给孩子创设一个童话般的世界,适合儿童的世界,营造童言童语、童真童趣的环境,并充分利用古今中外的童话资源进行教育。第二,把"童话"两个字拆开,"童话世界"意指儿童用自己的方式和世界互动,"话",解释为"表达、表现",包括儿童使用身体语言和言语语言两种方式进行表达。童话世界,就是儿童的生活世界,就是儿童的思维世界。"童话世界",是用无"痕"、无"框"、无"缺"的教育,让幼儿在充满童真童趣富于想象的童话世界中,乐于表达敢于创造,用多种方式的童言童语去表达童思的世界。

"川流空间,童话世界"表达了期望学生在可接受的挑战范围内,在儿童化的生活世界里,以符合儿童身心发展规律的前提探究 STREAM 多维主题空间,获得深入的课程体验的课程愿景。

三、课程目标

结合本园的"让每个孩子触摸到世界、感受到未来"教育理念,通过"川流空间、童话世界"课程体系,以"健康的体魄、聪慧的心智、健全的人格"为培养目标,让儿童在"身动、手动、脑动"的过程中与真实世界进行互动,并领悟到未来世界对他们的要求,同时培养儿童"乐于探究、善于交往、敢于创造"的品质。

四、课程内容

建立基础性课程、拓展性课程相结合的课程体系。基础性课程指向预定性的目标和统一性的活动;拓展性课程指向不同于预定性的目标的个性化或更深入的目标和选择性的活动。无论基础性课程还是拓展性课程,都以川流(STREAM)课程为主线,并容纳进其他必要的课程模块。

(一)基础性课程

梳理省编教材中契合"川流空间,童话世界"课程框架的活动主题,体现《3~6岁幼儿学习发展指南》精神,契合五大领域的教育目标,按照小、中、大班进行科学合理的横向和纵向编排,形成有结构、有层次的 STREAM 主题脉络。围绕 STREAM 主题脉络,综合开展以儿童为主体的多种课程实施活动,包括集体活动、生活活动、户外活动、区域活动、功能室活动、节庆活动。主题的落实以游戏化、活动性为主要特征。

(二)拓展性课程

在充分落实基础性课程的过程中,捕捉和发掘儿童感兴趣的、来自儿童生活的、认知挑战符合儿童最近发展区的 STREAM 领域中的问题,开展个性化的、有选择的、深入的方案研究,让学生在理解问题和解决问题的过程中体验"探究、交往、创造",并涵养"乐于探究、善于交往、敢于创造"的品质。

综合基础性课程和拓展性课程,通过有层次、有结构、纵横交错的课程内容为儿童提供了深入的、综合的进行"川流空间"探究的"童话世界",让每个孩子触摸到世界,感受到未来。

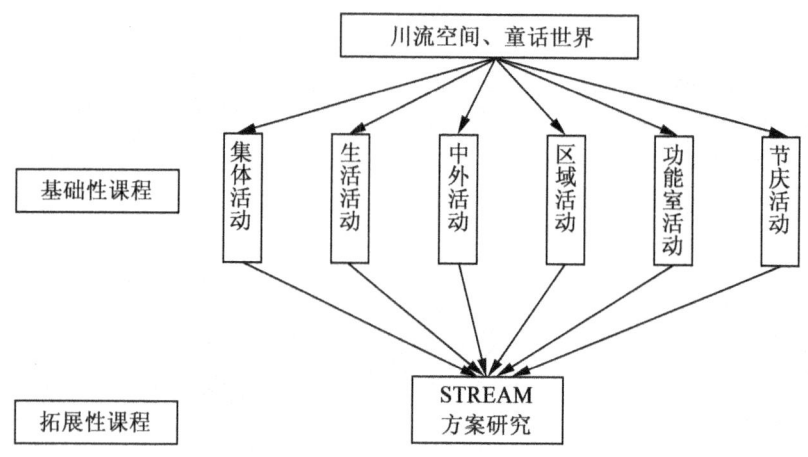

五、课程实施

在课程实施过程中,体现"为未知而教,为未来而学"的先进理念,以"问题"为导向,以"目标"为引领,以"活动"为载体,以"探究"为方式,以"评价"为保障,让儿童在"手动、身动、脑动"的过程中与STREAM课程空间互动,与教师和同伴互动,并能以自己的方式进行表达和创造,涵养儿童"乐于探究、善于交往、敢于创造"的品质。在这个过程中,教师要深刻理解陶行知"教学做合一"和维果茨基"最近发展区"理论,并以此为课程实施的基本思想,贯彻以"设计"为本而不是以"教授"为的教学理念,发挥儿童学习引导者、思维启发者、探究支持者的角色功能。

六、课程评价

课程的评价包括对课程资源、教师教学和儿童学习的评价。就儿童参与"川流空间、童话世界"课程体系的学习效果,在确定评价促进儿童发展,评价促进儿童学习,以及评价和课程实施融为一体的评价理念前提下,以成长档案袋为主要的评价工具,以"学习故事"为核心的评价载体,以"川流空间、童话世界"课程体系为主线,以儿童的"探究、交往、创造"为聚焦点,综合利用观察、访谈、作品分析、轶事记录、事件取样、评定量表等多种评价方法收集质性和量化的多重资料,体现儿童的学习过程和学习结果的真实信息,借以给予儿童综合化的、发挥性的评价建议。

(该项目主要由站长冯翠典博士负责,驻站人员参与。此方案由冯翠典博士提供)

(二)拓展性课程的开发与实施

2015 年 3 月,浙江省教育厅在充分调研论证的基础上颁发了《关于深化义务教育课程改革的指导意见》(以下简称《意见》)。9 月,又连续下发了《关于建设义务教育拓展性课程的指导意见》和《关于促进义务教育课程整合的指导意见》等相关课程建设的配套文件。系列文件明确提出把义务教育课程分为基础性课程和拓展性课程两大类,前者指国家和地方课程标准规定的统一学习内容,后者指学校提供给学生自主选择的学习内容,并对拓展性课程的发展实施提出了具体的要求。2016 年 6 月,浙江省人力资源和社会保障厅、浙江省教育厅联合发布《浙江省深化中小学教师职称制度改革工作实施方案》,明确要将义务教育教师参与拓展性课程的开发和开设情况列入教师教学工作量考核范围。至此,课程实践不再是学校、教师的权力,而是学校和教师的责任和义务。

自拓展性课程系列文件发布后,基础教育学校对拓展性课程开发与实施方面的需求强烈。但在实际教学中,许多教师忙于应付学校事务和考试,很少去思考和实践拓展性课程的开发与实施。教师教育学院党政领导通过走访调研区域基础教育学校、校长(园长)培训、骨干班主任、教师培训等多种途径了解到,基础教育学校在拓展性课程的开发与实施方面存在非常大的困难,学校与教师并不具备相关的课程实践能力。

为更好地服务区域基础教育事业发展以及贯彻落实学校《深化服务地方经济社会发展行动计划》,教师教育学院院长王少非教授在《意见》颁布后不久,于 2015 年 8 月利用暑假时间为学院教师做了"拓展性课程开发实务"的讲座,随后又邀请上海师范大学陈建华教授做了题为"通过参与式研究介入中小学教育改革:以学校发展规划为例"的报告,以提升学院教师的专业实践能力及服务地方基础教育的水平。在此基础上,王少非院长带领学院专任教师主动出击,先后对台州市文华小学、椒江区下陈中学、天台坦头小学、临海市邵家渡中心小学、临海市大洋小学、临海市实验幼儿园、临海市机关幼儿园、黄岩区院桥实验小学、椒江区洪家二中等多所学校进行了学校课程规划的调研和指导,并率先在临海市大洋小学启动了拓展性课程的开发与实施。

自2016年9月以来,在院长王少非教授及相关教师的悉心指导下,教师教育学院已连续四个学期为大洋小学开设18门拓展性课程,学院师生近600人参与拓展性课程的开发与实施。拓展性课程作为学院加强校地合作、服务地方的一项重要举措,在提升师范生的专业实践能力尤其是课程实践能力、促进文化校园建设以及协同育人等方面取得了良好成效,得到大洋小学师生及家长的普遍好评。

本项目结合《教师教育课程标准(试行)》以及区域基础教育事业发展和学校文化变革的现实需求,引导师生通过行动研究,进行拓展性课程的开发与实施,使得师范生的培养方式从书本"学"为主转向"在做中学""在做中教",重视其在基础教育实践场域中主动、灵活多变地"做",而不是死搬硬套地完成任务。这种从大一就开始贯穿师范生人才培养全程的实践教学模式,给师范生提供"学以致用、以用促学"的实践机会,从而提升其专业实践能力。形成高校和基础教育学校相互沟通、优势互补、协同育人,共同促进基础教育学校及师生、大学教师教育者、教师教育专业学生多方的专业成长。

(以上内容为站长吴银银博士提供)

五、博士工作站对教师专业成长的价值

博士工作站是我院以交往理性的教师教育理论为指导的,有目的、有计划、有组织地、立足"在地实践"的一种教师培养培训组织机构。这种机构在教师教育理念、课程教学、评价等方面,相比于传统的教师教育是一个全面和彻底的改变,标志着交往理性的教师教育范式在我院的贯彻落实。虽然创建初衷主要是培养我院的教师教育者,但从其承载的价值来看,其对我们每一位教师的专业成长都有着极强的启发意义。

(一)引导教师树立正确的发展观

交往理性的教师教育发展观的主要内涵包括:第一,教师是自我发展的主体,强调"自我主导的专业发展"[①]。"自我主导的专业发展"具有个体自主、自我管理、自我监控和自学自修的特征,强调教师在专业发展活动中的主动性,强调教师专业发展的自我更新和自主成长,同时也要求教师专业发展的自律性[②]。教师对于专业的理解是以自身经验为基础不断地生成、建构出来的。任何外在的教育影响都必须经过主体的选择、加工和诠释。第二,教师是知识的主动建构者。教师不仅仅是知识的传授者,还是知识的解释者。教师只有把知识的底蕴与精神揭示出来,并赋予知识鲜活的时代意义,这样的学习对学生来说,才是自主建构的、有意义的学习。教师对知识的诠释,体现着教师的价值观和知识观。

(二)引导教师树立正确的学习观

第一,强调教师学习者的学习主体性。交往理性的教师教育理论强调知识是在学习者和教学者之间的互动交往中建构。学习是学习者自主建构知识意义的过程。作为学习者,教师需要把他们的知识变成完全个人化的东西,用他们自己的生命来体验和反思,而不是他们自己之外的东西。教师是对自己的教育行为具有认识能力的主体。第二,强调教师学习者的批判反思性。教师的职业实践是在教师主体与学生主体的交往对话中发生的,教师是自己教育活动的实践者和研究者。第三,强调教师学习者学习环境的对话性。对话的基础是实现反思性学习,对话式学习是教师发展的根本途径。对话可以是与自己对话,也可以是与他人对话。与他人的对话中,儿童是教师专业发展的重要伙伴。作为一名教师,如果不了解儿童的故事,就不可能深入到儿童的内心深处,有效地教导他们。对话作为一种动力,能维系教师与儿童的良好关系并增进对儿童的理解,帮助师生建立相互理解、平等交往的关系。第四,强调教师学习者学习的整体性。教师学习者的个体经验发展是一个连续的整体,教师学习者应该把不同学科

---

① 何菊玲.教师教育范式研究[M].北京:教育科学出版社,2009.
② 何菊玲.教师教育范式研究[M].北京:教育科学出版社,2009.

的知识有机地结合起来,特别是把知识与情境进行整合,把理论与实践进行整合。

(三)引导教师树立正确的课程与教学观

基于交往理性理论的教师教育的课程是以个体经验、实践取向、自主反思、主体间交往等为基础建构的协商性课程。协商式课程文化理念强调,课程的本质是教师和学生通过协商建构的教育经验;课程目的注重培养反思的态度与能力、基本的问题解决与个案研究能力,以激励教师学习者的主体性为根本旨趣;课程内容紧扣复杂的、不确定的教育情境,重视教师学习者的经验及社会生活;课程的实施是一个注重基于教师实践知识的情景性、反思性及合作性的师生交往、对话过程。在教学形式上,多采用反思性学习、合作性学习及探究性学习等形式。在教师教育的具体教学方法中,案例分析法、对话法、日记叙事法等都是比较常用的方法。日记叙事法在教师教育教学中的意义在于:"教师学习者在观察记录的基础上通过心灵的自由联想的形式,使个人的教育经验转化为具体的语言;用其批判性思维理解在其教育生活中起作用的原则和模式;可以帮助教师学习者认识到观念形成的依据,并拓展新知识建构的连接点,形成多样性经验的自我。"[1]

(四)引导教师树立正确的教师文化观

形成了合作与分享的教师文化是交往理性的教师教育的重要目标。博士工作站内部进行了优秀实践经验的分享、跨层级的领导合作(涉及中层领导、教师和学生),以更充分地发挥卓越教师的专业发展引领作用。通过加强与驻站学校的互信,提升双方资源整合能力,双方的教师群体形成了合作与分享的文化。各种合作活动的开展、资源的共享,使双方学校的教师得到明显裨益,并且显著提高了成员对工作站宗旨、共同合作模式的认同,并且这种变化也使双方自身得到了受益。实际上,对合作与分享这一理念的认可,是博士工作站开展工作的一个基础,在这个基础之上,教师的学习和实践能够获得更优质的渠道,从而得到更加充分的发展和提升。

---

[1] Fred Korthagen. How teacher education can make a difference [J]. Journal of Education for Teaching, 2010(4).

(五)引导教师树立正确的教学知识发展观

博士工作站通过为学院的教师提供实践场域来发展教学实践知识,为培养卓越教师做好知识准备。斯坦福大学的舒尔曼(Shulman)认为,教师的教学实践知识是教师专业知识基础的核心,它是一种由学科知识和教学知识高度融合而成的具有"合金"性质的知识,具有个人性、缄默性、情境性和实践性,是一种能够以学习者最容易理解的方式把所教内容呈现给学习者的知识,只重视"学科知识"或者只重视"教学知识"都会形成"缺失的范式"[1]。教师的教学知识是教师基于课堂实践以及在生活与学习中所获得的经验,并对其进行反思、归纳与总结,经过综合、转化而不断获得与丰富。课堂教学实践不仅是教学知识发展的途径,教学知识还必须通过教师的课堂教学来体现。博士工作站为学院博士的教学知识发展提供了平台和发展途径。从中小学校方面来说,他们希望招聘到立刻能够适应教学的教师,而不是需要二次培训的"半成品"。这些问题使得教师教育机构必须重新思考师范生的培养问题。也就是说,教师教育者也必须获得相应的教学知识才能培养出"全品"的师范生。而博士工作站这样的合作机制,让高校教师教育者与师范生均获得了理论和实践相结合的机会,发展了他们的教学知识,解决了"下水之前学会游泳"的问题,成为培养卓越教师的高效模式。

博士工作站的建立,实现了大学教师、小学幼儿园教师和小学、幼儿园学生的发展,这些不同的"利益攸关方"便形成一个学习共同体。无论从愿景和使命,还是从实践操作层面来看,都是以"多赢"为目标,以学生、教师的持续发展为指向。以学校、部门或者年级为单位组成的共同体,对教师的专业发展有明显的优势:教师们会有相同的概念、技能和问题需要讨论,有共同的课程材料和需求,共同诊断分析学情。学习共同体的成员能感受到共同的目标,视成员为紧密合作的同事,寻求自我/集体实现,进行个人和集体反思,给予和寻求帮助,并对共同体成员所取得的成就感到欣慰。在博士工作站的合作过程中,共同体内部的成员依然需要按照各自的"分工"积极参

---

[1] [美]李·舒尔曼.标志性的专业教学法:给教师教育的建议[J].黄小瑞译.全球教育展望,2014(1).

与，不同的成员积极贡献自己的智慧、技能和知识，逐步形成课堂教学中的共同体文化。

参与到博士工作站项目中的小学、幼儿园教师和大学教师一起参与研究项目和课程开发，能够获得较多的专业发展机会。对博士工作站共同体中教师专业发展的个案研究表明，无论是过程还是结果的指标都显示，这种合作中增加了教师的参与度、专业发展机会，特别是提升了在职教师的研究能力。小学、幼儿园教师在教学实践过程中，不断地发现问题和解决问题，当他们遇到比较复杂、靠自身力量难以解决的问题时，就需要高校教师和专家的指导。博士工作站为这些问题的解决提供了便利的条件。小学、幼儿园教师在解决自己的实践问题的过程中，亟须理论的指导，而高校教师也需要把理论应用到实践中，开展教育教学研究。从这种意义上讲，小学、幼儿园教师和大学教师也形成了实践共同体，借助高校专家的力量，开展行动研究，能够更好地解决实际问题，提升专业水平和教育质量。曾经参与这类项目的一位教师说，他们"面临一些问题时候的合作比以前更加紧密"。

第三节　教师的课堂体验

一、课题提出的背景

（一）高校教师教学能力的不足

当前的高校教师，特别是年轻教师，面临着两方面的课堂困境。一是"巧妇难为无米之炊"的"无技巧"困境。我们的许多大学教师，研究生毕业后到我校工作，之前没有过任何从教经历，有的甚至没有接受过正规的师范教育，既缺乏关于教育的理论知识，教育教学的实践知识更是不足。他们的生活空间虽然是从学校到学校,但他们从教的能力还需要一个漫长的时间来培养。我们发现,一些教师虽然从教已有年头了,但总是固守照本宣科的授课方式,学生厌倦上课,教师自己也倍感苦海无边,课堂效率低下。其实,这些教师内心也是渴望把课上好的,自己的学科知识、理论知识储备也非常充足,可以说已具备"巧妇"资质,但就是缺乏课堂上课的艺术(无米),于是就出现了这种教学领域"巧妇难为无米之炊"的尴尬局面。

高校教师课堂上面临的另一种困境是"纯技巧型生存"。我们的教师虽然每天"亲临"课堂,但对于自己的课堂往往是"只缘身在此山中"而"不识庐山真面目"。面对课堂的种种问题,我们看到的并不是教师积极主动地去进行改革,而是被动地去应付改革,明明最了解实践的需求与问题,却又很少去真切地关心教育实践的改革与进程,很少潜心研究教育教学的本质到底是什么。这样的应对态度造成了现在的课堂场景:教师似乎已经放弃了对教育实践、教育本质的思考,将职责拱手让予教育理论工作者,而自己则寄希望于精妙的教学设计与奇异的教学技巧。但是,一旦走上寻求精妙的教学设计与奇异的教学技巧这条路,就会让教师越来越辛苦,还不见得对课堂教学成效有多大的帮助,教学表象轰轰烈烈,教学行为却越来越忙碌与低效,失去了可持续发展的动力与能力。正如范梅南所批判的:"有人可能学了所有课程开发方法和所有教学技术却仍然是一个拙劣的教师。"[1]之所以拙劣,在于教师将自己禁锢于技巧的程序之中而忽视了实践的经验性与反思性、生动性与情境性。

我们研究发现,要改变这种局面,通过加强教师的课堂体验,可以有效改善这一状况。在当今的教学理念中,特别强调学生的体验性学习,重视学生的体验,这是没有问题的。但是,对教师的课堂体验长期没有人关注。其实,从本源关系上来讲,这是一种逻辑错误。因为,不懂得体验的教师如何引领学生去体验呢?只强调学生的学习体验而跳过或忽略教师的教学体验只不过是一种缘木求鱼或者徒劳无功的妄想罢了。因此,体验作为一种教

---

[1] 马克思.范梅南.生活体验研究——人文科学视野中的教育学[M].北京:教育科学出版社,2003.

育学话语,不能再仅仅局限于对学生学习体验的探讨,而是要更多地转向教师,转向教师的教学体验之思、之为,从而为构建课堂教学体验新框架开辟一种全新的维度。

(二)现有教育教学理论的不足

毋庸置疑,教育理论工作者的研究工作对教育实践起到了重要的价值引领作用。他们不仅担负起了发现与推进理论的重任,还担负着运用理论武器指导实践的重任。但令人遗憾的是,在其理论发展向纵深推进的过程中却陷入了一种尴尬境地:理论的繁荣与实践的贫瘠形成了鲜明的对比。层出不穷的教育理论不仅令实践工作者应接不暇,更是使理论工作者同仁们眼花缭乱。大家各自竞相著书立说、争鸣辩论,形成了前所未有的教育理论繁荣期。然而,繁荣的背后却暗含着隐忧,正如有学者指出的,"教学论研究的繁荣在很大程度上是一种理论再生的繁荣,教学论的生长点主要在对教学理论的再研究,而不是教学实践研究。这种理论和理论的结合研究虽数量较多,但质量不高"[1]。另一方面,教育理论界对外国教学理论不加批判地盲目移植在一定程度上也加剧了这种繁荣的假象。自20世纪以来,我们先是效仿日本,接着承袭美国,继而全盘学习苏联,而今又固守欧美,其间模仿、移植的痕迹比比皆是。这样以"他者思维"为基础的理论生产过程造成了教育理论实践功用的乏力及本土特质的缺失。因此,当实践求助于理论时,理论很难给出明确的、令人信服的答案或解释,指导力、感召力不强。所以很容易被实践所抛弃,无法成为实践优化的有力指导工具,许多理论工作者只能是处于"旁观者"的地位。

当然,课堂教学实践肯定离不开教学理论的引领,但教学理论并不能直面并解决课堂教学过程中出现的种种问题,而只是对课堂教学问题解决方法的抽象概括与归纳,它的长处在于容易解释课堂教学中的现象,缺点却是在面对课堂教学情境中的具体问题时会失去效力。因此,我们还是应回到实践中来,回到课堂教学实践的事实本身中去重新寻找出路。那么事

---

[1] 王鉴.课堂研究概论[M].北京:人民教育出版社,2007.

实本身是什么？它既不是对教育理论的实践解读，也不是对课堂教学实践的直观写照，而是教师在课堂教学中的切身体验，是课堂教学实践在教师意识中的显现，是自己的课堂教学意识与课堂教学实践感知的综合产物。教师的课堂教学体验虽不是最真实的课堂教学实践，但对于教师来说却是最贴近课堂教学实践的感觉；课堂教学体验虽然不是最直接的教学理论，但对教师来说却是最具真实感的意识。在传统的教学变革思路中，人们往往将理论指导下的教学实践变革视为最理想的路径选择。但是，教学理论在最短的时间内很难转化为教师的实际操作，在改革的路途中，起决定作用的还是教师自己的教学体验。虽然这并不具有开拓性，但却是一条不得不走的务实之路。因此，回归到课堂教学事实本身意味着要将教师的课堂教学体验纳入课堂教学实践优化的选项中去，重视教师的课堂教学体验，提高教师的课堂教学认识水平，强化课堂教学意识，并最终引领教师课堂教学体验上升到教育理论的高度，从而实现课堂教学实践优化的目标。

二、具体策略

（一）全方位开展听课观摩及教学案例研讨

全方位开展听课、教学案例研讨是加强高校教师课堂体验最基本的两种形式。这里所谓的全方位主要是指校内外一体化、新老教师互动化的听课观摩及教学案例研讨。人类通过行为动作形式去感知外部世界最容易形成无障碍沟通。对于高校教师来说，行为动作表现手段的高低优劣决定了感觉结果传达的畅通性和合理性。无执教经验的新任教师，必须有 1~2 个学期的听课观摩时期（硕士 2 个学期，博士 1 个学期），并要求对所听的每节课做出详细记录与分析。对于非新任教师，学校要求每个任课老师每学期至少在校内听六节课，并要求对每节课进行详细记录与分析，与被听课人进行沟通交流。同时要求每位老师利用见习实习带队的机会，到中小学幼儿园听课与指导十节课以上，并做好相关记录。教师还被要求，每学期在自己的课堂上,要适当地引入网络资源作为辅助,横向参考与分析别人的授课行为。教学督导每周必须到课堂听课一节以上,并进行指导交流,以增强听课人与被听课人的课堂体验。听课记录本里的内容除了常规性授课内容的记录外,特别增加了"你的感受与评价""你的改进建议"等项,以引导听课教师加强课堂的体验意识与反思能力,将感知目标动作化,也就是说,把感知目标落实到教师的教学行为动作上,将目标感知具体化为感知、理解教师的教学行为动作。各系部每年独立开展的教研活动平均约 20 次,主要有公开课观摩、主题研讨等形式。这样反复观摩研讨,有利于教师增强课堂体验,有针对性地触类旁通。增强课堂体验的目的在于通过课堂体验,使教师对教学过程中出现的各种对象的差别感觉得到改善,使教师能以持久强烈的新鲜感对待教学、感受教学,并且善于用自我教学行为动作的形式来表达自己所获得的教学感受。这是教学实践能力培养的起始,也是教师把握更多教学行为动作和教学艺术技能的关键。

(二)开展课程教学模式改革,强化教师对课堂的自主体验

1. 指导思想和原则

课程是教学的基本组织形式,推进课程教学模式改革是提高课程教学质量和人才培养质量的关键环节,也是增强任课教师自主管理自己课堂意识的重要途径。为贯彻落实《省财政厅省教育厅实施高等教育质量工程——教学业绩提升计划》和《浙江省高校课堂教学创新行动计划(2014—2016 年)》等文件精神,根据《台州学院关于全面提高人才培养质量的实施意见》《台州学院关于推进课程教学模式改革的实施意见》等文件精神,教师教育学院积极开展院级—校级—省级三个层面的课程教学模式改革。

指导思想:坚持以应用性、地方性为核心的办学定位,以学生成长成才为中心,以增强学生的就业竞争力为目标,尊重教师的教学自主权和选择权,鼓励和支持多样化、适用性的课程教学模式改革,强化课程资源的共享利用,突出课程教学改革实效,以实现"教学模式从以教为主向以学为主转变、以课堂教学为主向课内外结合转变、以结果评价为主向结果过程评价结合为主转变",构建应用型课程教学新模式,促进人才培养质量的持续提升。坚持分层推进、突出重点和注重实效的原则,共同推进课程教学模式改革。

2. 改革目标和内容

改革目标:以改革项目形式建设一批示范课程或特色课程,以点带面推进课堂教学创新。鼓励教师在课程教学内容、教学方法、考核方式等方面开展全面的改革,特别是对现有教学方法和考核方式进行变革;鼓励教师积极探索信息化教育教学模式,大胆借鉴慕课、微课等教学理念,尝试翻转课堂开展混合式教学,增强教学互动,引导培养学生主动学习、自主学习的能力,提升学生实践应用能力和职业综合素质,进一步提高人才培养质量。

改革内容:第一,教学内容改革。围绕专业人才培养目标,确立本课程在人才培养体系中的位置,处理好与其他相关课程前后修读、内容承接等关系,整合优化教学内容,注重知识—能力—素质协调发展,及时将新技术、新成果等学科前沿知识引入课程教学,着重培养学生"将理论转换为技术、将技术转换为生产力和产品"的能力,提升学生的综合职业素质和发展能力。第二,教学方法改革。教师根据课程特点和要求,积极寻找有效的、适用的教学方法。可采取大班和小班、长课和短课有机结合的方式开展课堂教学,提高小班化教学占总学时数的比例;有效利用电子视听设备、多媒体网络技术途径和方法,灵活运用参与式、启发式、讨论式、探究式等教学模式,提倡研究性学习、案例教学(CBL)、基于问题的教学(PBL)、现场教学、情境教学等教学方法和形式。通过改革课堂组织模式,增强教学互动、分组讨论等环节,引导学生主动参与、独立思考和自主学习。第三,考核方式改革。鼓励创新课程评价方式,增加对学生学习过程的考核比重,平时成绩评定要做到依据充分、评价科学,根据不同课程性质探索差异化考核,如开展笔试、口试、平时测验、课堂表现、技能操作、项目报告等多种考核方式。同时鼓励引入社会评价机制,探索建立学校、实习单位、用人单位等共同参与的全方位的考核与评价方式,实行知识、能力、技能的综合考核,提升学生的实践应用能力。第四,推进信息技术利用。随着MOOCs和SPOCs的兴起和发展,信息技术已成为推动新一轮教育教学改革的强大动力。鼓励教师大胆尝试MOOCs试点教学,或采用传统面授与MOOCs教学结合的混合式教学,通过丰富的网络教学资源,向学生提供支持教学和学习过程的拓展资源,如案例库、素材库、试题库等,使学生能通过网络教学平台学习、讨论、完成作业和测试,并能及时获得反馈,尝试翻转课堂,从而促进课堂教学质量提升。

3. 改革成效

通过连续四轮三级的课程教学模式改革,参与改革的课程覆盖率达到90%,其中核心课程的参与率达到100%。通过这种形式,营造了浓厚的课堂中心意识,增强了课程任课教师的课程建设意识及课堂教学改革意识,对自己的课堂增添了更多的自主关注度与体验感;教学能力明显提高;学生评教的满意度也不断提升;一些课程被列为校级,甚至省级示范性课程、特色课程加以推广与交流,使教师更增添了教学的成就感;教师更加热爱自己的课堂,课堂的主人翁意识明显增强。

总之,加强教师课堂体验的做法给我们的教师教育工作带来了更多的启示:教育理论优先抑或教师实践优先的钟摆振动长期困扰着教师发展,致使教育理论者产生盲目自持的理论优越感或唯实践是从的理论自卑感,使教师对教育理论无所适从或质疑抗拒而凭借经验行事。教育理论者要使其教育理论有效作用于教师实践,须向教师实践生活不断介入转化,在尊重和理解教师实践的基础上生成教育理论。教师要想获得更好的发展,需要向理论者的理论生活介入转化,通过理论学习、理论批判和实践理论构建提升实践的理论品质和素养。

(三)写教学日记

1. 把教学日记作为教师体验课堂"学生本位"文化的载体

教师撰写教学日记是对课堂学生生活方式的一种专业关怀,是对学生学习的一种专业探索与研究,体现的是一种"学生需求至上""学生至上"的全新课堂文化观。教学日记成了学生文化的思考方式,使每一个关于学生的故事有了意义。"日记之所以如此引人注目,是因为它展现了对一个儿童特别的爱,以及教育工作者深刻理解在儿童走向成熟的过程中协调和记录儿童所取得的进步的重要性。"①

长期以来,我国的学生文化一直受到教师权力的压制,学生的地位没有得到应有的尊重,教师是学生的主宰者与控制者。而教学日记体现的学生观是学生本位的学生观,即"一切为了学生""学生优先"的学生观。因此教学日记里的学生,是被教师关注、尊重、倾听、了解的学生,教师是学生的倾听者、观察者和研究者,是学生学习的支持者和引导者。

2. 把教学日记作为教师建设课堂反思文化的重要工具

对课堂的反思是课堂体验的深度表现。培养教师的课堂反思文化以及教师的反思能力是交往理性的教师教育的重要目标。在反思文化建设过程中,教学日记是重要的工具。"写教育日记实际上是教师参与教育的过程,是反思教育的一个过程""写教育日记无疑有助于训练教育工作者的观察能力,就好像是在'放大镜'下观察在教学场景中每天发生的事情,这些事情如果没有被捕捉并记录在日记中,就不会有意义和价值。"②教学日记让教师获得了主动的、自觉的发展,改变了教师教育的方式,让教师不断提升独立思考的能力。

教师可以常常借助教学日记来回顾和分析课堂教学过程,或者反思和讨论彼此感到困惑的问题。在这一过程中将涉及更多的专业反思。随着时间的推移,反思便成为教师教育实践中的一种习惯。教学日记对于中国教师课堂反思文化建设颇具意义。"日记中一个宝贵的元素是,关注教师对于具体事实和生活经历的主观感受和体验,写日记过程中教师的反思是必不可少的,正是这种反思将学生的生活轶事转化成知识,并将知识转化成大家所共知的、具有逻辑关系的学问。"③正如苏霍姆林斯基说:"我建议每一位教师都来写教育日记。教育日记并不是什么对它提出某些格式要求

---

① 卡洛琳·波普·爱德华兹,卡利娜·里那第.劳拉日记:瑞吉欧教育展评[M].粟高燕,任丽欣译.南京:南京师范大学出版社,2016.
② 卡洛琳·波普·爱德华兹,卡利娜·里那第.劳拉日记:瑞吉欧教育展评[M].粟高燕,任丽欣译.南京:南京师范大学出版社,2016.
③ Garth Boomer. Negotiating the Curriculum: Education for the 21st Century [C]. London. Washington, D.C.: The Falmer Press, 1992.

的官方文献,而是一种个人的随笔记录,在日常工作中就可以记。这些记录是思考和创造的源泉。那种连续记了10年、20年甚至30年的教师日记,是一笔巨大的财富。每一位勤于思考的教师,都有他自己的体系、自己的教育学修养。"①

3. 把教学日记作为教师建设课堂生成性文化的载体

实践交往理性的教师教育课程文化,教师教育者的作用主要体现在"灵活规划"和"倾听教学法"上。倾听是灵活规划的基础。倾听教学法指的是帮助教师学习者从他们的所作所为、经历和体验中寻找意义。正如卡利娜·里那第(Carlina Rinaldi,1998)在谈到教师培训课程时所说的:"课程既是明确的,又是不明确的,既是有结构、有组织的,又是开放的,课程更多的是基于灵活的策划,而不是死板的计划。"②无论是"灵活规划"还是"倾听教学"都体现出今天的教师教育课程实施对教师学习者学习主体性的高度关注。而教学日记是帮助教师教育者实施这种课程文化的重要工具,是构建协商式课程的重要基础。"教育日记可以成为建构主义教师教育协商式课程发展的重要组成部分,或者说是更好的课程规划的重要组成部分。"③

教学日记里的故事、案例、体验、感悟、交流、反思及自主建构理论可以成为教师教育课程的内容来源及呈现形式。倡导与指导教师撰写、分析及运用教学日记可以作为教师教育的一种教学方式或方法,体现交往理性的教师教育教学的情境体验性、社会性及反思性。

4. 把教学日记作为教师建设课堂评价文化的载体

在交往理性的教师教育中,教学日记与教育评价有着十分密切的联系,是建设发展性评价文化的重要工具。发展性评价强调教师的自我反思与评价,采用定性评价方法,注重过程导向和主体定位。教学日记使教师自主的

---

① 苏霍姆林斯基.给教师的建议[M].周蕖,王义高译.武汉:长江文艺出版社,2014.
② Garth Boomer. Negotiating the Curriculum: Education for the 21st Century [C]. London. Washington, D.C.: The Falmer Press, 1992.
③ Garth Boomer. Negotiating the Curriculum: Education for the 21st Century [C]. London. Washington, D.C.: The Falmer Press, 1992.

学习具有了可见性,能成为工具来帮助教师分析和反思自身先前的经历。"它可以被看作是重访、重新构建、解读和重新解读,是决策的基础。"[1]教学日记不是一个测量工具。测量的目的是获得准确的量化结果,但记录的重点是显示并研究"学习的痕迹",而不是标准化的测量。教师利用教学日记,帮助自己建构更深刻的对课堂活动的理解,帮助自己对课堂教学过程进行反思与评价。教学日记提供了一种发展性评价方式,赋予了学习过程以意义与价值。

5. 把教学日记作为教师建设课堂分享共同体的载体

交往理性的教师教育强调教师的自主性学习、探究性学习及合作性学习,以形成一个有效的学习共同体。课堂分享共同体主要是指由师生共同组成的学习分享共同体。教学日记则是推进这个学习分享共同体的重要工具。首先,教学日记提高了教师与学生的合作学习。教学日记使学生更加信任教师。教师与学生凭借教学日记这种方式或工具可以实现相互促进、教学相长。其次,教学日记拓展了教师之间的合作学习空间。教师们通过撰写的教学日记与同行交流,或者与同行合作撰写教学日记,这两种方式都有利于教师彼此的合作交流学习。

总之,写教学日记是教师加深课堂体验的重要方式。它从一个侧面反映出一个教师对于自己课堂的深度体验与认知,是教师课堂教学理念与行为方式的重要体现。

---

[1] Garth Boomer. Negotiating the Curricculum: Education for the 21st Century [C]. London. Washington, D.C.: The Falmer Press, 1992.

第五章　学生"在地实践"：
实践取向的教学改革专题(三)

第一节　"三习三体"实践教学模式的实施

一、"三习三体"实践教学模式的提出

(一)基本内涵

"三习"是分别对三个不同层次、不同类型的见习、实习的总称。三种见习分别是指：综合性见习、主题性见习及反思性见习。三种类型见习分别安排在第二、第三、第四学期进行。三种实习分别是指：体验性实习、反思性实习与研究性实习，安排在第六、第七、第八学期进行。随着教师资格证考试时间的前移(第六学期开始)，我院的实习也相应前移到第五学期开始，研究性实习在第七学期到第八学期分两阶段进行。每种见习实习都有各自的目标与内容。但各环节之间是相辅相成、环环相扣的，构成"实践—反思—再实践—再反思"的螺旋式渐进的过程，具有"行中思、思中行"的特性。"三习"实践教学模式在我院开始较早，可以说在全国师范教育中亦具有开创性意义。

"三体"是指学生在"三习"中的"三体学习过程与目标"：体验、体会和体悟。在"三习"模式里，学习过程与目标是有机统一的，体验、体会与体悟既是过程又是目的。"三习"呈螺旋递进式渐次开展，旨在让学生在这螺旋递

进的过程中不断去体验、体会和体悟。体验是学习的基础,体会是学习的深化,体悟是触类旁通的创造。这"三体"是学生学习不断由感性到理性、由形象到抽象的过程,贯穿大学四年,保障两个专业师范生的全程性实践,为师范生教学实践智慧的习得提供保障。"三习"是集中性实践教学环节的核心组成部分。"三习三体"实践教学模式主要呈现出全程性、反思性、层次性、体验性、研究性等特点,其核心特点是突出了反思性与研究性,旨在培养具有较强教育实践能力和可持续发展能力的高素质反思型小学、幼儿园教师。

(二)"三习三体"实践教学模式产生的现实基础

"三习三体"实践教学模式主要是针对21世纪对教师提出的新要求及传统实践课程存在的多种弊端而提出的。

1. 新时代对反思型教师的需求

20世纪80年代以来,在教师专业化研究中,反思能力被看作教师专业成长的重要促进因素,培养反思型教师成为国内外教师教育的共识与主流。美国学者波斯纳研究总结出了一个教师成长公式:即经验+反思=成长。他认为经验的获得是教师成长的重要前提,但没有反思的经验是狭隘的经验。如果教师仅仅满足于获得经验而不对经验进行深入思考,那么,他的发展将大受限制。我国著名心理学家林崇德也提出"优秀教师=教学过程+反思"的成长公式。反思是教师专业发展的重要基础。是否具有反思的意识和能力,是区别作为技术人员的经验型教师与作为研究者的专家型教师的主要指标之一。总之,反思型教师被认为是理想的教师,许多教师都把成为反思型教师作为一种时尚和终生奋斗的目标。

反思型教师是指能够在教育教学实践中,以研究和批判的态度不断分析、反思教育现象,及时调整自己,创造教育新经验,提出教育新思想、新方法的教师。反思型教师能够借助先进的教育教学理论及他人的教学经验,积极主动地对自身教育教学观念及其实践活动进行批判性的思考、分析、研究和改进,以不断提高自己的专业水平,是后现代主义教育者倡导的新型教师形象,是对传统教师的超越,是教师形象演变的新取向。

在教师专业化发展的进程中,小学、学前教师教育均开始从培养"技术熟练者"到培养"反思型教师"的教师形象转变。在我国师范教育体系中,小学、学前师范教育有高师教育与中师教育两个办学层次。高师教育主要是为中师培养师资,而中师教育则是培养一线小学、幼儿教师。随着我国师范教育体系由三级向二级的过渡,中师教育已完成了自己的使命,小学、幼儿教师的培养便成了大学的使命,高师小学教育、学前教育专业不再为中师培养师资而是为小学、幼儿园培养一线教师。高师小学教育、学前教育专业原有的课程体系面临着巨大的挑战。以往那种以艺技类(三字一话、唱歌、跳舞、绘画、弹琴)为主的教学形式已远远不能适应时代发展的需要。现代化的小学、幼儿园教育要求小学、幼儿师范所培养出来的新型教师,不应满足于三字一话及弹、跳、唱、画等技能,而要真正懂得小学生、幼儿的身心发展规律和相应的教育规律,能对自己的教育过程进行反思和研究,及时改变教育内容和方法,侧重培养高素质的复合应用型的本科层次的小学、幼儿教师。这就要求既要发扬能歌善舞、能说会画的传统小学教师、幼师的优势,又要跳出只重技能技巧的"技工型"培养模式,切实加强反思型教师的培养。无疑,培养反思型教师是小学教育、幼儿教育教学改革的需要,是提升小学、幼儿教师综合素养的需要。反思型小学、幼儿教师所体现出来的是一种与传统的技术型小学、幼儿教师或纯理论型的小学、幼儿教师观完全不同的、崭新的小学、幼儿教师发展观。小学、幼儿教师只有以现代教育思想和教育理念为基础,对自己的教育实践进行理性思考,不仅从教育观念、教育兴趣、动机水平、情绪状态等心理因素方面进行反思,而且从教育方法、教育材料、教学媒体等教育技术上去思考、质疑或评价自己教育的有效性,并自觉地根据反思的结果矫正自己教育中的不良行为,才能不断提高其专业化水平,符合作为反思型教师的角色定位。

　　在教师教育体系一体化的背景中,如何培养反思型教师已经成了职前和职后教师教育必须要面对的问题,反思型教师培养向职前渗透乃至前移为大势所趋。然而直到今天,国内外反思型教师教育的研究和工作中心依然是在职教师,相比之下,对反思型教师的职前培养的研究不多。教师的反思能力养成不是一朝一夕之事,而是需要相当长时期对教学实践活动给予充分关注和理性思考。反思意识应该贯穿于整个教师教育生涯之始终。如果在职前教师教育阶段即注重培养师范生对自己的教学实践的反思与质疑能力,对于培养其自主意识,促进其反思性品质的形成,尽快成长为反思型教师,毫无疑问具有促进作用。美国学者斯蒂芬·D.布鲁克菲尔德说得好:"我们反思教学,为的是创造条件,让教师和学生都能认识到自己的主体性力量。"[①]总之,培养反思型应该是高等师范教育的重要职责,也是21世纪高等师范院校积极回应基础教育改革的重要方式。

2.传统实践课程的弊端

(1)实践课程的地位偏差。小学、幼儿园教师的培养都经历了或正在经历由中师向高师的转型。从中师和高师原有的课程体系来看,中师课程体系属于"技能型",高师课程体系属于"知识型"或称"理论型"。两种类型的课程体系存在着明显偏差。中师的实践课程比例明显偏高,而高师的实践课程比例严重偏低,且实施得不到保障,从而导致传统的师范教育理论传授与实践互相背离的现象非常严重。从当今的发展需要来看,这种偏差不利于反思型教师的培养。中师课程体系的特点是艺术类课、实践技能课三年不间断,重视未来小学、幼儿教师的实践技能训练,但学生的科学、人文素养薄弱,教育理论知识也浮浅。学生在工作岗位上容易陷入"工匠式"的就事论事甚至照猫画虎,接纳新事物、新理念的后发能力不足。高师课程体系的特点是一方面文化素养的通识课比重大,在理论传授过程中,缺乏实践操作训练,即使是一些教学方法的教授也仅限于基本步骤与程序的讲解,学生缺乏亲身经历实践操作的过程。再加之学习评价主要以纸笔测验为主,这很大程度上导致学生会以机械记背方式进行学习,最终导致高师学生最大的特点是科学、人文素养相对厚实,教育理论相对扎实,学生形成了良好的理论思维能力,善于接纳新事物、新理念,是"书本知识巨人,教育实践矮子","讲起来头头是道,口若悬河,操作起来笨手笨脚、捉襟见肘"。相当多的高师毕业生到小学、幼儿园就自卑,到小学、幼儿园应聘就失败。而另一方面,从整个教师养成的过程来看,大都是先进行理论学习,最后再进行教育实

---

① [美]斯蒂芬·D.布鲁克菲尔德.批判反思型教师ABC[M].北京:中国轻工业出版社,2002.

习。实习的目的是运用、检验教育理论,积累实践经验。但从一些教育实习反映的情况来看,实习期间学生非但没能有效运用、检验教育理论,反而在短短的时间之内被学校现存的实践方式所同化,四年师范教育抵不过两个月不到的教育实习。这样的状态不是学生的过错,而是课程设计和教育体制的过错。从课程设置看,高师课程设置偏向于理论课程,有的学校将艺术课作为三、四年级的选修课,定位于艺术类课的一般了解而不是获得教师基本技能。有的学校尽管也重视艺术类课程的开设,课程比重也大,但由于没有尊重技能形成的一般规律,教学实践环节不完备,学生的教学技能依然较差,比不上中师学生。根据我们对毕业生反馈信息的调查,在小学、幼儿园最受欢迎的是那些有敬业精神、专业能力娴熟的、有发展潜力的小学、幼儿教师。

(2)实践课程观念狭隘。受学科本位观念的影响,无论是中师"技能型"范式的实践课程还是高师"理论型"范式的实践课程,都被狭隘地理解为以训练动作技能为任务的课程,认为实践课程的作用仅限于应用和检验在课堂中学到的理论与知识,忽视实践课程作为实践智慧来源及师范生实践能力、反思能力形成的功能作用,更没有树立明确的培养反思型教师的实践课程观,忽视通过实践课程来引导学生在教育实践中学习反思理论、研究指导老师反思实践、进行教育反思尝试、探讨教育反思经验、交流教育反思体验、引入科学反思评价等,这导致师范生长期在封闭僵化的学科本位的知识学习中,更容易习惯照本宣科和循规蹈矩,不会思考有关教学信息与假定、学生思维以及教学后果等问题,无法为反思型教师的成长奠定坚实的基础。

(3)实践课程缺乏全程性与层次性,内容与形式单一。反思型教师凭借的反思素质需要在实践中生成。实践是教师反思素质生成的一块沃土,教师应在实践中通过对实践的不断反思进行学习和获得专业知识。职前教师在课堂上学习到的并不一定是他们的真正财富,对他们提高未来教育教学效能来说,最为重要的乃是实践性知识,而实践性知识只有通过不断的自我实践的反思和训练才能得到,靠他人的给予似乎是不可能的。而使师范生获得实践性知识的有效途径就是实践课程。实践课程使职前教师不断接触到教学实际,接触到教师与学生、教师与学科关系的实质,它为职前教师提供了通过反思不断检验、尝试和修正个人的观念和价值观的实践来源。因此,师范生的实践课程应贯穿于整个师范教育阶段,具有全程性与层次性,内容与形式呈现多样化。但目前师范教育实践形式上仍以教育实习为主,时间普遍过短而且过于集中,时间仅为 6~8 周,一般安排在最后一个学期,实习内容主要是上课,形式单一,缺乏全程性、层次性的教育实践活动,这种课程设置无论在时间上还是在内容与形式上都难以保证师范生在真实的环境中去体验教育、教学的真谛,积累教育实践知识,形成反思意识。师范生的反思潜质培养仍是薄弱环节。

二、"三习三体"实践教学模式的实施

(一)小学教育专业"三习三体"实践教学模式的实施

1. 教学目的与要求

密切联系小学,深入班级,全方位观摩、体验小学教育实践活动,了解小学课堂教学的规范与过程、小学生群体活动的状况、小学班级管理及班队活动的内容和要求,获得对小学工作内容和运作过程的感性认识。

能在指导下根据小学生的特点和教学目标设计与实施教学方案,参与 1~2 门课程的教学活动,参与指导学习、管理班级和组织班队活动,参与各种教研活动,获得直接参与小学教育实践的机会。

在日常学习和实践过程中积累所学所思所想,经历和体验制订计划、开展活动、完成报告和论文、分享结果的研究过程,形成实践反思意识,能从实践中发现问题并通过反思研究尝试解决问题,具备一定的解决问题的能力。

实践教学是小学教育专业人才培养的重要部分,应当贯穿于小学教育专业人才培养的全过程,应当涉及教师专业实践的所有核心方面。实践教学大纲应当涵盖课内外所有实践教学环节,包括专业实践和社会实践,包括专门的实践环节和课程实践(本大纲不包括课程实践环节)。

2. 学时分配与进程安排

学时分配与进程安排如表 5-1 所示。

表 5-1　学时分配与进程安排

课程内容	学时分配	开课学期
第一章　专业见习Ⅰ	1 周	2
第二章　专业见习Ⅱ	1 周	3
第三章　专业见习Ⅲ	1 周	4
第四章　专业实习Ⅰ	4 周	5
第五章　专业实习Ⅱ	8 周	6
第六章　专业实习Ⅲ	2 周	7
第七章　专业实习Ⅳ	4 周	8

3.主要内容

第一章　专业见习Ⅰ:综合性见习

一、见习目的要求

(1)通过见习,初步了解小学教育工作,初步了解小学的机构设置及职能,初步了解小学的课程设置及课堂教学管理。

(2)通过见习,激发师范生勤练教师基本功,开阔视野,增长见识,丰富小学课堂教学的感性知识。

(3)热爱儿童,热爱小学教育事业,巩固专业思想。

(4)初步学习见习学校教师的教师基本功、课堂教学和管理以及为培养下一代而勤恳耕耘的精神。

(5)初步了解小学教育现状及发展趋势。

二、见习要求及注意事项

(1)注意安全,安全第一。主要包括自身的人身安全及在小学的教育教学安全。

(2)遵守小学生作息制度,准时入、离小学及有序参加相应的活动。

(3)遵守小学的规章制度,佩戴校徽,不得无故迟到、早退,不带贵重物品进校园。

(4)注意师表形象,不穿太时髦或太暴露的服装,不披头散发,不浓妆艳抹,不留长指甲和涂亮色指甲油,不戴戒指和其他夸张的首饰,不穿高跟鞋和拖鞋进班。

(5)进班时,禁止扎堆聊天,接打手机,发送短信。

(6)每位见习生必须听记各位领导的介绍和每节见习课;认真记笔记,听课笔记要求详记、有简评,见习结束后抽查;听课后以小组为单位认真讨论,讨论时做到人人发言,组长逐个详细记录;见习结束后将讨论笔记本上交院办公室检查。

(7)了解小学的校容、校貌、校风、规章制度等。学习班主任工作和少先队工作。

(8)各见习生认真写好个人见习心得体会,于见习总结会后班长收齐交院办公室,并上交一份班级见习总结于院办公室。

第二章 专业见习Ⅱ:主题性见习

一、见习目的要求

(1)通过见习,进一步了解小学教育工作,进一步了解小学的机构设置及职能,进一步了解小学的课程设置及课堂教学管理。

(2)通过见习,激发师范生学习的动力,明确学习的方向,丰富小学课堂教学的感性知识。

(3)热爱儿童,热爱小学教育事业,巩固专业思想。

(4)进一步学习见习学校教师的教师基本功、课堂教学和管理方法以及为培养下一代而勤恳耕耘的精神。

(5)进一步了解小学教育现状及发展趋势。

(6)在做好以上几点的基础上,每个人确定一个重点主题进行调查研究,写好相关主题的调查报告,要求2000字以上。

二、见习要求及注意事项(同专业见习Ⅰ)

第三章 专业见习Ⅲ:反思性见习

一、见习目的要求

通过第三次见习(回原籍见习),反思自己家乡小学教育的现实问题及自己今后努力的方向;能进一步尝试把课堂所学的理论知识与小学教育教学活动联系起来,进一步形成理论联系实际的能力;了解和熟悉家乡小学教育工作,重点观察、了解家乡小学各项教育活动的内容、形式及其组织工作;了解家乡小学的教学管理、环境布置和教改情况;了解家乡小学教育工作,进一步地巩固和提高专业情感与专业思想;能比较分析不同小学教育发展的现状和问题。

二、见习要求及注意事项

因是回原籍见习,在安全方面需要特别强调。注意安全,安全第一。主要包括自身的人身安全,特别是交通安全,及在小学的教育教学安全。不要到与见习无关的地方游玩,不要从事与见习任务无关的其他活动,严守见习纪律。对家乡不同类型的小学进行见习,至少包括三种类型(比如按办学质量来分的优等、中等与低等)。(其他同专业见习Ⅰ)

第四章 专业实习Ⅰ:体验性实习

一、实习目的

第一阶段的实习是体验性实习。

(1)通过体验真实的课堂教学和教育管理,熟悉小学教育和教学常规,初步掌握教育教学的基本方法,培养从事小学教育实际工作能力,为反思性教育实习打下良好基础。

(2)把在校学到的各科文化科学知识应用于小学教育实际,使理论和实践更好地双向互动。

(3)培养热爱小学生、热爱小学教育事业的思想感情,进一步巩固师范生的专业思想。

二、内容和注意事项

(一)教学工作

(1)一个实习小组负责小学一个教学班的语文或数学方向课的教学。

(2)认真备课,认真钻研教材,了解学生,选择最恰当的教学方法。在此基础上写出详案,教案提前三天交原任教师审阅,经修改同意签字后才能上课。

(3)认真上课。上课是教学工作的中心环节,上课前必须试教,虚心听取组内同学意见,务必精益求精。实习期间,每个实习生专业课教学不能少于8节。

(4)认真听课,虚心听原任老师示范课,每一节实习课都要有同组同学听课,听课笔记在实习结束后抽查。

(5)认真、按时批改作业,上课调换实习老师时,做好上下节课作业等的交接工作。

(6)认真辅导,弥补课堂教学的不足。

(二)班主任工作

(1)实习生协助班主任和少先队辅导员工作,学习对小学生的思想政治教育和各方面的管理工作。

(2)完成必要的家访工作。

(3)组织和指导学生课外活动。

(4)认真完成实习学校布置的其他工作。

(三)注意事项

外出注意交通安全、饮食安全、财产安全、教学安全等,确保实习安全有序完成。按质按量完成实习手册。实习结束后做好反思总结,为下一阶段的反思性实习打下良好基础。

第五章　专业实习Ⅱ:反思性实习

一、实习目的

第二阶段的实习是反思性实习。

(1)在第一次实习的基础上,把反思性教学理论应用于小学教育教学实践,养成教学反思习惯,培养实践智慧,提高实习质量,增强教育教学实践能力和就业竞争力。

(2)理论联系实际,更好地把在校学习的各科文化科学知识应用于小学教育教学实践。

(3)进一步培养热爱小学生、热爱小学教育事业的思想感情。

二、内容和注意事项

(一)教学工作

(1)一个实习小组负责小学一个教学班的语文或数学方向课的教学。

(2)认真备课,认真钻研教材,了解学生,选择最恰当的教学方法。在此基础上写出详案,教案提前三天交原任教师审阅,经修改同意签字后才能上课。

(3)认真上课。上课是教学工作的中心环节,上课前必须试教,虚心听取组内同学意见,务必精益求精。实习期间,每个实习生专业课教学不能少于15节。

(4)认真听课,虚心听原任老师示范课,每一节实习课都要有同组同学听课,听课笔记在实习结束后抽查。

(5)认真、按时批改作业,上课调换实习老师时,做好上下节课作业等的交接工作。

(6)认真辅导,弥补课堂教学的不足。

(二)班主任工作

(1)实习生协助班主任和少先队辅导员工作,学习对小学生的思想政治教育和各方面的管理工作。

(2)完成必要的家访工作。

(3)组织和指导学生课外活动。

(4)认真完成实习学校布置的其他工作。

(三)注意事项

外出注意交通安全、饮食安全、财产安全、教学安全等,确保实习安全有序完成。按质按量完成实习手册。实习结束后做好反思总结,为下一阶段的研究性实习打下良好基础。

第六章 专业实习Ⅲ-Ⅳ:研究性实习

一、实习目的

通过回原籍实习,走访母校、当地教育行政管理部门及小学,使实习生全面了解家乡基础教育新面貌,增进热爱家乡教育的思想感情;努力上出高质量的实习课,展示自身的教育教学能力,为就业服务;培养学生独立的教育教学能力和就业竞争力;写出高质量的教育调研报告,深入研究家乡基础教育教学改革现状,了解师资需求和招聘考试情况,培养学生的社会交往能力和调查研究能力;积极为教师招聘考试做准备。

二、实习要求及注意事项

(1)深入研究家乡基础教育教学改革现状。

(2)详细了解当地的师资需求情况、就业政策和考核录用方法。认真写好一份关于一所小学的调查报告。

(3)积极参加招聘考试,争取签订就业协议。

(4)外出注意交通安全、饮食安全、财产安全、教学安全等,确保实习安全有序完成。

(5)实习结束后按时返校,按质按量上交研习材料。

4.考核评价

见习评价主要关注过程;实习评价同时关注过程和结果。

见习评价标准如表5-2所示。

表5-2 见习评价标准

	合格	不合格
态度	遵守见习纪律,态度端正	未遵守见习纪律,态度不端正,缺勤30%以上
任务完成	较好地完成规定的见习任务;听课记录、观察记录基本完整;总结基本完整,问题分析基本到位	未完成规定的见习任务;听课记录、观察记录不完整;总结不完整、不深刻

体验性实习(专业实习1)评价标准如表5-3所示。

表5-3 体验性实习(专业实习1)评价标准

	合格	不合格
态度	遵守实习纪律,态度端正	未遵守实习纪律,态度不端正,缺勤30%以上
任务完成	基本能完成规定的实习任务;听课记录、观察记录基本完整;总结基本完整,问题分析基本到位	未完成规定的实习任务;听课记录、观察记录不完整;总结不完整、不深刻

反思性实习(专业实习2)评价标准如表5-4所示。

表5-4 反思性实习(专业实习2)评价标准

项目＼水平	优秀	良好	中等	合格	不合格
态度	模范遵守实习纪律,态度非常端正、认真、积极		遵守实习纪律,态度基本端正		未遵守实习纪律,态度不端正,缺勤30%以上
任务	很好地完成规定的实习任务;听课记录、观察记录完整;总结全面,分析问题深刻		基本能完成规定的实习任务;听课记录、观察记录基本完整;总结基本完整,问题分析基本到位		未按要求完成规定的实习任务;听课记录、观察记录不完整;总结不完整、不深刻

研究性(就业)实习(就业实习)评价标准如表5-5所示。

表5-5 研究性(就业)实习(就业实习)评价标准

	合格	不合格
态度	遵守实习纪律,态度端正	未遵守实习纪律,态度不端正,缺勤30%以上
任务完成	较好地完成规定的实习任务;听课记录、观察记录基本完整;总结基本完整,问题分析基本到位	未完成规定的实习任务;听课记录、观察记录不完整;总结不完整、不深刻

(二)学前教育专业"三习三体"实践教学模式的实施

1.教学目的与要求

密切联系幼儿园,深入班级,全方位观摩、体验幼儿园教育实践活动,了解幼儿园课堂教学的规范与过程、幼儿群体活动的状况、幼儿班级管理及保教活动的内容和要求,获得对幼儿园工作内容和运作过程的感性认识。

能在指导下根据幼儿的特点和教育目标设计与实施教育教学方案,参与5大领域的教育教学活动,参与指导学习、管理幼儿园班级和组织保教活动,参与各种教研活动,获得直接参与学前教育实践的机会。

在日常学习和实践过程中积累所学所思所想,经历和体验制订计划、开展活动、完成报告、分享结果的研究过程,形成实践反思意识,能从实践中发现问题并通过反思研究尝试解决问题,具备一定的解决问题的能力。

实践教学是学前教育专业人才培养的重要部分,应当贯穿于学前教育专业人才培养的全过程,应当涉及教师专业实践的所有核心方面。实践教学大纲应当涵盖课内外所有实践教学环节,包括专业实践和社会实践,包括专门的实践环节和课程实践(本大纲不包括课程实践环节)。

2. 学时分配与进程安排

学时分配与进程安排如表 5-6 所示。

表 5-6　学时分配与进程安排

课程内容	学时分配	学期
第一章　专业见习Ⅰ	1 周	2
第二章　专业见习Ⅱ	1 周	3
第三章　专业见习Ⅲ	1 周	4
第四章　专业实习Ⅰ	6 周	5
第五章　专业实习Ⅱ	8 周	6
第六章　专业实习Ⅲ	2 周	7
第七章　专业实习Ⅳ	4 周	8
共计	21 周	

3. 主要内容

第一章　专业见习Ⅰ(1周):综合性见习

一、见习目的

通过第一次见习,学生初步熟悉幼儿园各项工作。初步了解幼儿园幼儿一日生活的各个环节;初步了解幼儿教师工作的内容和实施情况;初步形成热爱幼教事业和热爱孩子的专业思想和职业精神。

二、见习要求及注意事项

(1)注意安全,安全第一。主要包括自身的人身安全及在幼儿园的教育教学安全。

(2)遵守幼儿园作息制度,准时入、离园及有序参加相应的活动。

(3)遵守幼儿园的规章制度,佩戴校徽,不无故迟到、早退,不带贵重物品来园。

(4)注意师表形象,不穿太时髦或太暴露的服装,不披头散发,不浓妆艳抹,不留长指甲和涂亮色指甲油,不戴戒指和其他夸张的首饰,不穿高跟鞋和拖鞋进班。

(5)进班时,禁止扎堆聊天,接打手机,发送短信。

(6)每天写反思性观察日记1篇。听课时做好听课笔记,做到课后有反思,积累教学经验。

(7)用最真诚的心、最和善的态度对待孩子;用最谦虚的态度、最礼貌的方式请教老师。

(8)认真观察见习班级的一日生活过程;了解幼儿日常生活管理方法;了解幼儿园教育及游戏活动的开展情况;了解幼儿教师工作内容及基本要求;熟悉幼儿园的保育工作,在实践中学习如何培养幼儿良好的卫生习惯和优秀的行为品德。

第二章　专业见习Ⅱ(课外1周):主题性见习

一、见习目的

通过第二次见习,能初步尝试把课堂所学的理论知识与幼儿园教育教学活动联系起来,初步形成理论联系实际的能力;进一步了解和熟悉幼儿园的保教工作,重点观察、了解幼儿园各项教育活动的内容、形式及其组织工作;了解幼儿园大小环境的布置和教改情况;多与幼儿和幼儿园教师接触,从而进一步了解幼儿和幼教工作,进一步地巩固和提高专业情感与专业思想;有自己确定的见习主题,完成主题的调查报告,要求2000字以上。

二、见习要求及注意事项(同专业见习Ⅰ)

第三章　专业见Ⅲ(1周):反思性见习

一、见习目的

通过第三次见习(回原籍见习),能进一步尝试把课堂所学的理论知识与幼儿园教育教学活动联系起来,进一步形成理论联系实际的能力;了解和熟悉家乡幼儿园的保教工作,重点观察、了解家乡幼儿园各项教育活动的内容、形式及其组织工作;了解家乡幼儿园大小环境的布置和教改情况;了解家乡幼儿和幼教工作,进一步地巩固和提高专业情感与专业思想;能比较分析不同幼儿园教育发展的现状、问题;能深入研究家乡突出的幼儿教育问题,能对不同层次的幼儿园进行调查研究(见习场所包括优等、中等、低等三种层次的幼儿园,还包括见习一所小学,了解幼小衔接的基本情况)

二、见习要求及注意事项

因是回原籍见习,在安全方面需要特别强调。注意安全,安全第一。主要包括自身的人身安全,特别是交通安全,及在幼儿园的教育教学安全。不要到与见习无关的地方游玩,不要从事与见习任务无关的其他活动,严守见习纪律。见习结束后按时返校,按质按量上交见习材料(其他同专业见习Ⅰ)。

第四章　专业实习Ⅰ(6周):体验性实习

一、实习目的

第一阶段的实习是体验性实习。通过体验性实习,初步具备独立开展幼儿园保教活动的各种能力,增强教育实践智慧,提高教育实践能力。在之前多次见习的基础上,进一步培养热爱幼儿、热爱幼儿教育事业的思想感情。

二、内容和注意事项

(1)积极参与幼儿园日常生活管理,重视游戏在幼儿教育教学中的重要地位。

(2)认真钻研教材,了解幼儿,撰写详细的活动方案,选择恰当的教育教学方法。活动方案提前三天交原任教师审阅,经修改同意签字后才能上课。

(3)认真组织教育教学活动,注重积累教育教学经验;上课前必须试教,虚心听取组内同学意见,课后主动进行教学反思,务必精益求精。

(4)认真听课,虚心听原任老师示范课,每一节实习课都要有同组同学听课,积极进行交互式反思,学院抽查听课笔记。

(5)积极完成实习幼儿园布置的其他工作。

(6)外出注意交通安全、饮食安全、财产安全、教学安全等,确保实习安全有序完成。

第五章 专业实习Ⅱ(8周):反思性实习

一、实习目的

第二阶段的实习是反思性实习。通过反思性实习,以研究的态度参与幼儿园教育教学实践,进一步养成教育教学反思习惯,培养实践智慧,提高实习质量。进一步增强教育教学实践能力和就业竞争力。理论联系实际,更好地把在校学习的各科文化科学知识应用于学前教育教学实践。进一步培养热爱幼儿、热爱幼儿教育事业的思想感情。

二、内容和注意事项

(1)进一步加强对幼儿园日常生活管理的学习,重视游戏在幼儿教学中的重要地位。

(2)认真钻研教材,了解学生,撰写详细活动方案,选择恰当的教育教学方法。活动方案提前三天交原任教师审阅,经修改同意签字后才能上课。

(3)认真组织教育教学活动,注重积累教育教学智慧;上课前必须试教,虚心听取组内同学意见,课后主动进行教学反思,务必精益求精。

(4)认真听课,虚心听原任老师示范课,每一节实习课都要有同组同学听课,积极进行交互式反思,学院抽查听课笔记。

(5)积极完成实习幼儿园布置的其他工作。

(6)外出注意交通安全、饮食安全、财产安全、教学安全等,确保实习安全有序完成。

第六、七章 就业实习Ⅰ-Ⅱ(共6周,课外2周):研究性实习

一、实习目的

通过回原籍实习,走访母校、当地教育行政管理部门及幼儿园,全面了解家乡基础教育新面貌,增进热爱家乡教育的思想感情;使实习生努力上出高质量的实习课,展示自身的教育教学能力,为就业服务;培养学生独立的教育教学能力和就业竞争力;写出高质量的教育调查报告,深入研究家乡基础教育教学改革现状,了解师资需求和招聘考试情况,培养学生的社会交往

能力和调查研究能力;积极为教师资格证考试及教师招聘考试做准备。

二、实习要求及注意事项

(1)详细了解当地的师资需求情况、就业政策和考核录用方法。认真写好一份关于一所幼儿园的调查报告。

(2)积极参加教师资格考试、招聘考试,争取签订就业协议。

(3)外出注意交通安全、饮食安全、财产安全、教学安全等,确保实习安全有序完成。

4.评价考核

见习评价主要关注过程;实习评价同时关注过程和结果。

见习评价标准如表5-7所示。

表5-7 见习评价标准

	优秀	合格	不合格
态度	遵守见习纪律,态度端正、认真、积极	遵守见习纪律,态度端正	未遵守见习纪律,态度不端正,缺勤30%以上
任务完成	很好地完成规定的见习任务;听课记录、观察记录完整;总结全面,分析问题深刻	较好地完成规定的见习任务;听课记录、观察记录基本完整;总结基本完整,问题分析基本到位	未完成规定的见习任务;听课记录、观察记录不完整;总结不完整、不深刻

体验性实习评价标准如表5-8所示。

表5-8 体验性实习评价标准

	优秀	合格	不合格
态度	遵守实习纪律,态度端正、认真、积极	遵守实习纪律,态度端正	未遵守实习纪律,态度不端正,缺勤30%以上
任务完成	很好地完成规定的实习任务;听课记录、观察记录完整;总结全面,分析问题深刻	基本能完成规定的实习任务;听课记录、观察记录基本完整;总结基本完整,问题分析基本到位	未完成规定的实习任务;听课记录、观察记录不完整;总结不完整、不深刻

反思性实习评价标准,如表 5-9 所示。

表 5-9　反思性实习评价标准

水平 项目	优秀	良好	中等	合格	不合格
态度	模范遵守实习纪律,态度非常端正、认真、积极		遵守实习纪律,态度基本端正		未遵守实习纪律,态度不端正,缺勤30%以上
任务	很好地完成规定的实习任务;听课记录、观察记录完整;总结全面,分析问题深刻		基本能完成规定的实习任务;听课记录、观察记录基本完整;总结基本完整,问题分析基本到位		未按要求完成规定的实习任务;听课记录、观察记录不完整;总结不完整、不深刻

研究性(就业)实习(就业实习)评价标准如表 5-10 所示。

表 5-10　研究性(就业)实习(就业实习)评价标准

	优秀	合格	不合格
态度	遵守实习纪律,态度端正、认真、积极	遵守实习纪律,态度端正	未遵守实习纪律,态度不端正,缺勤30%以上
任务完成	很好地完成规定的实习任务;听课记录、观察记录完整;总结全面,分析问题深刻	较好地完成规定的实习任务;听课记录、观察记录基本完整;总结基本完整,问题分析基本到位	未完成规定的实习任务;听课记录、观察记录不完整;总结不完整、不深刻

三、"三习三体"实践教学模式总析

(一)"三习三体"实践教学模式的价值分析

小学、幼儿教师职业形象的转变必然促使培养小学、幼儿教师的课程体系的改变。新的小学、幼儿教师准入标准要求对原有的培养目标重新定位,对原有的培养体系进行新的结构调整。就课程体系而言,原有的中师"技能

"型"课程体系和高师"理论型"课程体系都不能适应新时期小学、幼儿教师教育的要求。在这种背景下,探索反思型实践理念下的实践课程体系就显得尤为重要。

小学、幼儿教师职业具有很强的实践性。实践经验更是反思型小学、幼儿教师成长的重要条件。肖恩指出反思型教师成长的重要途径是教育实践,提出"行动中反思"的教师成长模式。反思型教师必须立足于他们自身的教育实践,而反思的质量主要取决于教师根据自己的教学情境和经验做出明智决策并能够予以证明的能力。反思型教师的成长过程是一个"理论—实践—理论—实践"不断循环、反思与提高的过程。[①] 因此,反思型小学、幼儿教师职前要实现顺利成长,就必须学会在实践中判断、批判性反思以及后期系统的自我分析。在实践中反思应该是职前小学、幼儿教师专业成长的一个捷径。这是职前小学、幼儿教师成为合格、自觉的行动者的保证。反思型教师强调教师的亲身体验,突出以实践为导向,注重问题的发现和解决,侧重"形成性"的过程,必须在了解教育教学的基础上,能够批判性地思考自己的工作,在实践中培养自己观察、分析、解释决策的反思能力。反思的素养是难以凭借课堂上的讲述和讨论来形成的,它需要在一定的环境和氛围中,通过实践进行反思体验,并在这种特定的实践中悟出反思型教师所必需的真谛。这在高师课堂上是无法得到的,但在教育实践中则可以自然地获得。教育实践可以让高师学生学习到反思的经验和体会。反思型小学、幼儿教师所具备的经验是属于实践层面的,有些还属于能够意会而不能言传的。这些内容不能靠书本和课堂来获得,要靠教育实践学习、研究、总结,一点点地日积月累。

因此,反思型小学、幼儿教师所体现得最基本的理念是一种小学、幼儿教师发展的实践观,即反思型小学、幼儿教师的发展是在教育实践中进行的,是为了教育实践而进行的,小学、幼儿教师是在实践中不断发展和成熟的个体。反思型小学、幼儿教师发展的实践观强调在反思过程中,小学、幼儿教师站在他所处的独特的实践情景之中,通过对自己的教育实践及个人

---

① Schon, D. A. Educating the Reflective Practitioner[M]. Jossey-Bass Publishers, 1987.

理论的批判与重构,从而不断开展自我认识、自我更新与超越。因此,反思型小学、幼儿教师的职前培养必须与小学、幼儿园日常生活有着紧密的联系,与教师自身的教育实践有着密切的联系,与健康成长的小学生、幼儿有着密切的联系。

实践课程是相对于理论课程而言的。实践课程以实践性知识为核心,主要以在实践中习得、体验、反思和分析等形式进行,是一种教师"在行动中反思",理论与实践相结合,并以获得"如何教"的专门的实践知识和实践智慧为任务的课程。此种课程为未来教师的专业化发展提供实际体验的场所和有力的科研保障,最大限度地缩小理论和实践之间的差距,解决师范教育中理论和实践脱节的问题,帮助建构教学实践世界,形成实践智慧。实践课程的核心价值是促进小学、幼儿教师成为富有主体精神和个性特色行为能力的人。这种课程内在要求学生采取自主、合作、实践探究的学习方式。

显然,"三习三体"实践课程是促使师范生向实质性小学、幼儿教师转变的重要手段,是反思型小学、幼儿教师培养和训练的理想课程平台,对反思型小学、幼儿教师的培养具有较大价值。

第一,"三习三体"实践课程可以让小学、幼儿师范生获得反思型教师所必需的实践。小学、幼儿师范生在实践中对所学教育理论进行反思,在实践中运用所掌握的理论、方法,在实践中获得体验,并在体验中反思所学习和掌握的理论、方法的科学性、实用性、适应性,在反思中自我调整,可以为此后所从事的教育教学工作获取最直接的经验。像一节课教学之后的指导老师的评课,则是一个最实在的反思过程,作为有心人则可以从中总结出反思的思路、原则和要求。教育实践可以在同学间进行反思型的合作探究。课程改革倡导的合作探究的学习方式更适用于反思型教育实践。某个同学在教育实践中遇到一个突出问题、一种特殊现象、一道难以解决的难题,几个同学一起合作,进行反思、探究,就可以在集思广益的前提下探索到解决问题的方案。这种反思型的合作探究还将为他们从事教育教学工作,进行合作探究式的反思提供成功的经验。第二,"三习三体"实践课程能够让师范生及时体味理论的价值与意义,相信理论的效用,使公共的教育教学理论真正内化为对他们具有个体意义的理论。第三,"三习三体"实践课程能发挥学生主动探究的精神,发扬他们的首创精神,在实践过程中,创造基于科学抽象理论的实践操作方式方法。第四,"三习三体"实践课程可以让学生掌握与精熟必要的教育教学的基本技能与技艺,在问题解决进程中,初步积累起教育教学的实践智慧。第五,在实践过程中,通过师生的互相观摩与讨论,营造一种自主、合作、探究的学习氛围,为进一步的课程教学创造良好的人际关系。第六,通过实践消除学生对教育教学的畏惧感或轻视感,为他们进入职场准备好良好的心理状态。最后,培养反思人格,形成反思自觉,引发探究冲动,强化行动意识。师范生的学习应是一种高级的发现式的和自我提升式的学习,涉及观念的发展、可能性探讨以及对不定性的应变能力的训练。这种学习意味着学习者必须从事自我监控、自我测试、自我检查等活动,以诊断和判断在学习中所追求的是否是自己设置的目标。

总之,"三习三体"实践课程是提升小学、幼儿教师的反思境界,培养小学、幼儿教师的教育实践智慧,张扬小学、幼儿教师的个性特色,塑造富有主体精神与社会责任感的小学、幼儿教师新形象的主要途径。

(二)"三习三体"实践模式的合理性分析

"三习三体"实践模式在我院实施已有十余年,受益学生面广,学生的满意度比较高,学生就业竞争力强,这一定程度上得益于"三习三体"实践模式对人才培养的合理支撑。其合理性主要源于以下几个方面。

1."三习三体"实践课程体现了以实践性知识为核心的专业知识观

课程与知识有着天然的血肉联系。一方面,知识通过构造课程而制约课程,为课程设定基本的逻辑规则及范畴来源。另一方面,课程又精炼、形成着知识,为知识的组织、发展与创新提供核心机制。但知识对课程的制约必须以对知识及其变化的理解为前提,因此,从根本上说不是知识本身影响课程发展,而是人们的知识观制约课程的发展。美国哲学家赫舍尔在解释存在的意义时说:"最高的问题不是存在而是对存在的关切""对存在的关切超越存在"。卡尔·雅斯贝尔斯说:"一切存在都是被阐述的存在。"存在正是在被阐述中才具有意义。也正是从这个意义上说,是知识观影响课程的建构,一切课程都是建立在一定的知识观基础之上。

那么，建构培养反思型小学、幼儿教师的实践课程应以什么样的知识观为基础呢？反思型教师教育理论认为，专业理论知识并非职业能力形成的必要条件，因为理论知识的功能并不是直接地指导实践，实践也不是理论知识的直接应用（事实上这是不可能的），它们之间的关系应恰当地理解为：通过理论知识来理解实践，进而促进实践能力的广泛迁移。教师成长和发展的关键在于实践性知识的不断丰富，教师在以"参与""反思"为主要特征的行动研究中不断获得实践知识，进而促进自身的专业发展。如考尔德黑德（Caldlerhead）把实践知识作为教师知识结构中一个重要的类别，认为教师的知识包括：①学科知识（subject knowledge）；②机智性知识（craft knowledge）；③个人实践知识（personal practical knowledge）；④个案知识（case knowledge）；⑤理论性知识（theoretical knowledge）；⑥隐喻和映象（metaphors and images）。国内的一项研究也把教师知识分为普通文化知识、专业学科知识、一般教学法知识、学科教学法知识和个人实践知识等几个方面[①]。实践知识是反思型教师专业发展的必要条件，"三习"实践课程是师范教育课程体系中极其重要的组成部分。

2."三习三体"实践课程体现了情境性、实践性学习的专业知识获得过程观

"三习三体"实践课程的最显著特点是分层螺旋推进，见习实习贯穿理论学习的全过程，让学生在理论学习的同时又有"临床性"的环境支持，理论学习与实践学习同时并进，有利于学生将理论与实践融通。

反思型小学、幼儿教师如何获得必要的专业知识问题直接影响着实践课程的设置形式。工具理性主义教师教育范式把教师的专业实践看作是一种纯技术性的操作过程，将教师隐喻为技术工人，将教育隐喻为生产技术，自然地也就将教师的培养视为技术工人的培养，采取简单的知识灌输与技术训练方式。而反思型教师教育范式的观点认为教师作为专业人员，在进行教学活动时，面对的教学情境极具复杂，表现为"多维性、同时性、即时性、

---

① 叶澜,等.教师角色与教师发展新探[M].北京:教育科学出版社,2001.

不可预测性、公开性、历史性"等特征。① Schon 指出，专业实践可分为"高硬之地"和"低湿之地"两种类型。前者情境与目标都是清晰的，实践者能够套用既有科学理论和技术解决问题；后者充满复杂性、模糊性、不确定性、独特性和价值冲突，面对此种情境，专业人员无法简单套用既有的理论与技术，必须充分发挥专业人员智慧，创造性地去建构问题，明晰目标，寻求解决方法。② 正如舒尔曼所言，专业实践不只是简单地把所学的知识应用于实践，而是需要有一个中介，这个中介是"教师的判断"，即在不确定的情况下学会变化、适应、融会贯通、批判、发明。③ 特别强调"教育场"是一个不确定的"实践区域"，且存在于社会的、道德的脉络之中，因此教师教育者若以单一的、独白式、理论掌握式的教育方式培养教师，势必难以应对"低湿之地"的"教育场"。Schon 从专业实践的视角进一步提出了专业知识获得的机制，在他看来，专业实践，尤其是当专业人员面对"低湿之地"的专业实践时，必然会使他们产生惊奇、不安，甚至痛苦的经验，由此就促发专业人员反思，而专业人员正是在这种专业实践中，通过行动中的反思(reflection in action)和对行动的反思(reflection on action)获得专业知识。专业知识的获得是一个"行中知(knowing-in-action)"的过程。因此在 Schon 看来专业知识是具有情境性、实践性的，是行动中的知识(knowledge-in-action)，教师自身就是专业知识的创造者，是一个在专业活动中不断地通过反思建构自身专业知识的"反思性实践者"。

我们的"三习三体"实践课程正是体现了这样的知识获得观：小学、幼儿教师的实践知识不是仅通过课堂教学教来的，它更多只能由实践者本人在特定领域内完成任务的经验中去建构和创造。按照反思教学的观点，学习总是与一定的社会文化背景即"情境"相联系，在实际情境下进行学习可以

---

① Richardson, V. & Placier, P. Teacher Change [A]. In V. Richa rdson (Ed.), Handbook of Research on Teaching(4th ed.) [C]. Washington, D. C.: American Educational Research Association. 2002.
② Schon, D. A. The Reflective Practitioner: How Professional Think in Action[M]. NY: Baxic Book, Inc. 1983.
③ 岳欣云. 理论先行还是实践先行[J]. 教师教育研究, 2004(6).

使学习者通过获取直接经验的形式去感受、体验,从而更好地建构知识的意义。尤其在高师教育类课程的教学中,教师应高度重视真实的、具体教育情境的创设,引导学生在大量"临床性"的教学行动与反思中去获取实践性知识。要培养一个具有反思型实践能力的小学、幼儿教师,课程的形式不应该仅仅停留于抽象的层面,要多设置不同层次的情境化实践课程,也不应该只集中在某一个时段,而是要贯穿于师范教育的全过程,因为教师的反思能力养成不是一朝一夕、一蹴而就之事,而是需要相当长时期对教学实践活动给予充分关注和理性思考。因此,必须提高实践课程在整个课程体系中的地位,实践课程应该贯穿于整个师范教育之始终。如果在整个师范教育阶段注重培养师范生对自己的教学实践的反思与质疑能力,对于培养其自主意识,促进其反思性品质的形成,尽快成长为反思型教师,毫无疑问具有促进作用。

3. "三习三体"实践课程体现了"全实践"理念的专业实践观

所谓"全实践",就是将小学、幼儿教师专业发展全程中所有实践环节作为一个整体来系统定位、统筹安排。全实践理念重视实践统整境遇下的实践洞察与顿悟;重视实践中的反思和反思中的知识重组重构;突显实践是学习主体内化、重构知识的前提、中介和归宿。① 实践整合课程中的实践环节主要包括专业中通识课、专业基础课、专业主干课、选修课的技能操作,各学期安排的见习实习,短期的社会实践,寒暑假社会实践,毕业前综合实习及毕业论文等所有培养幼儿教师操作技能和智慧技能的课程教学环节。全实践理念下的实践课程具有如下特点:第一,实践要素诸方面在时间上全程延伸贯通。实践环节从新生入学的始业教育起就让学前专业学生接触幼儿园实际,一直持续到毕业,让实践这根神经始终跟其他所学课程贯通着。通过实践反思将课程中的公共理论转化成幼儿教师的个人理论,通过对实践的反思批判将教师的隐性知识显性化。第二,在空间上要全方位拓展。小学、学前师范生的实践场所不仅仅是学校联系的几所相对稳定的小学、幼儿园,学校的教室、实验室、琴房、练功房、机房、画室、体育馆、艺术馆等场所都是

---

① 秦金亮."全实践"理念下高师学前教育专业实践整合课程探索[J].学前教育研究,2006(1).

学生实践场所。此外短期、寒暑假的实践环节都要求学生接触家庭所在地的不同幼儿园和民间传统儿童文化,这些都是扩大学生实践空间的重要方式。第三,在内容上全面整合。实践课程的内容从主要指教育见习、教育实习扩展到包括课堂、课外、参与性、模拟性、观摩性、研究性、整体性等教育实践。对于四年制的实践课程计划要有统筹安排,避免因重复设置而带来的重复低效。四年里的各实践环节要具有层次性,把实践的总目标与各课程的具体实践目标统一起来。第四,在理念上全息浸透,在课程体系上要全面统整。"全实践"理念下的实践课程被放置在整个课程体系的中心地位。要注意学科课程与实践课程的相互渗透。实践课程与学科课程的关系是:以实践课程统整学科课程,以学科课程渗透实践课程,实践课程是学科课程的统整平台,学科课程是实践课程的延伸与提升。它们是学前专业学生获得教育智慧、形成教育机制、塑造良好品性的不可或缺的可靠基石。"三习三体"实践课程的设置正是体现了这样的全程实践理念。

第二节 "拜师学艺":卓越教师培养途径探索

一、"拜师学艺"概述

(一)"拜师学艺"概念

中国拜师习俗历史悠远,其形成主要受儒家传授学术的规制影响,最早可追溯至孔子收徒的做法并由其演化而来。至现代,中国的中医药、传统艺术等行当仍采取拜师从业、传授技能的方式。拜师是学艺的手段,学艺是拜师的目的。"拜师学艺"具备了教育活动的各要素,所以是一种特殊形式的非正规化的教育活动。一般而言,"拜师学艺",就是指新从业或学艺者通过仪式与授技授艺者结成师徒关系达到学艺目的的一种教育活动。这种教育活动可以在各行各业中存在与发展。

台州学院从2006年开始在师范专业中正式启动"拜师学艺"活动,其目的是为了培养卓越教师,创新师范教育培养模式。所以,我们这里所要讲的"拜师学艺",是指师范生通过仪式与中小学幼儿园名师结成师徒关系达到学会当教师的目的的一种教育活动,更具体一点,就是"拜师学教"。

(二)"拜师学艺"的历史基础

现代"拜师学艺"最早可追溯到现代学徒制,所谓现代学徒制,是西方有关国家实施的将传统学徒培训方式与现代学校教育相结合的一种"学校与企业合作式的职业教育制度",是对传统学徒制的发展。传统"学徒制"指以师傅带徒工为主要形式,以某行业或职业的知识技能学习为内容,徒工可因劳动获得某种形式回报的职业教育形态。工业革命使得传统的学徒制无法适应社会对技术技能型人才的大规模需要,学校职业教育由此飞速发展并占据了职业教育的主要舞台。但学校职业教育与工作世界的脱离以及职业教育课程"学问化"等一些根本性问题,不可避免地使学校职业教育越来越受到企业界、教育界以及学生的质疑。与此同时,人们在研究德国二战后经济迅速腾飞的原因时发现,其制胜的秘密武器之一,就是以"双元制"为特色的职业教育体系。而"双元制"恰恰是一种将学校本位教育与工作本位培训紧密结合的新的学徒制形态。在这个大背景下,各国纷纷开始研究和效仿德国"双元制"来发展本国的职业教育。1983年,位于瑞士巴塞尔的社会政治学协会最早提出了将学校教育和实际工作相结合的新型学徒制模式。20世纪80年代末,西欧各国纷纷改革学徒制,相关立法、政策和项目层出不穷。英国于1993年推行现代学徒制,澳大利亚在1996年推行新学徒制,美国和加拿大也从1990年开始进行学徒制改革实践。由此,学徒制以全新的面貌获得了发展。从广泛意义上看,二战后出现的以德国"双元制"、英国"现代学徒制"、澳大利亚"新学徒制"等为典型,适应现代经济与社会需求,以校企合作作为基础,纳入国家人力资源开发战略的学徒制形态都是现代学徒制。这种职业教育制度很好地实现了企业培训和学校教育相结合(校企合作)、受教育者的工作和学习相结合(工学结合),能有效地帮助学习者学习知识、训练技能、积累工作经验和养成职业态度,具有"以就业为导向;校企合作、工学结合;与国家职业资格证书体系相融合;强有力的外部保障"等特点,适应了现代经济社会对应用型人才的需要。

现代师范教育领域的现代学徒制的雏形可追溯到著名教育家陶行知倡导的"艺友制"。当时,陶行知为了培养有质有量的小学、幼稚园师资,提出了"艺友制"的培养方式。陶行知说:"艺友制是什么?艺是艺术,也可作手艺解。友就是朋友。凡用朋友之道教人学作艺术或手艺便是艺友制。"艺友制如何可以应用到师范教育上来?师范教育的功用是培养教师。教师的生活是艺术生活。教师的职务也是一种手艺,应当亲自动手去干的。那些高谈阔论,妄自尊大,不屑与三百六十行为伍的都不是真教师。陶行知提出,学做教师有两种途径:一是从师,二是访友。跟朋友操作比从师来得自然,格外有效力。所以要想做一名好教师,最好是和好教师做朋友。凡用朋友之道教人学做教师,便是艺友制师范教育。他不同于艺徒制,因为一般师傅带徒弟,师傅都要有所保留,不会完全传授,并且要为师傅干很多与学徒无关的苦差事。

陶行知之所以提出艺友制的方法主要基于两方面的原因:一是当时的中国教育非常落后,他发现在工场和农村,幼稚教育还是一块未开垦的"新大陆"。但要在这些地方推广幼稚教育,又倍感师资之缺乏。为了及时解决师资矛盾,陶先生觉得有必要使用一种既快捷又有效的方式培养师资,艺友制就是当时为了发展农村幼儿教育应对师资短缺的一种"应急"方法。二是因为他认识到当时师范教育的最大弊端是理论与实际相脱离,将理论学习与教育实习人为分隔,犹如以大书呆子教小书呆子,致使大多数受过师范训练的人,既不会教学生也办不出一个可以令人佩服的学校。

陶行知的艺友制具有四个基本特点:采取师徒制的实用精神,重视现场实习,强调发展实践智慧,把理论与实践有机结合。

台州学院在师范教育中实施"拜师学艺",主要就是在借鉴"拜师学艺"在教师培养中的独特价值的基础上采取的一种创新途径,其宗旨是借助"拜师学艺"方式,让优秀师范生与名师结对,学习名师的成长经验,为卓越教师的成长奠基。

二、"拜师学艺"的实施

(一)基本概况

我院的"拜师学艺"活动根据学校的相关要求实施。学校于 2005 年颁布了《台州学院优秀师范生向临海市名师拜师活动实施意见》(以下简称《拜师意见》)(台学院发〔2005〕76 号),全文内容如下:

为将临海市优秀教师的好的思想、业务、作风作为教育资源,传递给我校优秀师范生,缩短他们成长成才的周期,尽快建设一支爱岗敬业、观念新、能力强、素质高的后备教师,为我校出精品及做精师范奠定人才基础,我校决定举办选拔优秀师范生向临海市名师拜师活动,具体实施意见如下。

一、导师条件

(1)应是临海市名师,至少具有 5 年以上教学工作经历,且工作出色。

(2)具有正确的教育指导思想,且思想作风正派,做事认真负责、教学水平较高。

(3)同期一名导师最多带 2 名徒弟。

二、导师职责

(1)导思想:导师应在思想作风、教育观念、师德规范上做出表率,关心徒弟的思想进步,勉励他们热爱事业、热爱学生,认真完成各项工作。

(2)带业务:导师应无私地传授工作经验,主动对教学中的疑难问题与徒弟展开讨论,并善于挖掘徒弟的特长,鼓励他们改革创新。每学期至少听徒弟两节课,在徒弟上新课前,认真审阅其教案,课后及时加以点评。

(3)传作风:导师要言传身教,引导徒弟勤奋学习、务实高效、踏实工作、积极上进。

三、拜师要求

(1)从师范专业本科二年级、专科一年级中选出部分优秀学生。

(2)经学校审核批准后,举行拜师会,向导师颁发聘书。

(3)拜师为期1年,中途如有工作调整,应延续导师职责和徒弟义务至期满。

四、徒弟义务

(1)虚心学习导师的好思想、好作风,主动向导师汇报教学工作的情况,并诚恳接受导师的督促、指导。

(2)上新课前,主动请导师审阅教案并给予指导。

(3)每周至少听导师一节课,并随时请教。

(4)学徒期间,在导师指导下开出四节汇报课,供全体教师及同班同学观摩、评议。

(5)加强教育理论的学习,积极参与有关教学的研讨和实践。

五、考核总结

(1)每学期:师徒共同对履行职责、义务的情况分别做出书面总结。

(2)学徒期满:①导师对徒弟思想、作风、业务水平和工作能力做出鉴定;②徒弟对汇报课做自我评价;③对表现突出的导师和徒弟,学校组织表彰,对优秀师徒将给予精神和物质上的奖励。

(3)总结、鉴定、自评、表彰材料,存入学生档案。

《拜师意见》从拜师目的、导师条件、导师职责、拜师要求、徒弟义务、考核总结几方面对"拜师学艺"活动进行了总的规定与指导。这一文件的作用一直持续到现在。《拜师意见》颁布后,学校在每年"拜师学艺"活动启动前下发具体通知,通知各二级学院组织相关活动。一般每年3月份开始下发通知,6月底之前完成选拔工作,9月初师范生到本地学校(幼儿园)开始"拜师学艺",时间为一年。

教师教育学院每年会根据学校的《拜师意见》及具体通知要求,认真组织"拜师学艺"活动。从通知文件来看,在2017年以前,规定每个专业5%的师范生参与拜师,2017年以后,突增到15%~20%的名额。

教师教育学院的"拜师学艺"活动只面向本科专业的师范生,小学教育、学前教育两个专业每年平均招收250人左右,在读总人数每年平均维持在1000人左右,从2006年开始至2018年的13年里,教师教育学院总计约230名师范生参与了"拜师学艺"活动,其中2017、2018年根据学校要求,每专业按15％的名额选拔优秀师范生。由于我院一直有"为本地基础教育服务"的宗旨,所以在"拜师学艺"规定的拜师名额里,确保其中至少有一个本地籍学生名额。这一点深得当地教育行政部门的肯定,也进一步激发了地方小学、幼儿园参与这项活动的积极性。我院共聘请小学、幼儿园10名教师作为优秀师范生的指导老师,其中许多是多轮次担任指导教师。

(二)基本过程

1. 确定人选

这里的确定人选是指两方面的人选。一方面是根据相关要求选拔优秀师范生,另一方面主要是指小学、幼儿园指导教师人员的确定。学院首先根据学校的通知要求,在本科专业学生中遴选出优秀师范生。

(1)优秀师范生的选拔。遴选的基本程序是:通知动员—学生自主报名—报名资质审核、确定候选人名单并公示—组织面试—录取人员公示。具体操作如下:符合条件的学生在规定期限内向班主任报名;班主任审核后签署意见并上报院办公室;教务员审核后分别将综合考评成绩和技能考核成绩按名次排列;分管院长按名额的两倍录取"拜师学艺"候选人;考核小组通过面试择优确定"拜师学艺"者并公布。

教师教育学院选拔优秀师范生的基本条件是:必须是德、智、体、美全面发展,综合考评在班级(分方向后)前十名内;必须有良好的教师技能,专业核心技能考核成绩名列班级(分方向后)前十名内;必须有良好的社会活动和组织管理能力,能积极主动地进行"拜师学艺",并带动班级的试教活动。面试旨在考察学生的职业认知、仪表仪态、心理素质、语言表达能力与社会沟通能力等方面。面试成绩一般占30％左右。

(2)指导教师的选拔。我们实行优秀师范生"双导师制",即小学、幼儿园安排的导师(简称对方导师),我院安排的学科教学法指导老师(简称我方导师)。我方指导老师一般由经验丰富的教学法老师担任。指导过程中,以对方指导老师的指导为主。我方指导老师主要是跟进掌握师范生在对方学校以及在原校的学习表现情况,并在有必要的情况下,做好校际的相互联系、沟通工作。

对方指导老师选拔的基本程序：通知动员—本地教研室、各小学校长、幼儿园园长领导推荐—台州学院教务处连同教师教育学院相关领导根据《拜师意见》关于指导教师的相关条件进行指导教师资质审核—录取人员公示—录取人员报送当地教育局、对方指导老师所属学校备案存档。开始几年，对方指导老师的选拔工作非常正规，教育局也高度重视这一工作，通知也由教育局统一下发到各中小学、幼儿园。后来，由于教育局工作繁忙，特别是我校15个师范专业活动组织的进度不大一致，具体要求也有差异，难以统一，所以，对方指导老师的选拔工作直接改由各二级学院自行组织，各二级学院直接与当地各学校联系落实对方指导教师工作。被聘对方指导老师名单适时报送校教务处、本地教育局及指导老师所属单位备案存档。

现将2016年的选拔过程的基本情况示列如下：

《教育学院关于优秀师范生"拜师学艺"选拔条件和程序的通知》

为了进一步提高高师本科生教学能力，使优秀师范生"拜师学艺"活动健康有序地开展，特制定以下选拔条件和程序。

选拔条件：

(1)优秀师范生必须是德、智、体、美全面发展，综合考评在班级（分方向后）前十名内。

(2)优秀师范生必须有良好的教师技能，技能考核成绩名列班级（分方向后）前十名内。

(3)优秀师范生必须有良好的社会活动和组织管理能力，能积极主动地进行"拜师学艺"，并带动班级的试教活动。

选拔程序：

(1)符合条件的学生在规定期限内向班主任报名。

(2)班主任审核后签署意见并上报院办公室。

(3)教务员审核后分别将综合考评成绩和技能考核成绩按名次排列。

(4)分管院长按名额的两倍录取"拜师学艺"候选人。

(5)考核小组通过面试择优确定"拜师学艺"者并公布。

因当地教育局要求而名额外加的当地优秀师范生的条件适当放宽,选拔程序相同。

教育学院
2016 年 2 月 22 日

《关于师范生"拜师学艺"选拔结果的公示》

教育学院 2016 年度优秀师范生"拜师学艺"候选活动已经结束,根据台州学院"拜师学艺"有关文件精神,按照教育学院制定的选拔条件和程序,选拔人员如下,特此公示。

	姓名	班级文化课、技能总成绩名次	面试成绩
04 小教（中文）	施春盈	1	1
	黄 珏	2	2
	孙婷婷	16（临海籍,名额外加）	4
04 小教（数学）	茅林娟	1	1
	金欢欢	2	2
	邵琴知	5（临海籍）	6

教育学院
2016 年 5 月 24 日

面试内容（时间 10 分钟/人）

1. 写粉笔字（2 分钟）

游 子 吟
孟 郊

慈母手中线,游子身上衣。
临行密密缝,意恐迟迟归。
谁言寸草心,报得三春晖。

（注上班级、姓名）

2.回答问题

10个备选题,由学生自抽1题回答。共3分钟时间。

3.演讲(5分钟)

题目:假如我被选上理想的小学教师

教育学院学生"拜师学艺"名单及指导老师安排

	姓名	名教师	单位	称号
04小教（中文）	施春盈	金丽月	临海小学	市名教师、台州教坛新秀
	黄珏	金丽月	临海小学	市名教师、台州教坛新秀
	孙婷婷	朱勤芳	临海小学	临海市名教师
04小教（数学）	茅林娟	朱希萍	临海小学	市名教师、省教坛新秀
	金欢欢	朱希萍	临海小学	市名教师、省教坛新秀
	邵琴知	虞琳娜	临海小学	台州市名教师

台州学院教育学院

2016年6月30日

2.拜师仪式

双方学校对于每年一度的"拜师学艺"工作非常重视。确定了人选之后,选择适当时机(一般在6月底或9月初),召开隆重的拜师仪式。拜师仪式的主要程序包括:双方领导讲话、优秀教师事迹报告、双方师生代表讲话、颁发聘书、师范生与指导老师见面等。在这个仪式上,双方学校领导和各个学科的"拜师带教"的双方人员都集中在一起,还要做专门的录像摄影,领导在这个仪式上也要做专题讲话,介绍本校办学理念、优秀教师事迹以及为"拜师学艺"提供的支持。"师生"双方的代表也要做专题发言,针对""拜师学艺""这一工作,表达自己的感受和决心。这个仪式的核心,就是一方面通过"拜师学艺"活动进一步营造尊师重教的良好氛围,宣扬优秀教师事迹;另一方面就是大力推进优秀青年教师的健康成长。双方都要宣誓表态,明确双方的职责和义务,尤其是强调了师范生所应该完成的任务时数,以及整个学年双方要落实的具体任务、考核时间、考核方式和考核内容等。这个仪式是"拜师学艺"工程启动的一个标志。它标志着"拜师学艺"双方的工作进入了具体实施阶段。

拜师仪式开始几年由学校统一组织,后来逐渐改为由各二级学院自行组织。基本程序与原学校组织的程序大体相同。

3.带教过程

"拜师学艺"的周期为1年。拜师仪式进行之后,拜师带教的双方就进入了正式的带教学习过程。这个带教过程,具体体现在三个方面。

(1)听课。在平时的课堂教学之中,师范生一般要到对方指导教师的课堂进行先期听课,然后才能上课。师范生的课程安排可以延迟几节课的时间,而且从原则上讲,师范生的教案要让我方与对方的指导教师审阅。而双方指导教师也要主动地对师范生的授课进行课前课后的指导,对于师范生的备课、上课及课后反思等情况做出记录,对于师范生所表现出来的长处和不足都要给出一定的评价。

(2)评课。指导教师单位不定期地在自己所属的备课组内组织教研活动。在备课组内,指导教师针对师范生近期的表现,结合自己原来的记录,都要给予指导。提出自己的看法或是建议,以鼓励为主。对于不足之处,尽量提出明确的改进方法或措施,以便师范生能够及时改进和提高。同时,因为一个备课组内有时会有几组"师生"对子,或其他老师也参与听了师范生的课,所以,其他老师的评议,对于师范生来说,也有一定的借鉴作用。当然,时间也可以灵活掌握,不一定全部局限于教研活动期间,因为"师生"双方大多都在同一个备课组内,所以,对于师范生的评价指导,也可以在平时的教学中随时进行。对于师范生的公开课、汇报课和创新课等,指导教师负有指导责任。

(3)业务指导。在课余时间里,指导教师还要根据师范生的具体情况安排一些业务学习,如参与班级管理工作、课外活动组织、家长访问、特殊学生关注、作业批改、环境布置等,并随时推荐师范生阅读一些专业书籍、专题资料的学习和总结,适时推荐参加有价值的专业活动,等等。凡是学校的主要育人工作,指导教师都要对师范生提出相应的要求并进行相关指导。

4.拜师过程

拜师仪式后,师范生根据自己的情况与指导老师协商,协商每周到指导老师学校学习的时间。这个时间必须符合双方的规定。师范生这边,学校要求不能因外出拜师而缺席现有大学课程的学习,指导老师那边则必须能提供听课的机会。也就是说,这个时间必须是师范生无课、指导老师有课的时间。学校要求师范生每周至少一天到指导教师所在学校进行各方面的学习,最主要的形式是听指导老师的课,参与指导老师组织的各种教育活动。听课时,必须按台州学院的要求做好听课记录与反思。从第二周开始,每周至少上一节课,上课前,必须把教案交给指导老师审阅并进行适当的试讲。如果指导老师外出,指导老师的课就由师范生代上,但是每节课都必须提前让指导老师审阅教案。借助多媒体技术设备,指导老师随时可以对师范生进行远距离指导。一般情况下,由于师范生们本身很优秀、很认真,指导老师都比较放心,几节课讲下来后,指导老师一般都放权让师范生直接上课了。每上完一次课,师范生要根据多方反馈,写好课后反思。除了听课、上课外,平均每两周还要适当安排一次学生访谈活动或家访活动。

5. 落实考核

对于""拜师学艺""的师徒双方,还有一个考核机制。一般而言,对于师范生的考核施行双考核制,以对方指导老师方面的考核为主。考核方式主要是上汇报课及提交相关记录材料。师范生的汇报课分两次进行,每学期一次。上汇报课时,双方学校老师出席担任评委,对师范生的汇报课进行评价打分。师范生"拜师学艺"的量化成绩最后由三部分构成:对方老师评定的两次汇报课的成绩、纸质材料成绩(教案、记录本等)及我方指导老师占20%的成绩。另外,对方指导老师还会对所指导的师范生一年的学习表现进行质性的综合性评价。所得成绩进入学生学籍档案,但此成绩不纳入学生学年的综合考评。只有考核优秀的学生,学校会给予一定的表扬,颁发荣誉证书。荣誉证书可以在学年综合考评里有适当加分。学院按20%的优秀比率向学校推荐本院"拜师学艺"优秀学生名单。对于没有能够认真完成的师范生,要求师徒双方认真查找原因,找出差距,继续努力。不过,至今没有考核不合格的学生。我院所有"拜师学艺"学生的考核成绩都是88~98分之间。师范生的优秀表现赢得了本地小学、幼儿园老师们的广泛赞誉,也为扩大我院的办学声誉起到了积极的推动作用，许多小学、幼儿园的领导明确表示，希望这些学生毕业前能到他们单位顶岗，毕业后能到他们学校工作，而这些"拜师学艺"的学生才是刚刚完成大二学业进入大三的学生。这也说明，这些师范生在"拜师学艺"过程中成长得很快。

双方指导老师在本届"拜师学艺"活动结束后只需上交一份指导总结。双方的指导老师应该说是纯义务性的指导。我方学校给的指导经费很有限，每位指导老师每指导一位学生的报酬一年共计才1000元。除此之外就没有任何别的津贴或课时补贴了。只是在评职称或评先进工作者时，那张指导教师聘任书有一定的参考价值。

三、"拜师学艺"活动评析

（一）"拜师学艺"对于师范教育的价值分析

1. "拜师学艺"活动是培养卓越教师的理想途径

一方面，"拜师学艺"促进了师范生的卓越成长。"拜师学艺"这一活动在我校已经开展了十三年，在这十三年里，参与"拜师学艺"的师范生通过这一活动，很快成长起来。有许多师范生在拜师期间就已经能在教学中独当一面，成为指导老师的得力干将。有的在后来的省师范生教学技能大赛中获一等奖、二等奖，有的则在当地竞争异常激烈的教师招聘考试中力克群雄，成绩遥遥领先。这些成绩的取得，都和"拜师学艺"这一活动密不可分。因为，是它为师范生搭建了成长之梯，让他们在"在地实践"的教育舞台上走得更远、更好。

另一方面，"拜师学艺"也加速了在职教师的卓越成长。我们发现，被聘的那些小学、幼儿园老师，他们有着一种光荣的使命感、幸福的自豪感和真实的成就感。他们深知，作为一个教师，最好的教法就是言传身教。所以，作为优秀师范生的导师，他们不敢有丝毫懈怠。他们对待工作更加勤奋努力，不断开拓创新。这为他们自身的专业成长提供了强大的动力，使他们从优秀走向更优秀，从卓越走向更卓越。据初步数据统计，在近两年开始的基础教育教师正高职称的评审中,我市小学、幼儿园领域就有五位晋升正高职称的老师曾被聘为我院师范生的指导老师。现在,有些一线优秀教师都主动前来我校,希望能通过"拜师学艺"活动,结对我校优秀学子,达到教学相长的目的。

2."拜师学艺"是实践教学环节的重要组成部分

师范生实践教学不只是传统意义的一个教学环节,更是一个教学过程,为了让小学/学前教育专业的学生进一步了解教育实际、尽早熟悉、研究、服务教育,巩固学生热爱教育事业和热爱教师工作的专业思想,强化教育理论与教育实践的有机结合,改变学生的学习方式,我们构建科学合理的培养方案,构筑合理的实践教学体系,在学生教学实践能力的培养方面找到一条行之有效的途径,同时也为这两个专业的专业建设做了一些有益的探索。通过多年的理论探讨和实验研究,我们初步形成了一套更为科学合理,更具有实践性和发展性,更符合小学前教育专业的专业特点的教师培养模式。"拜师学艺"就是其中的重要一环。其意义主要体现在如下几个方面。

(1)"拜师学艺"使实践教学更加专业化。小学教育、学前教育专业都是实践性很强的专业。"拜师学艺"让师范生直接获得很强的教学实践专业知识。要培养小学教育、学前教育教学第一线的普通师资,在培养规格、素质要求、课程体系、教学内容和教学方法、科研导向上都有其特殊性,需要改封闭式培养为开放式培养。"拜师学艺"活动正是充分体现了这种专业特点,通过活动使学生充分认识到现代小学、学前教育的特点及其对未来教师的基本要求,培养学生具有小学、学前教师的职业素养、专业情感、教学技巧和教学能力,使学生具备现代小学、学前教师应具有的专业知识结构和职业技能。"拜师学艺"让师范生有更多的机会接触儿童以便更好地了解、引导儿童。小学、学前教师需要更多地了解低龄儿童的特性,需要不断地走进儿童才能更好地了解他们。"拜师学艺"活动为小学教育专业、学前教育专业的学生接触儿童创造了有利的条件,通过活动让学生了解儿童心理与行为特征,懂得儿童心理发展的顺序和特点,掌握启迪和开发儿童智力的技巧和方法,掌握儿童学习理论,掌握指导儿童学习的技巧和方法。"拜师学艺"活动是对旧的实践教学模式的一种创新,"拜师学教"活动强调"做中学",强调与指导教师的合作与交流,强调对所学的教育教学理论的深化与建构,强调对自己的教学行为的分析与反思,在反思中感悟,在感悟中升华,通过"拜师学艺"活动让学生不仅知道教什么,而且知道怎么教。在整个"拜师学艺"的活动过程中,我们始终贯穿着这样一条理念,就是要求学生"学教、学研、学管",要求学生带着课题下小学和幼儿园,或参与指导教师的课题研究,充分培养学生的科研意识和能力,促进学生的专业成长,"拜师学艺"活动充分体现了小学教育专业、学前教育的专业特点,是小学教师、幼儿教师专业化培养的一种有益尝试。

(2)"拜师学艺"使实践教学更加全程化。我国师范教育的学生培养方式较为陈旧,总体呈现重知识传授、轻能力培养的特点,尤其是对于具有师范性特点的能力培养较弱。从总体上看,相当一部分师范毕业生缺乏课堂教学的组织能力、语言表达能力、教育科研能力、对班集体的管理能力、对学生的思想教育能力和人际交往能力等,基于此,作为小学教育、学前教育专业的学生,我院以先进的教育教学观念为指导,以创新发展为主旨,对实践教学进行了系统化改革,有效提高了教学实践活动的效率与质量,提高了人才培养质量。特别是我们对实践教学的全程性给予了高度重视。首先加强了实践课程的设置,其次,实践教学按照一定的次序,由浅入深,由低级到高级地逐步完成。再次,在教学计划中增加了教育见习和教育实习时间,完成相应的实践任务之后给予相应的学分,四年中共安排了三次见习四次实习,另外三年级起,学院为学生创新实践教学活动提供场所和条件,与实践基地充分合作,开展"拜师学艺"活动,通过"拜师学艺"活动,尽快让学生熟悉各学科知识体系及教学实践,熟悉教育教学理论、教学方法和现代教育技术在教育教学中的应用,关注教育教学改革,初步开展班主任工作、少先队辅导员工作、保教工作、教育教学科学研究工作,根据不同的年级,提出不同的内容、任务、目标,采用不同的形式和方法,有序推进,通过一系列活动,加深了学生对专业理论知识的理解和掌握,为毕业后走上教育工作岗位打下扎实的基础。

(3)"拜师学艺"更好地搭建了校地协同育人的桥梁。实践教育基地是师范教育专业学生实践教学的重要场所,在小学教育、学前教育专业的建设过程中,充分利用和整合实践基地丰富的教学资源,通过让学生观摩实践基地组织的各种教研活动,丰富师范生实践教学的内涵。在"拜师学艺"活动中,指导教师是关键人物,我们对实习基地提供的指导教师提出了具体要求,有教学经验的教师担任指导教师,要求指导教师"导教、导研、导管"。"拜师学艺"活动学生学习的方式是广泛的、多元的,不只是知识的、理论的、技能的学习,更包括价值的、理念的、感性的、态度的学习。学生"拜师学艺"活动的学习途径是复杂的,不只是通过正式的解说、示范、资料的提供等方式,更会通过非正式的言传身教来影响,要让这种模式充分发挥其功能。指导教师与学生之间应具有一种相互尊重、相互学习、相互合作、共同提高的建设性关系,指导教师在对学生进行传、帮、带的同时,也在反思和提高自己,并且有助于树立终身学习的理念。学生应该明确自己的目标,每个学期规定有明确的任务,听取指导教师的示范课,说课、评课、上试教课等;学生在指导教师的指导下熟悉并初步开展班主任、少先队辅导员工作;组织一次班队活动,共同参与课题研究等,在传、帮、带过程中,多角度、立体式相互切磋,共同提高;与指导教师合作,共同分析、探讨、研究,初步形成适合自身特点的教学模式。在此基础上,我们对"拜师学艺"活动强化目标考核,分层次、分阶段、多渠道对活动进行评估。

(二)"拜师学艺"的问题及改进措施

经过十多年的实践,在"拜师学艺"方面我们初步形成了一套具有特色并取得一定成果的模式,取得了一定的成果,得到了多方的肯定与支持,今后我们将进一步完善各种措施,及时总结经验,积极探索,勇于创新,使小学教育、学前教育专业的实践教育模式更趋合理和科学。

但是也发现了一些值得进一步改进与完善的地方。

1.建立更加完善的考核评价体系,特别是要建构相应的关于对方指导老师的考核评价体系

虽然"拜师学艺"工作已持续十多年,但没有严格意义上的对指导老师的考核评价体系,尤其是没有规范的激励措施,导致真正有指导能力的老师的积极性受到影响。完全靠教师的义务性、无偿的奉献,靠双方学校教师结下的人情关系来维持这一工作,这在短时期内可能有效,但是长期如此,难免会影响工作的主动性和指导工作的质量。我们发现,一线老师第一次被聘为指导教师时,的确很高兴,光荣感、成就感、使命感都很明显。但是一旦拥有过后,如果没有进一步的激励措施跟进,这些光荣感、成就感、使命感就渐渐淡去。特别是这些指导老师本身工作就很忙,教学工作量大,如果还要让他们做这些无偿性的劳动,难免心有余而力不足。再者,没有正确评价考核要求的工作自然也会降低对工作的标准与质量。所以,建议建构适宜的维持与促进指导老师积极性的考核评价体系,让有成效的指导得到应有的尊重与报酬。培养卓越教师是一个系统工程,需要各部门的通力配合,所以,"拜师学艺"这项工作,急需政府——一线学校—高校三方的通力合作,才能发挥其更大的价值,促进它的可持续发展。

2. 非常有必要进行"互联网+""拜师学艺"模式的探索

互联网的快速发展,给人的交往方式、价值观念带来了深刻的变化,给我们的"拜师学艺"活动也提供了新的思维模式。目前,"拜师学艺"受地域性限制,影响了"拜师学艺"的质量。我们的"拜师学艺"仅限于在临海市实施,这主要是从师范生的学业与生活两方面的方便性来考虑的。师范生的本科学习课程较多,难以抽出更多的时间到校外实践,如果到市外,时间就更难保证。加上还有交通的问题,到市外拜师增加了交通的复杂性和成本费用,这的确是其客观原因。但是,一个县级市范围的名师资源毕竟有限,能真正承担起培养卓越教师的指导教师不多。所以,"拜师学艺"必须拓展地域空间,扩大名师资源范围。

"互联网+""拜师学艺"模式有如下几点优势:第一,突破地域限制,丰富名师资源;第二,可以克服学生有课、交通不便等问题;第三,更集中地发挥名师云集的凝聚功能、激励功能。通过组建以名师为中心的服务卓越教师培养的名师团队,可以有效激发名师参与卓越教师培养的积极性;第四,更方便"拜师学艺"管理者的管理。因为网络是相对公开透明的,对师生双方教与学的行为具有更好的规范与约束性。指导老师有无指导、指导了哪些内容、学生学习任务的完成情况等,都可直接从网上了解到。网络的痕迹更有利于"拜师学艺"管理者掌握实际的指导与学习情况。

建立"互联网+""拜师学艺"网站,我们可以在全省,乃至全国为优秀师范生联系知名教师,平时可以让师范生通过网络与名师进行互动交流,观看他们的视频或教学笔记,了解名师的教学理念、教学方法等。名师则通过网络平台答疑解惑、分享有价值的资料及观点。为了弥补网络的"全虚拟"状态的不足,学校可以出台相应政策,每学期给远距离"拜师学艺"的优秀师范生两周的游学拜师假,与名师面对面接触。再加上利用寒暑假的空档,安排适宜的名师冬令营、夏令营等教育活动,"拜师学艺"的质量肯定能得到较好的保障。这些优秀师范生本身自学能力、领悟能力就很强,只需要适当地引导与熏陶,在名师人格魅力、教育智慧的影响下,就能完成自主性成长。这对他们的终身发展都是极具价值的。

第三节 "义务支教"的实践

一、"义务支教"产生的现实基础

(一)"实践取向"人才培养目标的现实需要

为了深入贯彻我院"实践取向"的办学理念,培养师范生的教育教学实践能力,学院在实现本科教学模式的"三个转变"上不断探索,其中通过组织师范生"义务支教"就是学院力图实现"三个转变"的又一创新措施。这一措施体现了我们的教学正在"以教为主向以学为主转变、以课堂教学为主向课内外结合转变、以结果评价为主向结果与过程评价结合转变"的发展动向。通过"义务支教"可以让师范生更好地获取教学实践知识和能力。"义务支教"是学院课堂教学的有效延伸,也是我们为师范生搭建的"在地实践"的教学实践平台之一。

(二)大学生思政教育教学改革的现实需要

大学生社会实践作为高校培养人才的一个重要环节,是不可缺少的组成部分，是融学校教育、社会教育和自我教育为一体的教育形式。各高校按照高等教育目标要求，组织、引导大学生深入社会、深入实际、深入生活，积极参加各种社会实践活动，使大学生在改造客观世界的同时改造主观世界，在服务、奉献社会的同时提高自身全面素质。党中央、国务院下发的《关于进一步加强和改进大学生思想政治教育的意见》指出，深入开展社会实践是新形势下大学生思想政治教育的有效途径，"理论教育和实践教育相结合是大学生思想政治教育的根本原则"[1]。马克思主义理论宣传、教育与传播不能只是单纯的理论教育，实践性才是马克思主义最本质的特征。"全部社会生活在本质上是实践的。"[2]因而大学生思想政治教育必须与社会实践相结合，在实践中深化理论，才能收到最好的效果。这要求我们必须积极、科学地运用社会实践教学来提高思想政治理论课教学实效性，使得社会实践教学成为课堂教学的重要组成部分和巩固理论教学成果的重要环节。

（三）教育均衡发展的现实需要

一直以来，党和国家高度重视农村、边远、贫困、民族地区的教育问题，并积极推动当地教育事业的发展，但由于经济社会发展、地域位置、民俗等多方因素，导致当地仍存在教育资源稀缺、教育水平滞后的现象。特别是留守儿童、民工子弟学校的教育质量问题引起了社会的广泛关注。

传统定义的留守儿童是指外出务工连续三个月以上的农民托留在户籍所在地家乡，由父、母单方或其他亲属监护接受义务教育的适龄儿童少年。这些儿童生活在农村，因父母在外务工得不到父母直接的日常看护，他们与父母相伴的时间微乎其微，包括一些城市，也有父母双双外出去别的城市工作。这些本应是父母掌上明珠的儿童集中起来便成了一个特殊的群体——留守儿童（本书把不在父母身边生活的城市儿童亦称为留守儿童）。这种三个月以上的留守儿童我们暂且称为长期性留守儿童。但现在社会上又出现了一种新的、比较普遍的留守儿童现象，相对于长期性留守儿童现象，我们将其称为临时性留守儿童现象。临时性留守儿童即临时性

---

① 中共中央国务院.关于进一步加强和改进大学生思想政治教育的意见[Z].2004.
② 马克思,恩格斯.马克思恩格斯选集(第1卷).北京:人民出版社,1995.

无父母看管的儿童,时间一般从两小时到两三天不等。临时性留守儿童产生的主要原因是:父母临时有事,或父母上班时间与儿童上学时间有错位,不能适时对接,导致放学后的儿童临时无父母看管,甚至无任何亲属看管。特别是小学生平时放学早,离父母下班回到家还有一段时间间隔。特别是周末,很多父母也需要上班或有其他事务。这就导致这种临时性留守儿童现象越来越普遍。从这几年暴露的问题儿童的事例来看,临时性留守儿童的相关比例比较高。这些临时性留守儿童的安全及教育问题,自然成了值得关注的社会问题。

另外,自20世纪90年代以来,随着我国经济的迅速发展,工业化、城市化进程的日益加快,大量农村剩余劳动力从农村涌入城市。在这股"农民工潮"中,"人口流动家庭化"的趋势日益明显,且家庭化流动的比例已经达到相当程度。大批学龄儿童跟随父母来到城市生活学习,农民工子女的义务教育问题逐渐凸显。国家对农民工子女教育问题给予了高度重视,2001年颁发《国务院关于基础教育改革与发展的决定》第14条就明确指出:要重视解决流动人口子女接受义务教育问题,以流入地区政府管理为主,以全日制公办中小学为主,采取多种形式,依法保障流动人口子女接受义务教育的权利。这就是中央政府首次提出的"两为主"政策。2006年新修订的《义务教育法》中也明确了流入地政府应该为农民工子女"提供平等接受义务教育的条件"的法律责任。"两为政策"虽然为解决农民工子女教育问题提供了政策法律依据,但在现实中,农民工子女教育问题依然面临着许多困境。一方面,国内很多地区的公办学校资源有限,还远远不能完全满足农民工子女的义务教育需求;另一方面,很多农民工子女因为户籍问题、经济问题或者入学手续烦琐等条件限制,还不能进入城市的公办学校就读。而国内很多地区,因为农民工子弟学校收费较低,入学手续办理简单等优势仍然成为接纳农民工子女就学的重要渠道。所以,农民工子弟学校在中国特殊的社会环境下产生并得以生存。农民工子弟学校的产生与存在,是中国社会的必然产物,也是中国特有的学校形式。在中国有限的教育资源条件下,它的出现,成为我国城镇化进程中解决农民工随迁子女入学的重要教育资源,成为经济不充分发展时期保障九年义务教育普及的必要手段。但因为农民工子弟学校办学条件、师资力量等各方面还存在很多不足之处,其生存和未来发展还将面临很多障碍,教育质量也令人担忧。

我院为深入贯彻党的教育方针政策,结合我院人才培养的特点,将"义务支教"的对象主要定位于留守儿童和农民工子弟学校,就是为了满足农民工子弟教育的现实需要。

二、"义务支教"实施概况

(一)实施目的

教师教育学院团支部开展的"义务支教"活动,是为了认真深入学习贯彻中国共产党第十六次全国代表大会、中国共产党第十七次全国代表大会、中国共产党第十八次全国代表大会、中国共产党第十九次全国代表大会及中国共青团第十五次全国代表大会、中国共青团第十六次全国代表大会、中国共青团第十七次全国代表大会、中国共青团第十八次全国代表大会精神,按照"围绕和谐大局,发挥学院优势,走进贫困家庭,帮扶贫困学子"的方针,坚持以"受教育、长才干、做贡献"为指导思想;以提高学生综合能力,拓展学生综合素质,给大学生提供更多社会实践的机会,培养他们的社会责任感,增强他们的教育教学实践能力,净化他们的心灵为目标;以"爱心助教"为主题的一项实践教学活动。该活动通过组织在校大学生对台州市城区、村镇贫困家庭(包括低保家庭、双职工下岗家庭、留守儿童家庭、残疾人家庭和军烈属家庭等)的孩子进行无偿家教及为农民工子弟学校补充优质教育资源,充分体现当代青年大学生回馈社会的奉献精神,提升青年大学生的素质和能力。"义务支教"活动每年都得到多方媒体的广泛报道,产生了积极的社会影响,促进了社会和谐。通过"义务支教"活动,加强了学校与社会的了解与交流,使高校更好地服务于社会,造福于百姓;同时,参加"义务支教"的队员也得到了充分的锻炼,有效地提高了大学生教育教学策划、组织和合作能力,提高了大学生对社会的认识,增强了社会责任感,净化了大学生的灵魂,提高了执教能力,培养了大学生坚强的意志和综合素质。

(二)基本过程

"义务支教"是我院一项有目的、有计划、有组织的实践教学活动。其基本过程主要包括开展调研、了解支教需求—根据需求确定支教对象、分析支教对象—组建支教队伍、开展相关培训—制定支教方案—开发相应支教课程—支教课程的模拟实施—现场实施支教方案—总结评价等环节。

1. 开展调研、了解需求

开展调研、了解需求是支教的基本前提。调研内容主要围绕农民工子弟学校办学条件、师资水平、课程教学实施情况及学生的需求情况。通过调研,当前仅是浙江省台州市,民办农民工子弟学校就有100多所。而温岭、玉环、三门等地农民工子弟学校相对较多。而且经调查我们得知,目前台州市农民工子女所在学校综合实力普遍还比较薄弱,其在教学质量、社会信誉等很多方面都还亟待提高。特别是师资问题比较严重,一是教师待遇低,严重影响工作的积极性;二是流动性很强,队伍不稳定;三是年龄结构上偏两极化,一极是过于年轻的教师多,他们中有些不是师范院校毕业的,之前没有任何从教经验,在一些农民工子弟小学里,有些教师甚至没有受过高等教育,也没有教师资格证。另一极是老龄化,大部分是外地来的退休教师,年富力强的中青年教师比例很低。教师的质量决定着课程教学的质量。所以,从这些学校的课程教学来看,主要以语文、数学、体育课为主,其他课程,如美术、音乐、电脑、科学等课程由于师资短缺问题难以开设,课外活动更是单一。家长与学生对学校课程教学的总体满意度不高。学生对各种知识的掌握情况明显低于公办学校。但这些家长心理上也是能够理解的,他们认为台州市的农民工子弟学校总体要比自己老家的学校好。

2. 制定支教方案、开发课程资源

在调研的基础上,我们开始制定支教方案。结合我院学生的实际及当地农民工子弟学校的实际需求,我们在支教方式上选择以短期—集中支教为主。主要选择两个时段:一是从大二开始的每年暑假为期两周的"义务支教",二是大四第二学期为期一学期的"义务支教"(这学期大部分学生已经没有课程学习任务,只有极少数同学还需修习1~2门选修课程)。为了保持教育的连续性，让小学生们学习到较为系统的文化知识，我们特别关注课程的连续性。在课程开发上，我们充分利用我们的专业优势来弥补农民工子弟学校课程教学的不足。我们的学生普遍都有较好的音乐、美术、信息技术等素养，以及实施拓展性课程的能力。所以，我们以提供拓展性课程为主，提供学生课外知识、小组活动、特长班、补习班等"第二课堂"的支教内容，以开阔小学生的知识视野，丰富校园文化。课外知识的内容比较广泛，包括文学（古文经典）、地理、历史、科技、文化等，支教中有的学生社团把课外知识分成几个部分分类进行，"我们支教的内容主要是从文学盛宴（文科）、放眼世界（英语）、奥秘探索（理科）、感悟心灵（心理）、包举宇内（艺术）这五个方面对学生进行课外知识的补充"。小组活动包括两个部分，一部分是指音乐、手工、绘画、健美操等兴趣小组的学习，另一部分是指小组教育活动、主要包括环保教育活动、卫生健康教育活动和艾滋病宣传活动等，特长班主要是指大学生志愿者针对学习成绩较好的学生，开展的能力提高的支教活动，从学生中选取一些成绩较好的学生开设奥数班和英语特长班。补习班主要是志愿者针对学生中一些学习基础和成绩比较差、学习困难的学生开展一些学习辅导的支教活动，从学校三年级、五年级中各选取12名学习成绩比较差和学习比较困难的学生，给他们补课，对他们进行学习辅导。

由于我们主要立足于课外知识的学习及课外活动的组织，所以，课程安排上我方有高度的自主权，支教对象学校一般不做任何要求。有时对方学校有特殊的课程要求，我们也积极配合，按对方决定的课程内容来组织教育教学活动，这样由对方学校决定的课程比例占2%左右。

支教课程的开发坚持"三依据一找对口"的指导思想。一是依据我院的实践取向的人才培养目标，通过"义务支教"，切实提高我院师范生面向小学、幼儿园的教育实践能力。二是依据农民工子弟学校的现实需要，主要开发科学、信息技术、音乐、美术、舞蹈等方面的拓展性课程。三是依据受教育者已有的身心发展水平，设计适宜他们发展的课程。对方需要什么方面的课程，我们就尽量提供对口支持。我院秉持的是综合型人才培养理念，本身就要求学生能进行多门课程的教学。所以，对口课程开发对我们综合型教师的培养也是一个促进。近几年,我院小学教育、学前教育两个专业的学生约计开发了三十几门相关课程。课程方案设计好后,要求课程组负责人组织成员进行轮流试教,进行研讨反思,并做好试教记录,作为最后的考核证据材料之一。只有试讲成绩良好以上的课程,才能被学院推荐给对方学校使用。这样,一方面可以保证我院学生的广泛参与,另一方面,也可保证课程的质量。

到目前为止,大多数支教学生社团并没有自己统一的支教教材,支教教材和内容是由志愿者自己准备和设计的,没有现成的教材。

3. 支教过程的培训与指导

在正式实施支教之前,我们要对支教队员进行精心组织和安排。一般以课程组的方式组队,一个课程组一般5个成员,先由负责人带头自行组织,学院根据具体情况进行适当调配。原则上要求所有学生都参与一次"义务支教"的课程开发。队员确定好后,要对队员进行适当的培训。培训人员主要是有支教经验的学长及学院老师,有时也邀请支教对象学校的老师参加。培训内容主要涉及对方学校发展状况及对支教需求的介绍、思想教育及安全教育,帮助学生牢固树立"义务支教"的奉献意识和教育过程中的安全意识,包括自身的安全及小学生的安全。我院学工办阮溶明老师具体负责这一部分工作。

在支教过程中,学院始终注意对学生加强安全教育与纪律教育,并建立了信息反馈机制。在支教过程中若遇到什么难以解决的问题,学生必须第一时间反馈给阮溶明老师,学院及时采取相应协调解决措施。

在支教人员的组织方式上,要求五人组成一个支教小组,一个支教小组负责一个班,五个成员根据分工或临时具体情况,各司其职,备课与模课时五人必须同时参加。到课程具体设施时,五个人也一起参加,但如果有特殊情况不能参加的,可以请假。上课时,一般每个班至少三个支教教师,一个人主要负责上课,另一个人负责维持纪律,最后一个人负责拍照记录并协助课堂实施的其他需要。学院建议的支教形式主要有两种,一种是采取上课的方式进行,以授课的形式向学生传授课外知识和教授一些音乐、绘画技能,一般是每个班安排3～5名教员(志愿者),另一种是采取游戏或小组活动的方式,通过游戏和小组活动,来影响和改变学生的意识和行为,设计一些教育主题活动和小游戏,让孩子在玩的过程中发展孩子的相关能力,对学生进行文明礼仪、心理健康、卫生安全和道德教育等。这些教学形式能较好地体现我院两个专业的教学专业特性。

4.评价与考核

我院将一个学期作为一个支教周期。所以,每个学期的支教活动结束时,就要对支教进行考核评价。我们主要采取学院、支教对象学校学生、家长三方评价主体有机结合的评价方式。考核成绩计入学生课外学分及综合考评分。每次支教活动结束后,支教学生要写出支教总结,学院也要组织召开总结会议,总结支教取得的成绩及遇到的主要问题。学院会把每次的总结整理成册,以供下一届支教队员学习参考。

(三)基本特点

1.义务性

所谓"义务支教",按活动规程要求有以下几层含义:第一,志愿者要奉献青春,承担一定的社会责任。第二,"义务支教"服务队的志愿者参加活动不收取受支教家庭任何形式的报酬与答谢物品;第三,参加活动的一切费用(含生活费、车费)均由志愿者自理。这体现了"义务支教"的义务性。

2.计划性

教师教育学院"义务支教"活动是由教师教育学院团委有计划、有目的、有组织进行的、以"爱心助教"为主题的一项活动。这项活动一直作为我们课外实践教学的重要组成部分在开展。该活动从2005年至今,已有1000多名贫困家庭的孩子先后接受过"义务支教"服务,学院先后共有40多批志愿者(近三年每年有5批志愿者到各地村镇进行"义务支教"),400多名同学参加过此活动。经过十多年的稳步发展,支教形式也由开展之初的"一对一支教"发展到"大班课堂教学"、对社区居民"市民学校教学"等支教形式,形成了"义务支教"、爱心服务、管理规范"的特色,受到社会各界的广泛好评。

"义务支教"是涉及被支教的社区、家庭的活动,它还关系到被支教的中小学生、家长生活的安排和质量，同时，也关系到志愿者的成长、安全等诸多方面。实践证明，没有一定严格而规范的管理，一旦发生矛盾或事故，就会使各方处于尴尬的境地。所以，我院制订、完善了"义务支教"的管理制度和条例，主要包括以下几个方面。首先，制订了《教师教育学院"义务支教"服务队管理章程》。其次，健全了组织机构。服务队设立了队长、副队长、秘书组、人事组、宣传组等各个部门，各社区设立了社区负责人每星期对所负责社区家庭和志愿者进行走访和考核。再次，制订了一系列实施细则。主要有以下几方面：有关志愿者的管理细则；有关几方的协议；反映支教活动情况表格的填写和存档。

3.持续性

学院的"义务支教"活动是一个持续不断的接力活动，这是学院对社会的庄严承诺，也是服务队的行动。"义务支教"从不中断""义务支教"接力不断"。其接力的原因和措施主要有以下几方面：第一，从教育是一个过程来讲，必须接力支教。我们清醒地认识到：教育既不是突击或狂飙活动，教育也不是一个"画龙点睛"的活动。而真实的教育是一个连续不断的过程，是一个"百年树人"的活动。第二，从"义务支教"的时段上讲，必须接力支教。一旦确定为服务队的支教对象，就要从小学或初中开始，一直要到他们升上高中，进入大学为止。第三，从被支教对象的特殊性来讲，必须接力支教。由于经济、教育发展欠平衡的原因，我国现存的"留守儿童"现象、贫困家庭儿童教育资源不足的现象将还会在较长时间内存在，所以，我们的"义务支教"还将继续坚持下去。

4.互利共生性

"义务支教"虽是义务性教育服务活动，但又不是单纯的服务他人的单向输出模式，而是把服务他人与自我专业技能发展结合起来的一种教育活动。"义务支教"为师范生的成长建立了一种互利共生的机制，不仅有利于支教各方，促进教育均衡发展，全面实施素质教育，也能推动师范生各项教育教学能力的创新与发展，是引导师范生深入基层、了解国情、增强社会责任感和使命感的必要途径。

5. 广泛性

广泛性主要体现在以下两个方面。首先是我院参与学生的广泛性。虽然直接到校外开展"义务支教"的大学生只是其中的少数团队,但是,由于支教之前的广泛动员与参与准备,实际上我院每个大学生都一定程度地参与到了"义务支教"的活动中。其次是受支教学生的广泛性。迄今为止,据不完全统计,受支教学生约近2000人。近三年,我们平均每年组建5支"义务支教"队分别赴临海、温岭、玉环、三门等地为留守儿童及民工子弟小学开展"义务支教"活动,提高了学生的师德修养和专业技能水平,社会反响良好,被《钱江晚报》《台州日报》、"中国大学生""腾讯视频"等多家媒体报道。

尤其是暑期的支教班级人数较多,一个班一般都有30~40名学生。每年暑假有3~5个班级开展活动。大四的"义务支教"人员相对减少,因为学生要考虑找工作、考研等毕业事宜。但是,有部分学生较早通过提前批教师招聘考试,没有找工作的后顾之忧,他们非常积极地开展"义务支教",而且支教时间一般是一个学期或三个月左右,时间相对集中,这样的支教其实已经是顶岗工作,深受支教对象学校的欢迎。

6. 合作性

合作性主要体现在以下三个方面。第一,支教小组成员之间的合作性。小组成员相互取长补短,各尽所能,体现了很强的合作性。第二,各支教小组之间的合作性。我们学院常规的支教点有三个,每个点有多个支教小组承担支教任务。通过试讲良好的预备支教小组一般都有三十多个。这些支教小组开发的课程可以交换使用,即这个点用了,可以给负责另一个点的支教人员使用,或由这个点的负责人直接到另一个支教点实施课程。这样可以提高课程的使用效率。第三,支教学校与支教对象学校的合作性。我们学院是支教单位,我们秉持平等合作、相互尊重的原则开展"义务支教"活动。我们会根据对方学校的需求及时调整课程方案。在我们的支教人员过去上课之前,会提前把我们的工作方案发给他们,让他们提前了解我们的来人数量、教育内容与形式等。对方学校也会根据我们的实施方案做好相应的准备工作,比如支教人员的住宿安排问题。对方学校也非常尊重我们课程开发的主体性。

三、"义务支教"总体评析

(一)"义务支教"对师范生教学实践能力提升的价值分析

1. 进一步增进了师范生立德树人的教学宗旨,提升了师范生教学育人的综合能力

教学的教学性与思想性的有机统一,是一条永恒不变的教学原则。"义务支教"是我院大学生社会实践的有机组成部分,是大学生思想政治教育的重要环节,是思想政治理论课的有益补充,是促进大学生自发发展向自觉发展的推手,有利于大学生建立正确的世界观、人生观、价值观,形成高尚的人格品质和道德修养。通过这样的活动,可以更直接地培养大学生立德树人的教育理念,增强教学育人的自觉性。特别是通过"义务支教"和贫困家庭的沟通,许多同学感触很深,总结时志愿者们反省了自己的人生轨迹,决心克服浮躁心态,做一个艰苦奋斗、脚踏实地的教育工作者。正如一个支教学生如此所说:"我刚开始支教的时候,总是觉得自己是去帮助他们的,自己要给他们一些东西,可是后来我明白过来了,其实在支教中,收获最大的并不是他们,而是我们自己,支教最重要的也不是爱心和你知识的多少,而是你的责任心。"

2. 进一步增进了教学联系社会实际的能力

"义务支教",提高了学生的教学策划、组织和合作能力。整个支教过程基本上都是学生自己策划、组织,通过这项活动,培养了一批又一批的教育策划者、组织者、合作者和勤于实干的人才。同时,提高了大学生对社会的认识,增强了社会责任感。通过"义务支教"走进留守儿童和城镇贫困家庭,志愿者亲眼看见了普通百姓的酸楚与欢乐,对社会有了更深刻全面的认识。

3. 切实提高了执教的能力,实现教学相长

"义务支教"是一种有计划、有目的、有组织的教育活动,大学生要把学习到的教育教学知识通过技能的形式展现出来。大学生志愿者由于缺乏实

践经验,在语言表达、课程与活动设计、教学与活动组织实施、突发情况的应对、特殊学生的教育引导等方面易出现问题。其主要原因是对教育教学知识理解得不够深入,缺乏组织协调能力,基本技能存在短板等。这些问题的出现自然会引起大学生们的反思,认识到自己的不足以及和一线教师的差距,产生紧迫感和危机感,从而形成倒逼效应,更加自觉努力地投入到第一课堂的学习和第二课堂的训练中去,真正实现教学相长。特别是由于被支教的对象大都是自信心不足、学习中下,或者纪律涣散、叛逆行为严重,要提高他们的自信心、学习主动性和学习成绩绝非易事。为了达到较好的支教效果,许多学生采用回校钻研理论,向同学和老师求教,或集体讨论方案等各种方式来备课、辅导,因而,执教能力得到了很大提高。

(二)"义务支教"的社会价值分析

"义务支教"的社会价值是明显的,也是多方面的。首先,为家长解决了许多后顾之忧,赢得了家长的信任,也让家长能更加安心地工作。我们的"义务支教"时间主要选择在周末或暑假,这主要是考虑双方的需要。一是支教的大学生放假了,不会影响自己的正常学习。二是小学生放假了但父母依然要上班,小学生成了临时性留守儿童,成为上班父母的后顾之忧。而我们的"义务支教"恰恰能帮家长解决这一后顾之忧。其次,丰富了支教对象学校的校园文化。充满青春活力的大学生们进入支教对象校园,带来了新思想、新课程、新行为方式,极大地丰富了支教对象学校的校园文化。第三,促进了小学生们更加健康快乐地成长。"义务支教"的大学生们为支教对象学校的学生们量身定做了许多丰富多彩的课程,以他们自身的热情与智慧和孩子们友好交往与沟通,深受孩子们的欢迎与喜爱,促进了孩子们更加愿学、乐学和会学。可以说,"义务支教"在促进孩子们健康成长、家庭幸福、社会稳定和谐方面起到了积极的推动作用。

(三)问题与建议

1. 进一步加强对"义务支教"的组织和管理

首先是要优化组织管理机构。目前,我院的"义务支教"组织管理还欠完善。组织管理人员主要是学生干部,支教对象方没有参与。但是,"义务支教"活动涉及的范围较广,过程比较复杂,所以,完善组织管理结构、强化组织功能是必要的。"义务支教"组织结构的设计,可以采取"支教点双方负责人⟷各课程团队⟷支教对象及家长"的模式,尽量减少层级,尽量增加反馈与沟通的功能。支教点负责人除了我方的负责人外,还应有对方的一名负责人,实行双向负责制。"义务支教"的组织结构还应建立起负反馈控制系统,整个支教团队接受各成员、支教对象、社区人员和家长的反馈,不断地对行为进行调节,不断地趋于平衡。

其次,学院内部要加强对"义务支教"工作的规范管理。"义务支教"工作是我们实践教学的重要环节,是我院课外实践教学的有益探索,取得了很好的社会效应及人才培养成效。所以,需要进一步将其规范化、制度化。但是到目前为止,还没有正规意义上的相关管理制度出现,这在一定程度上影响了"义务支教"的成效。加强"义务支教"的规范管理,主要是加强对支教人员招募、培训、组织上课(活动)和考核等环节的监控和管理。在支教人员招募环节中,要认真甄别报名同学的目的,高标准、严要求,并根据支教课程与活动要求,尽量保证支教人员素质的多元互补式组合。对支教人员要进行适当的培训,在培训时,首先要提高支教人员对支教作用和意义的认识,之后再对其支教知识、经验和技能进行培训。在支教人员组织上课(活动)环节,要对课前准备、课程组织实施过程进行监控。考核环节主要分为过程考核和终期考核,过程考核注重培训情况及活动方案设计情况,终期考核重在总结经验,并进行适当的奖惩。支教人员的工作量应折算计入学生的课外学分。注重对支教人员的精神激励以保持支教工作的可持续发展。支教人员和支教对象班级要相对稳定,让支教更有连续性和系统性。

2. 进一步加强"义务支教"队伍的多元素质建设

目前,总体来说,近几年我院参与"义务支教"的成员一般都是学习成绩比较优秀、组织能力比较强的学生干部,是学习成绩本位的或"官本位"的"单一强强联合体"。这显然不能满足"义务支教"的现实需要。"义务支教"往往面对的是一个特殊的、复杂的学习群体,所以对我们支教团队的多元素质提出了很高的要求。有些师范生虽然成绩不够好,但是有高度的责任心、真诚的爱心,有很强的与人沟通的能力、社会观察能力及应变能力等,这些能力在支教过程中是极其重要的。"义务支教"团队里必须要有这样的成员。有些学生虽然有此支教志愿,但因成绩不好,不能被团队吸纳。另外一种情况是,学院经常按自愿报名的原则组织学生支教。有些学生怕苦怕累,从来不愿参加这样的活动,而学院任其如此下去,这也是对学生不尽教育责任的表现。所有的学生都应该因教育而变得更好,我们不能太迁就学生不良的学习行为与态度,该教育的一定要教育。所以,在"义务支教"队伍组建方面,学院一定要加强建设的计划性,注意团队的多元互补组合,以先进带后进、以个体特长促集体全面,从而提升团队的多元素质。正如 Senge(1990)在《第五项修炼——学习型组织的艺术与实务》中提出的,面对一个复杂的社会,我们要加强学习型组织的建设。[①] 加强"义务支教"学习型组织的建设,就是以所有支教成员为团队,通过建立共同愿景、团队学习、改变心智、自我超越和系统思考等步骤,不断地增强团队的整体素质和能力,使"义务支教"的效果得到持续改进。

3. 进一步加强"义务支教"课程开发的适宜性

《基础教育课程改革纲要(试行)》提出,赋予学校合理而充分的课程自主权,为学校创造性地实施国家课程、因地制宜地开发学校课程,为学生有效选择课程提供保障。在这样的背景下,基础教育阶段的校本课程开发已成为一个十分重要的课题。[②] 由于支教对象来源的复杂性,他们在家庭条件、父母教养方式、文化价值观、行为方式、认知方式、遭遇挫折后的心理反应等方面均存在较大差异,"义务支教"要更好地配合学校教育,就要根据民工子弟学校需求,建设最适合该孩子的课程。只有这样,才能更好地满足人的全面发展的需要,提供有针对性的服务,促进服务对象的健康成长。

[①] Senge,P,M. The Fifth Discipline—The Art and Practice of the learning organization [M]. New York:BantamDoubleday Deli,1990.

[②] 钟启泉,崔允漷,吴刚平.普通高中新课程方案导读[M].上海:华东师范大学出版社,2003.

4. 进一步加强支教前的培训,提高对支教工作性质的正确认识,切实落实"为人师表"

参与"义务支教"的大学生一般都有正确的认知,认识到支教是"义务",是"奉献",是"锻炼"。有这些认识是好的,但遗憾的是有个别大学生在具体的教育过程中,面对民工子弟学校的学生,不自觉地流露出自我优越感及对民工子弟的傲慢无礼。也有个别大学生到了支教现场后,看到民工子弟学校不理想的教育环境,就表现出随便应付、不以为然的态度。还有个别大学生因教育方法不恰当,产生了一些负面影响。虽然这些问题是极少数的,但我们应该保持零容忍的态度。我们必须要进一步加强对大学生的思想教育,同时,对支教人员的教学能力、教学技巧、课堂管理、备课、学生组织、学生管理、学生沟通等一系列方面加强指导,引导他们切实落实"为人师表",以每个支教人员的优秀表现去充分发挥支教的积极作用。

第六章　课程思政：
实践取向的教学实践改革专题（四）

第一节　课程思政的一般性阐释

一、基本内涵

"课程思政",是指充分发掘各门课程的思想政治教育要素,将思想引导和价值观塑造有效融入各门课程的教学过程中,使各门课程都发挥育人的作用,真正发挥高校思想政治工作的协同效应。其本质是指以构建全员、全程、全课程育人格局的形式将各类课程与思想政治理论课同向同行,形成协同效应,把"立德树人"作为教育的根本任务的一种综合教育理念。"课程思政"既是一种教育理念,表明任何课程教学的第一要务是立德树人,也是一种思维方法,表明任何课程教学都肩负德育的责任。"课程思政"不是将所有课程都当作思政课程,也不是用德育取代专业教育,而是充分发挥课程的德育功能,运用德育的学科思维,提炼专业课程中蕴含的文化基因和价值范式,将其转化为社会主义核心价值观具体化、生动化的有效教学载体,在"润物细无声"的知识学习中融入理想信念层面的精神指引。"课程思政"明确了高校思政理论课和其他各类课程在大学生思想政治教育方面所应当承担的功能定位,即无论是思政理论课,还是其他各类课程,都要担负起大学生价值观培育和塑造的职责。要实现从"思政课程"单一的、传统的主渠道育人方式向"课程思政"全方位、多渠道的育人方式转化。按照"思想价值引领贯穿教育教学的全过程"的要求,把所有学科和课程都纳入课程思政体系,使各学科各门课程的思想价值引领和育人功能得以充分发挥,把知识的传授与价值的引领两相结合,实现"课程思政"与"思政课程"协同发展,同向同行。

"课程思政"的特征主要有:一是融合性。课程思政本身并非一门独立的课程,它必须与特定的学科教学内容、教学环节相结合,才能体现价值导向和思想政治教育的意义。二是整体性。课程思政是一种整体性的课程观。这意味着高校思想政治教育不限于思政课,而是拓展至整体的所有课程,使各学科都能真正投入到高校的育人工作中,体现育人的价值。三是潜隐性。课程思政实施的是隐性的思想政治教育,把思想、政治、道德等各个方面的教育内容渗透到高校各门课程当中,以润物细无声的方式达到立德树人的根本目的。四是实践性。课程教学只有遵循知行合一的德育原则,才能体现课程思政的意义。知中有行,行中有知,两者互为表里,不可分割。只有这样,才能将知识与行为统一起来。因此,课程思政也是我们培养高素质应用型人才的重要途径。

二、课程思政与思政课程

课程思政与思政课程既有区别也有联系。思政课程是指一门或者一类具体的课程,而课程思政所主张建立的课程体系,乃是各门类课程既相互独立又相互统一的整体。思政课程发挥着系统开展马克思主义理论教育教学的主渠道作用;其他所有课程则注重在培养人的专业素质过程中铸牢理想信念、涵养人心、培育人格、提升综合素质。因此,课程思政与思政课程并不存在取代和被取代的关系,因此要避免以课程思政取代思政课程。课程思政与思政课程应当相辅相成,在互通中"传道",体现知识传授与价值引领相结合,通过显性教育与隐性教育,共同作用和服务于高素质应用型人才培养的目标。

三、实施课程思政的历史背景

(一)国家对高校思政工作提出的系统性、纲领性要求

高校思想政治工作是事关中国特色社会主义事业后继有人的政治任务和战略工程。正是基于这样的高度,2016年12月,习近平总书记在"全国高校思想政治工作会议"上强调:"要用好课堂教学这个主渠道,思想政治理论课要坚持在改进中加强……其他各门课都要守好一段渠、种好责任田,使各类课程与思想政治理论课同向同行,形成协同效应。"习近平总书记的重要讲话,是指导办好中国特色社会主义大学的纲领,对做好新形势下高校党建和思想政治工作具有里程碑意义。① "课程思政"是对习近平总书记提出的"同向同行"和"协同效应"的积极回应,为大学生思想政治工作的开展提供了新思路。这就要求我们在加强高校思想政治教育工作中,不能只就"思政课"谈"思政课"建设,而要充分发挥课程思政在育人中的多渠道、主阵地作用,把思想政治教育贯穿于学校教育教学的全过程。

(二)科学性与思想性相结合的原则一直是教学的基本原则

教学原则是根据教育教学目的、反映教学规律而制定的指导教学工作的基本要求。它既指教师的教,也指学生的学,应贯彻于教学过程的各个方面和始终。教学原则反映了人们对教学活动本质性特点和内在规律性的认识,是指导教学工作有效进行的指导性原理和行为准则。教学原则在教学活动中的正确和灵活运用,对提高教学质量和教学效率发挥着一种重要的保障性作用。

科学性与思想性相结合的原则是教学的基本原则之一,其含义指教师在教学中要以准确无误的基础知识和基本技能武装学生,同时又要在传授知识的过程中,有目的、有计划地对学生进行思想品德教育,使二者有机结合起来。这一原则要求处理好知识教学同思想教育之间的关系。我们社会

---

① 习近平总书记在"全国高校思想政治工作会议上"的讲话:http://topics.gmw.cn/node_103479.htm。

主义的学校必须培养德智体美劳全面发展的社会主义事业的建设者和接班人,因此,作为实现教育目的的基本途径的教学必须做到科学性与思想性的结合。教师必须发挥教学中所蕴含的思想影响,使受教育者在学习科学知识的同时,接受一定的思想品德教育。教学具有教育性,反映了教学过程的客观规律。中国宋代周敦颐即提出"文以载道"的思想。德国赫尔巴特说:"我不承认有任何无教育的教学",主张教学应培养"有道德的人"。第斯多惠认为,"任何真正的教学莫不具有道德的力量"。苏联苏霍姆林斯基认为,物理、化学、天文、数学等科目的讲授过程为培养科学世界观提供了广泛的可能性。在社会主义学校,思想性原则要求体现教学本身所固有的社会主义政治方向、道德精神;培养学生的辩证唯物主义世界观。其贯彻途径为:①传授科学知识,发挥科学本身的教育力量。②根据各门学科的性质和特点进行思想教育。将知识、技能的传授与思想教育有机结合。③通过教学各环节,如上课、作业、考试等培养优良思想品德。④教师以自身的思想政治水平和道德修养影响学生。教师必须坚持全面发展,坚持真理,坚持科学态度,处理好知识教育与思想教育的关系,既要反对脱离政治的倾向,又要反对削弱科学基础的倾向,也要反对形式主义地进行教育。

显然,课程思政其实是教学的永恒使命,是教学永恒不变的规律,并不是什么新名词、新任务,只是这一任务在新的时代得到了进一步的彰显。

第二节 教师教育学院课程思政的实施

一、实施的具体思路

(一)基本策略

课程思政是培养高素质应用型人才的重要途径。教师教育学院非常重视课程思政工作,把实践取向的教学改革不断推向深入。近两年来,有计划、有目的、有组织地开展课程思政的教学改革,基本实现了"全体教师参与,门门课程思政化"的效果。

1. 顶层设计

学院对于如何开展课程进行了顶层设计。从调整专业培养方案入手,对课程进行修订。首先在课程教学大纲的制订过程中,要求专业教师对教授课程在课程体系中的定位、教学目标、教学效果、教学内容以及课程实验实践进行重新审视,要求融入思想政治教育元素,并在课时分配中明确思政教育内容的讲授时间。其次在教学过程中,组织教学督导队伍针对具有思政教育元素的课程进行专项督导听课,在学生评教中,对专业教师"课程思政"部分进行专项评分,努力从教学工作层面对"课程思政"提供机制保证。最后,教育管理部门依托各类教学水平评估或专业认证,把"课程思政"的实施情况作为重要评估内容进行考察,鼓励优秀"课程思政"案例参加各级教学成果奖的评选,提升教师参与"课程思政"教育的积极性。

2. 提升认识

通过召开全体教师会、分组教研会等形式,提升学院各类课程教师对思想政治教育的认识与认同。在刚对教师提出课程思政要求时,许多教师表示不理解、不支持,特别是一些教理科课程的老教师。他们认为,课程思政就是让他们在课堂上讲政治理论,数学课怎么讲政治理论呢?显然,一些老师对课程思政的本质认识不清。所以,分管教学的副院长耐心地给教师们做指导工作,让教师们必须清醒地认识到,虽然现代高等教育有具体专业之分,但是每门课程都有无形的思政教育资源,每个专业背后都渗透着价值观教育,教育的本质和育人的终极目的是一致的。要提升大学生的精神境界,培养其文化内涵与意志品质,提高其政治素养,并非只依靠几节思想政治理论课就能解决,必须依托高校开设的多门课程,只有课程体系中的所有课程发挥协同与共进的作用,才能保证思想政治教育目标的实现。教书育人是教师的天职,专业教师要意识到自身角色的双重性,认识到教师既是知识真理的传授者,又是大学生健康成长的引路人和价值观塑造的引领者;既是学术导师又是成长良师。专业教师要传授必要的专业知识,更要引领学生树立正确的世界观、人生观和价值观,教育学生实现有价值的人生。广大教师既要共同当好授业解惑的"经师",又要当好为人师表的"人师"。必须明确的是,专业教育与思想政治教育的具体目标各有侧重,我们只是提倡把思政教育有效融入专业课程当中,并不是以思政教育去冲淡专业教育的功能,当然不能把"课程思政"上成"思政课程"。

3. 启动课改

开展"一课程一思政"的教学研究,引导教师构建教学内容交叉渗透的教学体系。第一,找准切入点,不断改进课堂教学内容。每个学科都有一定的精神重塑与价值启蒙功能,可以挖掘相当丰富的德育资源,这已成为大学教师乃至整个社会的共识。比如,在人文、社会学科教学中,要注重培养青年大学生的人文情怀与审美素养,弘扬自由、平等、正义和法治的社会主义核心价值观;关注大学生的法治信仰与法治思维、公平与效率意识的养成;注重大学生创新能力、应变能力、大局观的培养;注重弘扬实现中华民族伟大复兴所不可缺少的"技艺"等。所有自然科学课程都要向大学生传递科学精神与理性意识的价值取向。总之,要深入挖掘和提炼各门专业课程蕴含的德育元素与承载的德育功能,充分关注学生的期望和发展需要,找准专业课与思想政治课的最佳结合点,巧妙融入所授课程的教学之中,尽量避免单调生硬地说教,努力实现课堂主渠道功能的最大化。思政工作就像"乳",要融进专业教育的"水",只有水乳交融,学生才能真正受用,育人功效才能实现。第二,开展创新课堂教学月活动,引导教师不断改进课堂教学方法。鼓励教师在教学过程中采用问题教学法、案例教学法、互动教学法等学生喜闻乐见的教学方式,润物细无声地开展德育教育。一是问题教学法。在专业课程学习的过程中,坚持问题导向,从学生真正关心的现实问题出发,解答学生思想的困惑,在知识传授中传递正能量。在课堂教学中,要从大学生真正关心、思考、困惑的现实问题入手,抓住时机对大学生进行法治信仰与法治思维方式的培养,要求他们自觉遵法、学法、守法、用法,维护宪法和法律的权威,做法治中国的坚定践行者。二是案例教学法。要通过案例教学,把大学生普遍关注的、与专业课程相关的热点案例充实到教学案例库中,认真分析这些社会热点问题对大学生思想和行为产生的影响,把明德惟馨、崇德修身的要求融入教学当中,提高专业课程思政教学的吸引力和成效。三是互动教学法。要充分利用现场问答、翻转课堂、对分课堂等教育方式,努力实现师生的双向互动,把知识、真理、精神、思想、价值纳入互动教学当中,增强课程思政治教育的吸引力和亲和力,完成"润物细无声"的教育过程。

4. 拓展时空

"课程思政"要求不仅只是全课程育人、全员育人,而且还要全时空育人。因此,我院积极探讨思想政治教育全时空育人模式,制定一系列举措:第一,要积极开展第二课堂活动。第二课堂是高校思想政治教育的必要补充,例如,参观实践活动、先进事迹报告会、形势政策报告会等,都能对大学生进行思想政治教育与道德情感的熏陶。学院还利用校史校训校徽、院训、院徽等教育资源,激励学生、确立目标、坚定理想。同时,学院还注重以文化人、以文育人,广泛开展形式多样的学院文化活动,创建健康向上、格调高雅的校园文化生活,鼓励学生用自己的绘画、手工、书法作品装饰学院走廊、门厅和教室,组建多样化大学生社团等,开展丰富多彩的文化生活,构筑思想政治教育的文化氛围,潜移默化地影响学生,创造全时空的育人环境。第二,利用网络平台,打造网络思政课堂。学院运用新媒体新技术平台,把思政课与信息技术有机结合起来,使高校思想政治教育形式多样,内容丰富,从而增强思政课的时代感与吸引力。第三,手机新媒体技术应用,为思政课程转向思课程思提供了契机。学院紧跟时代,把思想政治教育融入学生手机生活中,利用微信公众号、朋友圈、班级群、视频传输、互动交流等功能,开展丰富多彩的思政教育第二课堂。在班级群中,分享经典著作、讨论国内外时政要闻、上传资料、布置相关教学任务等。因此,老师不仅仅是在课堂时间育人,还要通过手机平台组织活动、聊天交流等形式,随时把握学生的思想动态,关注学生的成长与发展。无论是专业课上的疑难,还是心理上的困惑,都有老师及时发现,及时帮助解决,都能有助于确立科学的世界观、人生观和价值观。有助于学生的健康成长,使思想政治教育课充斥大学生业余时空。坚持做到"现实主课堂"与"虚拟微课堂"之间的无缝对接。第四,日常行为习惯养成。高校思想政治教育根本宗旨就是要"立德树人","德"的养成不是一蹴而就的,而是一个日常生活习惯养成的过程。高校思想政治教育要贴近学生的日常生活,要把思想政治教育与大学生日常生活紧密联系起来,要在日常生活中培养大学生的爱国主义精神、集体主义精神、团结奋斗精神、吃苦耐劳精神以及艰苦朴素精神,要把社会主义核心价值体系贯穿于学生的日常生活。如,引导学生多参加社会公益活动、文艺活动、"义务支教"活动等,这些活动有助于大学生良好品德的养成。

5.评价跟进

开展优质教案评比,健全制度保障和评价体系。第一,着力推进考核评价体系。科学有效的考核评价体系是充分挖掘各门课程的思政元素、检验教书育人效果、提高教师育人积极性的关键所在。高校既要对培养对象,即学生的人格人性进行考察,也要对高校教师进行考核和反馈。如果一名教师以身示范,既传授专业知识,也教导学生做人、做事,那么学生的评价自然是积极的。要通过观测学生的课堂表现、学生评教、同行评教、第三方评教等多种手段,建立动态化、规范化、常态化的教学评价模式,加强教学过程的监督与管控,使各门课程的思政功能融入全过程可查可督。此外,还应加强评价结果的运用,把评价的结果与教师师德师风、晋职晋级挂钩,为推动各门课程充分发挥思想政治教育的功能提供有效的政策支撑。第二,着力推行激励政策。持续推动课程思政建设,要求每位教师开展课程思政建设,每门课程都要明确本门课程思政教育的目标所在。凡被立项建设的课程纳入教学建设业绩考核体系,确保课程思政建设制度化、长期化、科学化,使"思政课程"与"课程思政"能够相辅相成、同向同行、共同促进,为全面建成小康社会、实现中华民族伟大复兴培养优秀人才。

(二)实施方案列举

近几年,我院主要通过征集课程优秀案例、课堂教学创新月、说课程、第二课堂活动等形式来推动"课程思政"工作。例如,下面是2017年发的典型案例征集通知,要求每位老师都要参与,凡参与的案例视同一个院级教改课题,教学业绩考核时给予适当加分。被评为优秀案例的,另外再有激励。

教师教育学院关于征集"课程思政"典型案例的通知

各位老师：

为进一步贯彻落实全国、省市高校思想政治工作会议精神，充分发挥课堂教学在育人中的主渠道、主阵地作用，使思政理论教育与专业教育协调同步、相得益彰，实现在课堂教学主渠道中全方位、全过程立体化育人。经研究，决定面向全院任课教师，征集"课程思政"典型案例，现将有关事宜通知如下：

一、申报条件及流程

(1)申报条件：根据课程自身特色和优势，教学内容与课程实施过程中较好地融入爱国情怀、法治意识、社会责任、文化自信、人文精神等要素，在落实与践行社会主义核心价值观教育中起到示范与引领作用的课程案例。

(2)申报名额：每个教师报1~2门"课程思政"典型案例，学院审核后均编入学院"课程思政"案例集。要求每位任课教师都要交。

(3)学院将在自主推荐、系部(办)推荐的基础上，评出院级优秀"课程思政"案例若干门。各系部(办)负责人组织讨论决定，择优推荐本系部三分之一案例到学院审核。

二、时间要求

请各系部(办)组织教师积极申报，择优推荐。4月20日前，各位老师将典型案例及汇总表纸质版及电子稿交系部(办)负责人。各系部(办)负责人收齐后于4月25日前将典型案例、汇总表纸质版及电子稿交至教务办许春红处。

教师教育学院
2017年4月3日

附课程思政样例如下：

案例题目

《××××》

教师姓名：　　　　　　　　　　**所在系部：**

一、课程基本情况

课程名称		课程类别	如公共基础课、通识课、专业课等
学分		学时	
授课专业		教学班规模	＊人/班，＊人/年
开展轮数		教材	

二、课程思政教学实践背景与总体思路

可自行加页

三、课程思政的教学设计（2 学时具体设计）

可自行加页

四、课程思政教学体会

可自行加页

五、学院意见

负责人(签字):

(公章)

年　　月　　日

注:总字数1500~2000,可配相关图片。案例题目需要凝练,可参见图片样例。

在课堂创新月里,把课程思政教学模式进行示范性推广,主要是通过课程思政公开课,主讲老师精心准备,其他老师参与听课,课后进行集体研讨,课程思政成为实践取向课堂教学改革的一个重要组成部分,课改的内容与形式更加丰富多元。我院多位老师被推荐参加学校课程思政优秀案例评比活动,均获得了较好的成绩。

附 2016 年课堂教学创新活动月安排

教师教育　　学院 2016 年"课堂教学创新活动月"活动安排

类别	序号	活动内容	主讲人	时间	地点	校区
名师讲座	1	实践取向的课程开发	王少非	2016年12月16日14:00	临海学术报告厅	城东校区
教学研讨	2	小教专业学生拓展性课程展示与研讨	王少非	2016年12月22日下午	大洋小学北校区	
教学研讨	3	观摩幼儿园,并进行教学研讨	粟高燕主持	2016年12月1日上午下午	临海机关幼儿园大洋分园	
教学研讨	4	学前教育专业幼儿园STREAM课程实施动员会	冯翠典	2016年11月17日下午	A6教室	
教学研讨	5	学前教育专业幼儿园STREAM课程实施研讨	冯翠典	2016年12月29日下午	临海实验幼儿园	
教学研讨	6	省师范省技能竞赛经验交流研讨	粟高燕主持	2016年12月22日下午	教师教育学院二楼	
教学研讨	7	实习总结交流	粟高燕主持	2016年12月19日下午	A2	城东校区
公开课	8	《学前美术Ⅲ》的"色调练习"	柯甫凯	2016年11月17日下午第一节课	8106教室	城东校区
教学研讨	9	《学前美术Ⅲ》的"色调练习"	柯甫凯	2016年11月10日下午第三节课	8304	城东校区
公开课	10	公开课《幼儿园歌唱活动》	李敏	2016年11月10日下午第二节	8306	城东校区
教学研讨	11	公开课《幼儿园歌唱活动》研讨	李敏	2016年11月10日下午第三节	8304	城东校区

备注:在表中"类别"一栏中填写活动形式,如公开课、教学研讨、名师讲座、论坛等。上述时间安排属计划性安排,若临时有变动,再另行调整。在各种教研活动中,有机地嵌入课程思政的教学因子。

"说课程"也是贯彻落实课程思政的一条重要途径。近两年,我们学院广泛开展"说课程"活动,其目的是围绕"全面深化改革创新,推进跨越式发展"总目标,进一步深化课程教学改革,提升教师把握教学目标、研究教材的能力,搭建教师之间相互学习交流的平台,建构有意义的教学经历,教学相长促自主反思性专业成长,提高课堂教学效率,保障教学质量。

"说课程"的基本思路是:各系部有计划地安排落实开展"说课程"活动,保证本学期开设的全部课程"人人说课、课课点评",推进课堂教学创新。任课教师着重说说课程在专业人才培养体系中的定位作用,说说如何实施和开展课堂教学创新,说说课程在人才培养目标达成过程中的贡献度,等等。要求各系部负责人做好集体"说课程"的文字、图片过程记录,提交"说课程"总结报告。各位教师将纸质说课稿上交一份学院存档,学院做好纸质说课材料汇编及活动总结报告。

下面附我院"说课程"样例。

《××××××》课程说课设计

一、课程教学目标与定位

本部分主要描述本课程教学目标及在专业人才培养体系中的地位和作用。

……

二、课程教学方案

本部分主要说明教学理念、内容、方法、教材和教参、课程思政思路等方面的选择与实施情况。

……

三、课堂管理

主要说明在促进学生自主学习方面采取了哪些措施?采取哪些有效课堂纪律管理措施……

四、课外延伸

是否有效促进第一课堂与第二课堂的融合?是否借助网络教学平台辅助教学?是否利用在线优质教育资源?作业布置与批改情况;课外师生交流情况;在学生学业指导上采取了哪些措施……

五、学业成绩评定方式

在学生学业成绩评价上进行了哪些改革?特别注意平时成绩各部分构

成及给分依据、占比的说明,平时成绩至少 3 次以上……

六、本课程建设中尚存的主要问题及今后加强本课程建设的主要策略

……

七、其他需要说明的情况

……

二、总体评析

(一)实施课程思政的意义

1. 是全面落实"立德树人"教育任务的根本途径

国无德不兴,人无德不立。一个国家要培养人才,既要育智,更要育人。党的十八大以来,以习近平同志为核心的党中央审时度势、高瞻远瞩,高度重视培养社会主义建设者和接班人,坚持把立德树人作为中心环节,把思想政治工作贯穿教育教学全过程,实现全程育人、全方位育人,努力开创我国教育事业发展新局面。各地各校全面贯彻党的教育方针,以文化人、以德育人,通过课程思政将德育落实在各科课堂教学之中、渗透在校园生活的各个环节、延伸到学生发展的方方面面,使广大青年学子的思想水平、政治觉悟、道德品质、文化素养不断提高,不断激发为中国梦矢志奋斗的正能量。

2. 是引导青年学生正确价值观形成的重要手段

当前,高校办学面临着社会利益分化、思想观念交锋、多元价值观念相互碰撞的挑战,这既给高校的长远发展带来了机遇,也带来了冲击。在这样的大背景下,青年大学生在价值观选择上存在着多样性和易变性,受外界的影响大,容易摇摆不定。尽管当今青年大学生的道德素质普遍较好,但他们自我控制能力较差,践行能力弱,且缺少内省的精神。这就特别需要高校教师在课堂教学中,不仅注重学生知识和能力的培养,更要做好学生思想引领和价值观的塑造。因此,要把社会主义核心价值观教育贯穿到课堂教学的各个方位、各个层面,真正做到入脑入心,促进学生明理力行。

3. 是实现知识传授与价值观教育同频共振的有效方式

著名教育家赫尔巴特在"教育性教学"思想中强调"无教学的教育",即把德育与智育通过手段和目的的方式统一起来。专业课是高等学校根据培养目标开设的专业知识和专业技能课程,使学生掌握必要的专业基本理论与专业技能,培养学生分析和解决本专业范围内一般性实际问题的综合应用能力。从专业教育与思想政治教育所担负的相对独立的功能而言,思想政治教育主要承担"德育"的功能,大学专业教育主要承担"智育"的功能。尽管功能各有不同,但专业教育和思想政治教育都是以人为出发点和归宿,专业课、思政课从来不曾割裂,每一门课都应该求真、触情,并传递价值,既要帮助学生"专业成才",更要促进学生"精神成人",培养学生既具有个人的小德,也具有国家、社会的大德,树立社会主义核心价值观。高校的立身之本在于立德树人,必须牢牢把握全面提高人才培养能力这个核心点,深入挖掘并用好高校各门课程所蕴含的丰富的思想政治教育元素,形成高校各门课程的思想政治教育的合力,让学生在学习专业知识的过程中,不断加强思想道德修养,提高政治觉悟。高校每门课程都要围绕育人目标,合理分工、互相配合,共同推进大学生的思想政治教育,这是新形势下高校思想政治工作的必然要求。

4. 可以凸显专业课程在思政教育方面的特殊价值

在思想政治教育方面,专业课程往往具有其特殊的价值。第一,时间保障价值。专业课教学作为大学教育的主阵地,贯穿整个大学生涯,占据了学生大部分的学习时间,在时间方面具有先天的优势。大学生的思想政治教育仅仅依靠几门思想政治教育课程是远远不够的,"课程思政"弥补了"思政课程"在课时上的"不足"。因而专业课教学理应成为思想政治教育的重要组成部分,这是我国高校课程思政的现实。第二,思想认识价值。一般而言,大学生将自己的专业视为日后步入社会的安身立命之本,对于专业课程学习给予了高度重视,学习热情相对高涨。第三,活力与多元价值。专业课教学为课程思政提供了广阔的发展空间和深厚的学科基础,赋予了思想政治教育强大的科学力量。以专业知识体系为载体和底蕴,通过较为隐蔽的、潜移默化的方式进行思想政治教育,更易被青年大学生所接受,更加具有说服力、感染力和有效性。第四,资源整合价值。从目前高校教师的构成来看,其他专业课教师无疑是数量最多的群体,如果没有他们的参与,大学生思想政治教育工作是不完整的。因此要充分认识全员育人的重要性和必要性。

5. 进一步提升教师教书育人的自主性和创造性,形成新的课程观念及育人理念

教书育人是教师的天职,也是教师的基本使命和主要工作。德国哲学家雅斯贝尔斯在《什么是教育》一书中提出,"大学有四项任务:一是研究、教学和专业知识课程,二是教育与培养,三是生命的精神交往,四是学术。大学的四项任务是一个整体"[①]。细细读来,雅斯贝尔斯理想中的高等教育与中国传统师者之"传道、授业、解惑"之使命是相契合的,大学的本质在于育人。"课程思政"的本质就是教师既要"教书"又要"育人",努力构建"全教师、全课堂、全课程"育人的格局。通过课程思政的教学改革,进一步提升了教师教书育人的自主性和创造性。虽然备课需要花更多的时间与精力,但是课堂质量明显提升,突出表现在师生关系更融洽了,理论联系实际的能力提高了,课程观念及育人理念等发生了积极的变化。

(二)实施课程思政的关键

教师是推进"课程思政"的关键因素。大学的本义是培养人才。如何落实立德树人根本任务,如何将思想政治工作贯彻教育教学的全过程,需要全校上下的共同努力,特别是学校各级党组织要履行教书育人的主体责任。"课程思政"是思想政治工作的重要途径,而教师是课堂教学的第一责任人,直接关系到课堂教学效果和教学质量,直接关系到育人的成效。实施"课程思政",体现育人的价值导向,需要每一位教师的积极参与和有效落实。为此,要推进教育教学改革创新,增强广大教师"课程思政"的意识,提高育德的责任与能力,这是确保所有课程"同向同行、协同育人"的重要保障。教师要站在落实立德树人根本任务的高度,自觉担负起教师的职责和使命,将培

---

① [德]雅斯贝尔斯.什么是教育[M].邹进,译.北京:生活·读书·新知三联书店,1991.

养德智体美劳全面发展的社会主义建设者和接班人作为"课程思政"的重要途径和基本价值取向；进一步转变观念，强化"课程思政"意识，不断加强自身建设，加强教学内容改革，创新育人方法，努力建构能够适应"课程思政"的知识体系、合适的教学内容和科学的授课方法。特别是教师要加强自身思政素养的提升。习近平总书记强调"传道者自己首先要明道、信道，高校教师要坚持教育者先受教育。"专业课教师要有效开展思想政治教育，就要先提高思想素养，真正能够成为"先进思想文化的传播者、党执政的坚定支持者，更好担起学生健康成长指导者和引路人的责任。"

第七章 泛在学习背景下课程模式改革探索：实践取向的教学实践改革专题(五)

第一节 泛在学习背景下教育环境给养与教学实践改革

一、泛在学习背景下教育环境给养研究

(一)泛在学习的概念与特点

信息化的迅猛发展直接推动了学习理论的发展和学习方式的改变。多媒体网络和通信技术的发展,让学习方式进入了数字化学习(E-Learning)时代。移动技术的发展,把数字化学习推向了移动学习(M-Learning)。计算机技术被广泛应用于在线教育行业,终身学习的理念激发人们寻求多渠道获得新知识和新技能,在众多因素的作用下,在线教育蓬勃发展。据中国互联网络信息中心(CNNIC)发布的第 41 次《中国互联网络发展状况统计报告(2018 年 1 月)》显示,截至 2017 年 12 月,我国在线教育用户规模达 1.55 亿,其中手机在线教育用户规模为 1.19 亿,占比 76.6%,可见移动教育正逐步成为在线教育的主流。普适计算的发展,教育理论的创新,开启了泛在学习(U-Learning)的探索研究。泛在学习,顾名思义就是指每时每刻的沟通,无处不在的学习,是一种任何人可以在任何地方、任何时刻获取所需的任何信息的方式。就是利用信息技术提供学生一个可以在任何地方、随时、使用手边可以取得的科技工具来进行学习活动的 4A(Anyone, Anytime, Anywhere,Anydevice)学习。泛在学习是泛在计算技术支持下的一种无所不在的学习方式和学习理念。早在南宋时期,著名的理学家朱熹曾经说过:"无一事而不学,无一时而不学,无一处而不学,成功之路也。"这是泛在学习学习理念的最早体现。

泛在学习的理论基础是建构主义和后现代主义,它强调以学习者为中心,强调利用各种信息资源来支持随时随地地"学",注重开放性、随意性,是一种基于问题解决和真实情境的学习,其概念内涵十分抽象,外延十分广泛,任何一种非正式的学习方式都可涵盖其中。泛在学习创造智能化的环境让学生充分获取学习信息,这与让学生到图书馆或学校进行学习或通过网络获取学习信息有很大的差异。泛在学习的目标就是创造让学生随时随地、利用任何终端进行学习的教育环境,实现更有效的学生中心教育。在泛在学习环境中,学生根据各自的需要在多样的空间、以多样的方式进行学习,即所有的实际空间成为学习的空间。知识的获得、储存、编辑、表现、传授、创造等的最优化的智能化环境将提高人们的创造性和解决问题的能力。

在泛在学习的背景下,学生可以在课堂内和下课后,利用手机和电脑浏览各种资源,获取各种信息,完成教师布置的各种学习任务。与此同时,各种在线学习平台、学习网站、学习App也随之出现。

泛在学习具有如下特点。第一,教学行为的场景性。学习可以融入学习者的日常生活中。学习者所遇到的问题或所需的知识可以以自然有效的方式被呈现出来。这会帮助学习者更好地注意问题情境的特点。第二,持续性(也称永久性)。学习者能一直保持在学习状态,除非自己取消学习要求,并且学习过程是连续的、无缝的。第三,直接性(也称及时性)。学习者不管在哪里,都可以直接从服务器或是从对等网络中获取信息,通常是及时的,如点击学习在线视频即可实现即时播放(在网速得以保证的情形下)。第四,可访问性(也称可获取性)。学习者可以访问到的学习资料形式包括文字、图片、视频、音频等任何形式。第五,主动性。当服务器定位到有用户进入所属区域时,会主动发送服务内容,供用户选择,主动提供服务。第六,交互性。学习者可以通过同步或异步的方式与其他学习者讨论交流,实现信息交互、学习互动。就泛在学习的本质特点而言,它是"以人为中心,以学习任务本身为焦点"的学习。在泛在学习环境下,学习是一种自然或自发的行为。学习者可以积极主动地进行学习。学习者所关注的将是学习任务和目标本身,而不是外围的学习工具或环境因素。一个优势是具有泛在性。学习者可以在任何地方、任何时间,接入他们所需要的文档、数据和视频等等各种学习信息。这些信息的提供是基于学习者自身的需求的,因此,学习是一种自我导向的过程。另一个优势是计算设备便携先进。随着互联网的普及深入,泛在学习将会是普适计算环境下未来的主流学习方式。这也是无缝学习的方向,很多学习时间就需要短时间、零碎时间来补充以形成终身学习的习惯。

(二)泛在学习背景下教育给养环境建设的意义

本杰明·布卢姆(Benjamin S·Bloom)的掌握学习理论指出:"只要给予足够的时间和适当的教学,几乎所有的学生对几乎所有的学习内容都可以达到掌握的程度。学生在学习能力上的差异并不能决定他能否学会教学内容,而只能决定他将要花多少时间才能达到对该项内容的掌握程度。"因此,为使大多数学生都能完成各门课程的教学目标,各课程教学应尽可能地创造更多的学习机会、更便捷的学习途径和更合适的学习环境。让·莱夫(Jean Lave)和爱丁纳·温格(Etienne Wenger)提出的情境学习理论认为:"学习不仅仅是一个个体性的意义建构的心理过程,更是一个社会性的、实践性的、以差异资源为中介的参与过程。"这就需要课程教学走出课堂教学的局限,借助"互联网+"的功能,着眼于更广阔的时空,构建全方位覆盖的教育给养环境。

在教学实践中,我们发现,学生在泛在学习的过程中,个体对客观世界的意义建构差异很大。部分学生面对浩如烟海的学习资源、多样化的学习平台无所适从,不仅没有提高学习效率,反而浪费了许多宝贵的学习时间,降低了学习效率。以笔者所任教的班级为例,针对相同的教学资源、教学内容和布置的教学任务,不同的学生接受程度相差巨大,因此也导致了学习成绩参差不齐。换言之,在泛在学习过程中,学生习得知识的多少很大程度上取决于学习者自身的特征,包括智力因素和非智力因素,而不取决于教学资源、教学任务和教学活动本身。因此,余胜泉(2000)认为,对于学习者的分析,主要目的是设计适合学生能力与知识水平的学习问题,提供适合的帮助和指导,设计适合学生个性的情境问题与学习资源。由此可知,这里提到的适合学生能力与知识水平的学习问题、情境问题以及学习资源等外在因素都会对学习者的知识习得起到重要的作用。

在生态视域下,我们可以把这些外在因素归纳为学习环境中的给养(包括积极给养和消极给养);而这些问题,是学习者在泛在学习过程中,不能有效地获取和利用学习环境中的给养的结果。

给养(Affordance)一词,作为一个教育生态学研究术语,最早由心理学家吉布森所创。它是一个关于环境与有机体之间关系的核心概念,被用来描述环境对有机体行为的影响和有机体与环境之间相互作用的关系。吉布森(Gibson,1979)指出,环境的给养是可以提供给动物的东西,所提供的或供养的东西也许是好的,也许是坏的。[1] 这里所说的好的给养和坏的给养,通常又称之为积极的给养和消极的给养。盖弗(Gaver)认为,当给养被感知到时,感知与行动之间会形成一种直接联系;再次,实体具备诱导某种特定行为的属性,但有机体未必能够感受到,还会受到有机体的感知意图与效能的影响。[2] 作为学习者,只有能够感知到这种给养,不管是积极给养,还是消极给养,才能对学习者产生积极的或者消极的影响;否则就是无效给养。目前,国内对环境的给养研究仍处于起步阶段。笔者以"affordance""给养"等关键词,在中国知网数据库中只检索到十几篇教育类文献(2000—2018年9月),其中专门探讨学习环境给养方面的文章仅有10篇。尽管研究还处于初步阶段,但这些研究也逐渐地由宏观的概念和设计,转向到了微观的实证研究。李彤彤(2016)根据Kirschner等人的观点,把给养分成了教育的给养、

---

[1] Gibson, James. J. The Ecological Approach to Visual Perception [M]. Boston: Houghton Mifflin Company, 1979.

[2] Gaver, William W. Technology Affordances [C] Robertson, Scott P., Olson, Gary M. and Olson, Judith S. (eds.). Proceedings of the ACM CHI 91 Human Factors in Computing Systems Conference. New Orleans: Louisiana, 1991.

社会的给养和技术的给养。[①]贺斌(2012)提出,给养设计就是对具有某种正面积极给养而不具有某种负面消极给养的人工制品的明确规定。因此,设计就是有目的、有意图地创建和改变制品的给养,而非纯自然的给养。他提出了给养设计的6个基本原则,认为对于给养设计者而言,一项重要任务是要从用户那里弄清什么是应该设计的积极给养,什么是设计时需要抑制的消极给养。秦丽莉和戴炜栋(2015)对研究采用质性方法调查了大学生在社会文化环境中感知、解读的学习资源和互动学习机会,找出学生通过行动将它们转化成给养(积极的/消极的)的情况,并做了相关的分析。周莹(2017)认为在学习环境设计中,教育给养居于核心地位,社会给养和技术给养为教育给养提供辅助与保障。无论何种给养,只有与学习者效能相匹配,并且能被学习者感知并解读之后,才有可能转化为积极给养。黄景(2018)在梳理给养的定义、特征、分类及其理论框架的基础上,通过对原质性资料的再解读,把给养的概念引进自主性的研究,并对教育情况进行了考察,提出了相关的建议。研究表明:积极的环境给养条件下,学生的学习兴趣浓厚,积极主动学习的意识增强,学习能力得到明显提升。

二、泛在学习背景下教育给养环境创设的实践

(一)泛在学习的主要模式建构

近几年,随着泛在学习环境影响力的不断提高,我们学院将拓展师范生学习环境给养状况作为教学实践改革的一个重要方面来抓,不仅探索如何为学生提供高质量泛在学习给养环境,而且帮助学生提高有效利用泛在学习资源的能力,对学生在泛在学习背景下的学习状况进行实证研究,及时发现与解决泛在学习背景下学生的学习问题,以不断提高教学质量。

作为一种新型的学习理论体系,泛在学习的实现需要数字化技术环境、数字化学习资源、复合教学模式和灵活学习支持服务等多方面资源的支撑。

---

① 李彤彤,武法提.给养视域下网络学习环境的生态结构新解[J].电化教育研究,2016(11).

近几年,为了支持师范生的泛在学习,我们积极加强互联网教学改革力度,利用多媒体技术改变教学方式,创设泛在学习背景下的教学给养环境。从学习模式上看,我们利用互联网络技术,为学生提供两种主要的泛在学习模式。第一种是正式的网络课程学习。正式的网络课程学习,是指基于网络学习资源和教师的正式学习。教师利用网络平台,要进行课程设置、编制教学大纲、编制泛在学习资源、安排教学活动、进行学习测评,并不断改进整个过程;学习者则要选择学习的课程、明确学习目标、选择学习方式、参加学习活动、参加学习测评并达到测评成绩。尽管教师和学习者的教学活动是处于"准分离"状态,但二者是密不可分的。第二种是非正式网络资源学习。非正式网络资源学习,是指完全基于数字化学习资源的非正式学习。一般的学习过程是:学习者依据自我学习需求,查找合适的学习资源,利用学习资源进行学习,如果资源不能满足自己的需要,学习者会重新查找更合适的学习资源,通过学习,学习者可能会在进行思考、分析、总结后,撰写一些心得、体会,甚至编写一些新的资源,提供到资源系统中,形成生成性的共享资源。可利用的资源可以是一段文本、一张图片、一段视频、一个课件,也可能是一门完整的课程资源。学习的目标、行为、过程、效果均由自己决定,不受任何外部因素的制约。

(二)泛在学习资源的建设

当前,泛在学习及其环境的建设与应用仍处于一个发展中的阶段。泛在学习的实现与普及不仅仅需要基础设施、智能学习环境、人文学习环境的建构,还需要学习资源的建设,也就是在学习内容层面,考虑如何为泛在学习环境提供适合泛在学习特征的学习资源。从泛在学习的特点分析,建构具有生成性、动态性、智能性、联通性、开放性和适应性等特性的学习资源是其实现"无处不在"的学习的基本保障。在教学实践中,我们从泛在学习中学习资源的特性、存在的现状及发展需求出发,从教育生态学角度剖析泛在学习中学习资源的生态建设与应用发展,探索教育生态学启示下泛在学习内容的发展原则,为健康、可持续发展的泛在学习资源建构提供了一些参考。首先,提供政策支持与引导,加强智能型资源建设,变限制因子为非限制因子。找出学习资源生态系统限制因子,分析存在的限制因子。在相关政策支持与引导下,提高物质流,保证建设基础,维持系统正常运转。加强智能型学习资源建设,构成资源进化的良性循环,在进化过程中,控制"度",适应需求,提高质量。第二,打破封闭半封闭的资源模式,加强社会认知网络建构建立开放的泛在学习资源系统,在此系统中,泛在学习主体都可以与外界进行学习资源的交流、互动、分享、编辑、修改等,从而形成一个共创、共生的学习资源。克服花盆效应,促进资源进化发展,让资源发展更系统、更全面。第三,以微资源为主,坚持灵活、适需和适度原则。泛在学习发生的场景是社会情境,利用手边可得的设备获取需要的学习资源。设备主要以智能终端为主,承载空间有限。微型化的资源的特点是:内容简洁,交互性强,个性化明显,针对性强等,适合泛在学习环境下的学习,无论在时间上、速度上、还是内容上都比较灵活,可控制。满足生态学视角下的最适度原则。第四,充分发挥个体功能,强调整体效应。学习资源生态系统由若干生态因子构成,它们相互联系,相互作用,具有各自的生态位。因此,要明确各生态因子的生态位,如视频资源,多发挥其固有的优势。同时,强调功能上的统一,其目的都是为了更好地促进泛在学习,提高教育质量。第五,注重生态位良性循环,建立资源评比机制。组建优秀资源建设团队,创建优质资源,成就高质量的泛在学习场景,形成生态位的良性循环。并建立资源评比机制,对处于不同生态位下的资源或是同一生态位下的资源进行评比,鼓励生态位主体积极性,创造更优质的泛在学习资源。人类的需求是动态的、不定向的,学习模式的发展将越来越人性化。泛在学习模式适合终身学习需求,学习资源需具备可持续发展的特征,从教育生态学的视角研究其建设与应用发展,分析泛在学习资源具有的生态性。泛在学习环境下的学习资源建设是一项十分重要且难度很大的任务,涉及的生态因子太多。因此,需要更深层次地进行探索、发现和创新。

(三)教师角色与学生能力的具体要求

随着学生能够更容易、更方便地获得信息和知识,教师所扮演的角色面临着挑战。传统教学中课程学习的内容和学习的方式主要由教师来决定,教师的角色主要是知识的传授者；而泛在学习视阈下，课程学习的内容还是主要由教师来决定，但学习的方式则主要由学生来决定，这时教师的角色主要是知识的传授者。由学生来决定学习的方式时教师的角色主要是知识的导航者，即帮助学生了解如何浏览信息以及如何选择、处理和应用已有信息。

　　泛在学习视阈下，学生学习领域的开放性使得学生的学习内容大大超出了教师所提供的教学资源的范围。要想提高学生的学习效果，必须提升学生泛在学习的能力。首先，提高学生信息检索、信息分析和信息分类管理的能力。泛在学习视阈下，学生可以利用的学习资源日益丰富，获取信息的途径日趋多元化，但是如何从纷繁复杂的海量信息中收集、分辨、提炼出有用的信息，消化吸收使其成为自己知识体系的一部分，就要求学生必须掌握对学习资源的检索、分析和分类管理能力。信息检索能力主要是指学习资源的查询检索、下载等方面的能力；信息分析能力主要是指学习者在获取学习资源之后挑选出与自己学习主题相关性最高的资源，并进行信息加工与处理的能力；信息分类管理能力主要是指分类要具体清晰，养成分类保存的习惯。第二，指导学生提高合理规划学习时间的能力。提高学生合理规划学习时间的能力主要包括两个方面：一是制订学习计划。在制订学习计划时既要考虑个人的实际情况，如学习时间、学习特点以及个人的接受能力等，还要考虑长期计划和短期计划的结合，前者的作用是指引把握方向，后者的作用是具体执行。二是利用碎片化时间进行泛在学习。泛在学习是一种独立性很强的学习方式，一般是利用学习者零碎的时间进行学习。如果学习者自己不能合理地安排学习时间，学习将很难开展。第三，充分利用移动设备，加强沟通和协作学习。泛在学习和传统学习相比，具有即时性的特点。学习者在遇到不能解决问题时，不要把移动设备仅仅看作是电子版的百科全书，而是要充分利用移动设备向他人寻求帮助，比如向老师、同学咨询专业问题等，通过寻求帮助及时解决问题，实现学习上的求助。在学习的过程中，还可以利用移动设备的即时通信功能建立讨论组或者讨论群，加强与同学和老师的沟通。同学之间合理进行分工，积极发言讨论，高质高效地完成学习任务。

(四)总结反思

1. 泛在学习并不是一种完全替代的学习方式

随着泛在计算理念的日益普及,泛在学习这种新型的学习方式和学习理念逐渐为人们所熟悉和接受,成为国内外研究的热点。泛在学习相比以往的学习方式具有泛在性、主动高效性、持久连续性、方便灵活性等优势,使教育焕发出新的生机,但泛在学习仍存在诸多不足,通过泛在学习实施教学,学与教的效果得不到保证,教学管理难以实施,更重要的不足还在于其支持服务体系不完备,实施中仍存在多方面的障碍。尽管基于泛在学习的研究已持续几年,无论是国内还是国外,都取得了一定的研究成果,但从实际应用层面上来看,仍没有普及到教育领域中去。泛在学习以其独特的优势给教育发展注入了新的活力,但是这种新型的学习方式,给教育带来的挑战值得深思。对于一个新兴事物,我们应当以严谨科学的态度理性对待。在国内外持续的研究热潮中,审慎地分析泛在学习实施的可行性十分必要,它的出现对传统的教与学造成了强烈的冲击,对其进行理性定位的必要性不言而喻。尽管它具有诸多优势,但是在现阶段,它仍然无法替代传统的课堂教学方式,相反,它同 E-learning 和 M-learning 一样,应当作为一种非正式学习方式来补充、支持和辅助传统的学校课堂教学,而不是一种完全替代。

2. 教师的泛在学习素养亟待提高

泛在学习不仅是教师专业发展所需,也是学生全面发展所求,更是化解教师贫乏陈旧的知识储备与学生日益增长的知识需求之间矛盾的有效解决路径。泛在学习要求教师掌握先进的多媒体技术,如网站开发、微课制作、翻转课堂、虚拟社区管理等,成为"泛网络+教学"的主要实践者和推动者。教师是专门化和专业化教书育人的职业,其职业性质决定了教师只有不断学习才能适应知识大爆炸时代学生成长与发展的需要。过去,我们对教师的认知和期待侧重教而轻视学,一个好老师的标准就是教得好。教学研究从字面看应当是包含师生双方在教与学两个方面的研究,但受主客二分思维方式的影响,被很多人狭义地理解为研究教师教与学生学的过程。于是,教师教授、学生学习便成为人们头脑中的思维定式,教师的专业学习想当然地被我们忽略。更有甚者把"学"等同于学生,教学研究俨然成了对教师教育学生的过程及其规律、方式、方法的研究,这就是典型的有"教"无"学"、重"教"轻"学"。在如今知识经济的时代感召下,教学研究范式正在由传统的"以教为中心"向现代的"以学为中心"转型。不仅在加强对"学生、学习、学法"的研究,有关"教师、学习、学法"的研究也愈来愈受到关注。教师日常的学习方式能够直接体现其学习态度、学习习惯、学习策略和学习倾向,更能彰显其专业素养。然而,相对于现代信息技术对教学媒介的冲击(从黑板到幻灯片、投影仪再到多功能教室的变化),教师学习方式的变化却显得微乎其微。大部分教师的课堂教学还停留在制作与播放 PPT 阶段,只是偶尔插播个音乐、图片或视频,便"沾沾自得"。尽管网络与无线电技术发展得如此迅猛,尽管"MOOC 教育""翻转课堂""互联网+教育"传播得如此广泛,但似乎没有对一线教师的专业学习和实践产生多大影响,教师的学习方式并没有突破传统媒介构建的小范围、封闭化、被动式的学习空间,教师的信息素养极其匮乏,自组织、自适应学习能力明显不足,难以应对数字化时代、信息社会对教师专业知识和技能的发展要求。以终端设备和泛在网络为核心的泛在学习时代正在来临,教师必须立足于教育技术变迁的整体环境重新审视并调整自己的学习方式,努力以最好的发展姿态立足于动态、多样、无序的后现代复杂环境。

第二节 泛在学习背景下的 SPOC 翻转课堂实践

一、改革的意义

整体提升师范生的培养质量,让未来的教师"卓越"起来,是师范院校肩负的重要使命。教育部 2016 年 6 月 23 日发布的《教育信息化"十三五"规划》,提出到 2020 年,教师的信息化教学能力将纳入师范生培养课程体系,并成为评判一个学校办学水平的指标之一。2018年初,教育部等五部门联合发布《教师教育振兴行动计划(2018—2022年)》,要求创新教师教育模式,培养未来卓越教师;并提出"互联网＋教师教育"的创新行动,建议充分利用云计算、大数据、虚拟现实、人工智能等新技术,推进教师教育信息化教学服务平台的建设和应用,推动以自主、合作、探究为主要特征的教学方式变革。这更是在政策层面明确了教师教育的重要性及教师教育改革、教师教育与信息技术融合的紧迫性。在"十三五"期间,浙江省教育厅鼓励高校开设SPOC在线开放课程,改变传统模式,提高教学质量探索"互联网＋"时代创新人才的培养方式。

SPOC(Small Private Online Course),即小规模限制性在线课程,是"后MOOC时代"的一种典型课程范式,给传统课堂带来了一缕清风。然而,面对全新的互联网教学环境,很多教师却难以适应,出现了"教学形式网络化"而"教学观念传统化"的现象,其主要原因是缺乏创新理论指导下的有效教学模式。知识建构(Knowledge Building)理论是由加拿大学者Scardamalia和Bereiter提出的,是一种以培养知识创新为目的的"深层次"建构主义理论,受到国内外教学改革研究领域的高度重视。该理论关注学生的观点和问题、思想的持续改进、集体知识、去中心化的开放互动等。SPOC具有共享、协作等特点,为知识建构提供了良好的技术支撑环境。

在以上政策背景下,学院许多老师基于SPOC(Small Private Online Course,小规模限制性在线课程)对自己所教课程进行翻转课堂改革,如"学前儿童音乐教育""学前儿童美术教育""学前儿童语言教育""学前卫生学""学前心理学""学前教育学""学前教育科研方法"等,这些课程从知识建构论的视角出发,构建基于SPOC的混合学习模式,探索"互联网＋"时代创新人才的培养方式。本节以粟高燕老师讲授的"有效教学"课程为例。基于SPOC的翻转课程改革,其意义主要体现在:第一,基于SPOC进行翻转课堂改革,有利于改进"满堂灌""重理论轻实践"的现状,克服"有效教学"课程因容量大、课时少、理论多、内容深等因素带来的制约,发挥学习者自主性,拓展学习渠道,促进因材施教和学习者个性化发展。第二,"有效教学"是面向全校师范生开设的教师教育专业必修课,在教师教育课程体系中充当着承上启下的衔接作用。本项目的实施对于增强师范生学习教育理论课程的兴趣，提升师范生的实践能力、创新能力具有较大的促进作用。第三，本项目的实施有利于丰富 SPOC 和翻转课堂的实践模式，促进不同教学模式、教学形态的融合，对于创新教师教育模式，尤其是探索"互联网＋教师教育"的路径有一定的借鉴意义。

二、现状分析

"有效教学"是面向全校师范生开设的一门教师教育专业必修课，在教师教育课程体系中占有重要的地位。该课程教师所在的教研室拥有一批在学术研究上和实践教学上具有丰富经验的老师，近年来也积极进行了教学改革上的探索，取得了一定的成绩。但是，在现实教学中仍存在很多问题需要进一步思考与探索。

（一）课程定位有待进一步明确

目前，"有效教学"课程处于较为"尴尬"的地位。很多二级学院对教育类课程的设置在认识上仍不够重视，其"公共""边缘"的地位没有得到根本转变。同时，一些师范生自身对于教育类课程的学习态度不够主动，缺乏学习的兴趣和热情。另一方面，教育类知识在教资考试、入编考试中却占有极高的比重。在此背景下，以"有效教学"为代表的教师教育课程体系应当如何重构？本体性知识、条件性知识、实践性知识的关系应当如何平衡？作为一门承上启下的课程，"有效教学"的课程目标应当如何重新进行定位？针对不同学院在人才培养定位上的区别，以及学生的不同兴趣和需求，"有效教学"应如何在课程目标、讲授内容与方法、评价方法等方面关注院际区别和学习者差异？这些问题都亟待专任教师来认真思考。

（二）课程体系有待进一步重构

"有效教学"是在以往教学论学科的基础上经过一定的整合而发展起来的，关于"教学是什么""什么是有效教学"与"如何进行有效教学"的关系，学术界尚有不同的争论。此外，专家的视角和师范生的视角是不同的，不同的视角形成不同的问题域,这既影响着师范生对"有效教学"的接受与喜爱程度,也影响着他们对教学问题的理解。在此背景下,"有效教学"的课程体系应如何重构,以焕发课程的内在活力?理论与实践的关系应如何平衡?知识学习到能力提升的转变如何实现?这些问题都需要进一步地探究。

(三)教学方法有待进一步改革

"有效教学"虽然把主要目标定位于掌握各种有效的教学行为,但在呈现方式上还是偏重理论性讲授,加上容量大、课时少,因此,在教学中,很多老师反映"来不及上"。这也间接导致一些老师采用传统的填鸭式教学,学生处于被动接受的地位,理论知识和实践能力的"对接"不够。这种教学方法无疑与基础教育和教师教育改革均倡导的"自主、合作、探究"的教学方法背道而驰,也不利于学生创新能力和批判思维能力的培养。在此背景下,应如何突破容量大、理论强、课时少的瓶颈,提升学习成效?这无疑需要对教学方法进行改革。

三、具体改革内容

(一)重构"有效教学"的目标与内容体系

在对学习者、学习内容以及学习环境进行深入分析的基础上,要重构"有效教学"的目标与内容体系。一是调整课程目标。通过查阅相关的政策文件,了解教资、入编考试动态,分析院际人才培养定位差异,以及调研学生学习需求,调整课程的目标体系,在关注共性的同时,兼顾学习者的个性化需求。二是更新课程内容。改变"一本书、一份讲稿行天下"的局面以及教学内容与教育实践相脱节的问题,积极吸收教师教育改革和基础教育课程改革的新理念、新成果,丰富课程内容,使本课程的教学内容更具先进性、时代性、前瞻性。三是重构内容体系。在课程与教学内容的编排上实现从关注知识的逻辑顺序到重视学生的心理顺序的范式转向,从师范生的视角重新构建有效教学的知识域,如对照教师资格证考试标准要求,增加笔试面试辅导环节,增加模拟上课的训练内容等。其实施思路如图7-1所示。

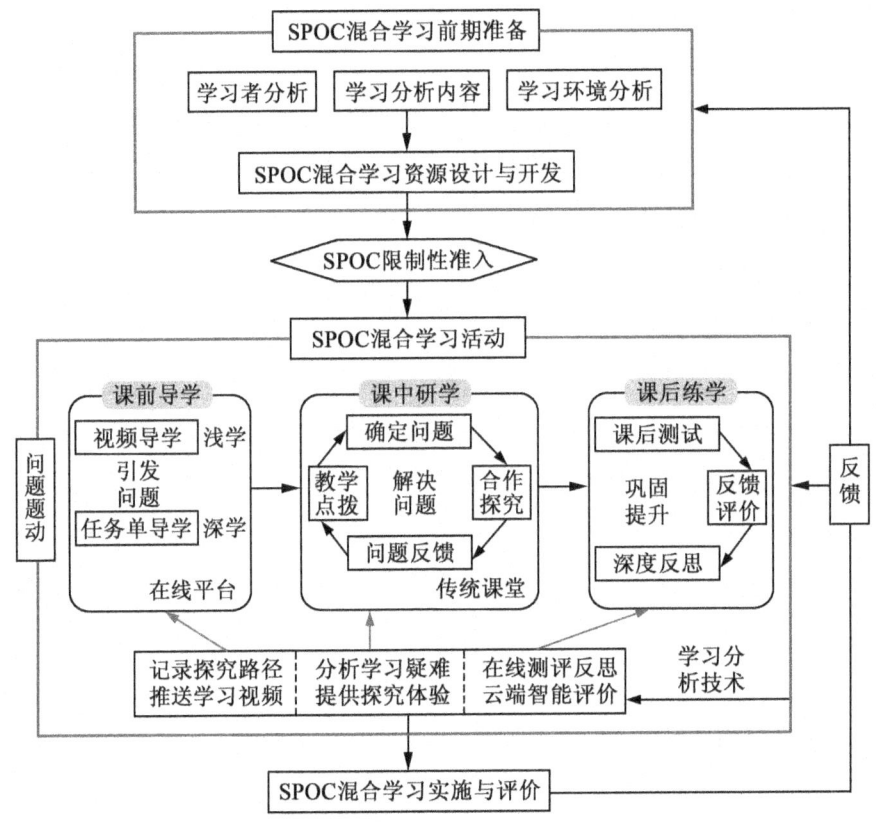

图 7-1 实施思路

(二) 基于 SPOC 进行翻转课堂改革

针对目前"有效教学"课时少、容量大、理论多、内容深的现状,基于 SPOC 进行翻转课堂改革。其学习活动设计如下。

1. 课前导学

课前,学生可通过线上的导学案和任务单明确学习任务,利用线上的微课视频和其他在线资源进行自主学习,将课堂中的浅层学习向课前转移,提升教学效率,并可通过同伴互评、在线讨论等方式澄清疑难问题。首先,在开课之初介绍课程实施流程,有助于学生了解课程内容、明晰学习目标、熟悉教学方式、清楚评价方法。其次,主讲教师或助教在 SPOC 平台上创建班级讨论组,要求学生完成平台注册,加入"有效教学"在线课程进行课前导学。教师提供学习任务单,对课前导学任务做出硬性规定,任务单作为课前深入学习的支架能够保证学习目标清晰,具体包括阅读教材、观看 SPOC 视频、课前练习以及课件设计等。学生自主学习 SPOC 课程视频并解决学习任务单上的问题,初步掌握学习重点和难点。对于难以解决的疑问,学生可在平台的班级讨论组展开交流,教师、助教作为督导者在线查看学生的困惑和思考,给予及时反馈。如"辅助教学行为"一章确定的课前学习任务单,如表 7-1 所示。

表 7-1 辅助教学行为学习任务单

学习任务单	项目	具体内容
课前要完成的任务	研读教材	教材:完成本章的阅读,了解主要的辅助教学行为的概念、特点与意义
	观看视频	观看微视频及网络优质课视频,分析辅助教学的具体行为特点
	练习	模拟上课与研讨,进一步分析每个辅助性教学行为的特点与意义,及实施的具体要求

2. 课中研学

课中,教师在课前线上学习的基础上,对重点知识和疑难概念进行输理,并通过小组讨论、案例分析等方式,组织学生进行多维度探讨,深化对重难点的理解。课中研学在传统教学环境中展开,采取小组协作的学习方式,主要分为三个阶段。在第一阶段以学生提出的知识点为主、教师补充的问题为辅,小组围绕知识点交流讨论疑难问题。教师依据 SPOC 平台记录的学生在线探究路径,对学生的疑问和前期练习进行分析,对重点和难点问题加以解释。在第二阶段,教师提供一些难度较高的练习供学生进行知识点迁移训练,学生分组编写程序,采取多种形式进行课堂研讨,如幻灯片展示、问答、课件案例分析以及关键概念阐释等。在第三阶段,学生分组阐述课件设计思路,现场演示课件运行结果,教师点评,其他小组予以反馈。另外,通过作业在线测试系统,学生自主选择习题进行自测,系统实时显示评分,学生可多次提交探究结果,不断完善设计课件,提高对课件制作知识和技能的掌握程度。

3. 课后练学

课后，学生可再次通过视频对重难点知识进行学习，并可通过资源库和在线评测系统拓展知识、深化理解、检测学习效果。学生可根据所学专业、学习兴趣、学习需求和起点水平，有针对性地选择相应的资源库和测验题，实现因材施教。课后练学环节是对前期活动的巩固、升华，并为下一阶段教学做准备。学生按学习任务单的要求完成课后练习任务，通过SPOC平台在线提交自测题和课件作业，系统进行批改并提供反馈。同时，平台记录的数据可作为形成性评价的重要考量依据，如学生登录时间、讨论交流表现、在线分享经验、资源贡献度、课程参与度等。多维度检验课程学习效果，有利于激发学生学习的积极性，增强学习信心。同时，教师在平台上建立学习社区，为学生创设反思和经验分享的空间，学生根据教师推荐的学习资源拓展知识，更快进入下一阶段的学习。

4. 学习活动的实施与评价

基于SPOC的翻转课堂不是封闭的，而是一个不断调整和完善的动态开放课程系统。从课程的设计与开发开始，采用优先搭建课程主题框架的方式，教师团队结合平台情况并根据课程安排、课程要求及授课时间，优先建设前几周授课章节，并结合后期SPOC混合学习实施情况，在实践中不断调整后续章节的设计方案，持续推进课程建设。

学习评价是SPOC翻转课堂教学中的重要环节，涉及学习者的表达能力、合作能力、学习能力等多个评价维度。传统的测试方式难以测试出学生在混合学习中的全部学习效果，缺少一种科学的、多元化的、可操作的评价标准。SPOC平台内设的学习分析技术能够为创设细化且多元化的评价体系提供解决方案，主要涉及双重评价模式，即形成性评价和总结性评价相结合，分别应用于混合学习活动的不同环节。课前导学环节中学生的视频学习进度、讨论交流表现等可纳入课前形成性评价指标体系。平台实时记录学生行为数据，如在线参与度、资源贡献度等可作为实施课中形成性评价的重要考量依据。总结性评价主要包括线上课程测试和线下期末测试两个部分。因此，SPOC支持的翻转课堂要加强评价体系的建设，综合考虑活动中每一项任务的完成及其参照目标的设计，为混合学习提供一个有标准可依的多元化智能评价体系。

在对课程目标、内容、教学方法等进行改革的基础上,以 SPOC 为抓手进行教学评价改革,关注评价主体的多元化、评价内容的多纬化和评价形式的多样化。坚持以能力考核为主,重点考核学生对"有效教学"这门课程的综合理解及将所学知识运用于教学实践的能力。强调形成性评价的重要性,关注学生"线上＋线下"的表现,全面检测学习态度、学习过程和学习效果。

(二)改革目标

本项目融入"互联网＋教师教育"的理念,基于 SPOC 对"有效教学"进行翻转课堂改革,结合线上学习和线下学习,引导学生通过自主、合作、探究等方式学习,提升实践能力和创新能力。具体改革目标如下：

首先,重构"有效教学"的目标、内容、方法、评价体系,解决课时少与容量大,理论与实践脱节等矛盾,提高学生的学习兴趣,发挥学生的学习自主性,实现因材施教,提升学习的效率和效果,为后续课程的学习和教资、入编考试奠定良好的基础,为成为卓越教师做好铺垫。

其次,探索翻转课堂的新模式,为促进教育技术在高校教师教育课程改革中的应用,为"互联网＋教师教育"的创新行动提供有益借鉴。

再次,促进"有效教学"团队成员在学术研究与教学研究上的融合,提升团队成员的教学、科研能力,为教育学学术团队的建设贡献力量。

(三)解决的关键问题

1.更新了教育观念,改革教学方式

进行翻转课堂改革,就势必要求改变传统课堂结构中教与学的关系,对教师和学生都提出了新的要求。教师和学生需要改变长期形成的惯习,重新认识知识和课堂的意义,重新理解教师与学生的角色,重新定义教与学的方式,从关注知识的传授到注重知识和意义的建构,从灌输式的教学转向主动、合作、探究。教师需要重视反思和讨论,创设启发、研讨的氛围,帮助学生形成启发、研讨的习惯和能力,促进学生从被动、接受式学习转变为自主学习。

2.转变了认知视角,重构知识体系

翻转课堂并非简单的课前学习与课上讨论的结合,微课视频也并非简单地把45分钟切割成几个不同的视频,运用SPOC进行翻转课堂改革,需要把重点从"教"转向"学",关注泛在学习环境碎片化、微型化的特点,从学生如何认知、学生如何理解掌握、学生如何实践应用等角度重构知识体系。因此,本项目需要借鉴教育学、心理学、传播学的理论成果,从学习者的视角重构"有效教学"的问题域,并根据问题域构建新的知识体系,提升学生的学习兴趣和成效,促进学科意识和方法的形成。

3.延伸了教学时空,重视线上学习

运用SPOC进行翻转课堂改革需要充分挖掘与利用SPOC的优势。线上学习不仅是线下课堂学习的补充,而是教学中必不可少的一部分。教师应重视线上学习的开展,通过导学案、问题单、检测题等方式,促进学生进行线上学习;帮助学生建立学习社区,激活在线学习社区的活力,在社区中提出问题,回答同伴提出的问题,找到问题解决的方案,使学习者与学习内容、学习者与学习者之间形成较强的交互,促使学生进行主动学习、合作学习和探究学习。教师可以更新课程的考核方式,以实践能力和创新能力为重点,强调"线上+线下"的表现,通过教师评价、学生自评、学生他评等方式,全面检测学习态度、学习过程和学习效果。

第三节　泛在学习背景下的蓝墨云班课探索

一、蓝墨云班课简介

蓝墨云班课是某软件公司推出的以手机为依托的学习App,它以互联网为依托能很好地弥补台式电脑在教学过程中因运用空间受限的不足,灵活方便且时空使用都非常自由,能够更好地实现泛在学习,从而使得课堂的内容变得更加丰富。一方面老师和学生可以通过互联网平台这种双向连接模式更好地进行学习和交流,另外一方面学生可以借助这样一个海量知识的学习平台更好地去学习。借助蓝墨云班课这个平台,学生可以把自己学习的信息及时地反馈给老师,老师也可以在此基础上全面地把握学生的需求。蓝墨云班课充分满足了学生个性化学习的需要。从内容上说,蓝墨云班课的学习内容主要包括以下几个方面:第一,蓝墨云班课可以通过发送上课提醒的方式向学生介绍相关课程的学习信息;第二,蓝墨云班课可以充分利用平台存储包括学习视频、学习课件和其他类型的学习资源;第三,蓝墨云班课可以通过提出具体的学习要求来更好地为学生安排任务;第四,蓝墨云班课可以在课程结束之后让学生参与到课程的投票和讨论中去,而且在这个课堂上学生和学生之间可以充分地探讨和交流。蓝墨云班课是以加入码的形式将班级整合在一款更小容量、更灵活的个体与集体兼容的软件,教师可以发起签到、讨论、投票、布置作业等现场交互对话,也可以通过上传资源、评分以及个体之间的信息对话实现师生、生生交互对话,并且可以确保对话的隐私性。

二、蓝墨云班课的运用

(一)蓝墨云班课运用的可行性

(1)学生因受到自身家庭因素影响和自身素质的影响,学习能力存在着差异,所以导致在教学的过程中很容易顾此失彼,再加上很多学生普遍认为专业理论课程比较枯燥,所以学习起来毫无乐趣可言。此外,学生在课余的时间很少有机会进行小学、学前教育实践,而且很多学生认为课堂上教师的理论联系实际的效果是比较差的,学习积极性受到影响。这为蓝墨云班课的实践提供了条件。

(2)在目前的教学过程中,普遍还是采用传统的教学模式。虽然有少数老师已经努力在使用各种新型的多媒体技术来尽可能地丰富教学的方式,但大部分老师在教学过程中仍然采用传统的"一言堂"教学模式,甚至在教学的过程中仍然离不开大量的板书。学生课外的实践机会很少,而且在课堂外进行教学的过程中又普遍缺乏老师的指导。

(二)蓝墨云班课实施的途径与方法

我院目前有多门课程在进行蓝墨云班课实践,如"有效教学""课堂评价""学前心理学""学前教育学""学前教育史""学前教育科研方法""幼儿园教育评价""幼儿卫生与保育"等。在上课之前,老师和学生都要利用手机下载"蓝墨云班课"的App进行教学。整个教学的过程包括课堂前知识技能的传递任务、课堂内知识技能的转化任务和课后知识技能的巩固任务三个环节,在这个过程中能够有效实现师生之间的互动,并取得了好的效果。整个操作的过程如图7-2所示。

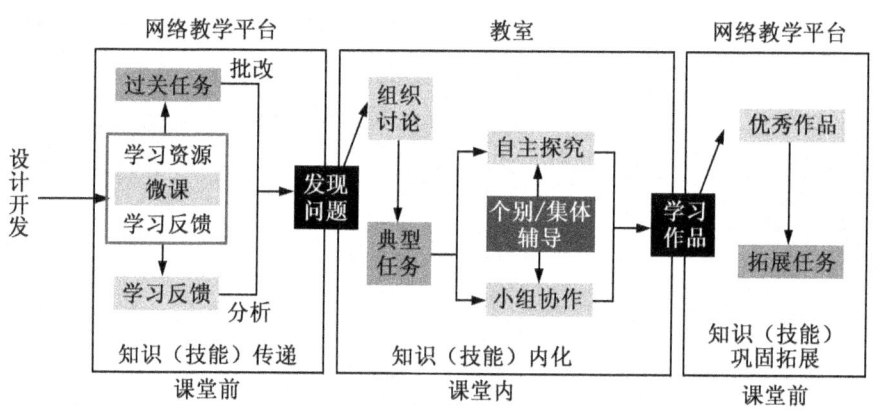

图7-2 操作过程

老师在上课之前,先要将蓝墨云班课的手机App下载下来,然后老师根据想要学习计算机基础知识的学生的姓名加入班级群中去。之后再将本次课程需要学习的内容分别编辑成课程通知、推送图片、视频音频和课程PPT等案例组成教学资源推送给学生。主要的目的是可以让学生进行预习,事先完成课前的学习任务。例如本节学前教育学基础课程中主要包括制作学前教育概念、学前教育特点、学前教育基本原则和页面的排版等诸多方面的内容。这里面主要涉及页面设置、自选图形和艺术字、字体字号和字形编辑、表格的创建和表格的编辑等多方面的知识,老师就可以把这些需要学习的内容预先编辑成需要学习的内容,然后制作成PPT,然后再让学生去掌握

第七章 泛在学习背景下课程模式改革探索:实践取向的教学实践改革专题(五)

某些技能。

上课过程中,蓝墨云班课要抓好几个环节。第一,课堂点名。传统的课堂学习中,很多学生通常会为了逃避老师的点名而采用各种方式。而蓝墨云班课作为一种独创的手机 App,会自带点名系统,因为具备独特的课堂点名签到的功能,所以学生在使用的过程中通常是不敢旷课和迟到的。自从有了签到的功能,学生可以很方便地进行手势签到。第二,课堂提问和抢答。使用摇一摇的功能进行随机的点名,老师可以在这个过程中提诸多方面的问题。学生在学完之后的经验值可以相应地增加,学生本人的自信心也会随之增加,最终学生的积极性也会增大。值得注意的是,也可以在蓝墨云班课中开设抢答功能,这样学生在学习的过程中也会更加有积极性地去抢答。知识点的检测。在每一阶段的学习任务结束之后,老师可以随机从上传好的题库中去抽取内容,然后再进行测试。这样随机的小知识点检测相比传统考试而言更好地缩短了考试的时间,更省去了人工改卷的环节,教师和学生的工作量就可以在很大程度上减少,双方的工作量就可以大大减少。

在课后的作业和评价环节中,老师可以通过专门的云班课软件将一个大作业发布到网上。然后学生可以通过手机查看和手机提交作业的方式进行文字图片和音频视频的传输。在完成作业之后,学生可以通过立即就上交的方式更加积极地参与到评价中去,学生的积极性也会因此而提高。最重要的是老师可以通过这样一个课后评价的方式对学生的学习情况有一个全面透彻的了解。

(三)总结与反思

(1)对于网络的要求。要想更好地使用蓝墨云班课的学习,那么就一定要配置好的网络设置。如果在校园内部没有办法很好地实现无线网络的覆盖,那么学生就会被迫要使用自己的数据流量进行学习,这时就会产生诸多问题。

(2)对老师的要求。整个蓝墨云班课的课程包括老师授课、上课和课后答疑等诸多个教学环节。在进行蓝墨云班课程授课的过程中,老师的能力将会受到很大的挑战。老师不仅要将大量的教学资源和信息进行全方位的收集,而且也要根据课程的需要合理地设置教学的环节,从而才能够让学生始终保持学习的热情。

(3)对学生的要求。因为蓝墨云班课是以手机为课堂的载体的,学生很容易利用微信聊天、QQ 聊天、听音乐和看电影,这对学生将会产生极大的影响力。再加上很多学生在学习的过程中只会走马观花式地进行浏览,并不会在意自己真正学到了多少知识,所以对学生的相关要求是很难全面进行把握的。蓝墨云班课是"互联网+"教学模式兴起的体现。蓝墨云班课的出现就是对信息化教学的一个极大的印证。这种教学方式不仅能够很好地激发起学生自身的学习兴趣,而且也能够极大地提高学习的效率,在今后会有非常大的发展空间。

第四节　泛在学习背景下基于微信的混合式教学探索

一、微信、泛在学习及混合式教学

习近平总书记在致首届国际教育信息化大会的贺信中指出,"当今世界,科技进步日新月异,互联网、云计算、大数据等现代信息技术深刻改变着人类的思维、生产、生活、学习方式,深刻展示了世界发展的前景。因应信息技术的发展,推动教育变革和创新,构建网络化、数字化、个性化、终身化的教育体系,建设'人人皆学、处处能学、时时可学'的学习型社会,培养大批创新人才,是人类共同面临的重大课题。"[①]由此可见,实现教育信息化是非常重要的。而泛在学习提供了人人皆学、时时能学、处处可学的思想基础。实现泛在学习,是教育信息化的重要环节。

---

① http://www.china.com.cn/news/2015-05-23/content_35643726.htm.

第七章 泛在学习背景下课程模式改革探索:实践取向的教学实践改革专题(五)

微信是泛在学习模式最方便的工具之一。微信(WeChat)是腾讯公司于2011年1月21日推出的一个为智能终端提供即时通信服务的免费应用程序。微信支持跨通信运营商、跨操作系统平台通过网络快速发送免费(需消耗少量网络流量)语音短信、视频、图片和文字,同时,也可以使用通过共享流媒体内容的资料和基于位置的社交插件"摇一摇""漂流瓶""朋友圈""公众平台""语音记事本"等服务插件。微信是当下人们最流行的交流软件,截止到2016年,微信已经覆盖了中国90%以上的智能手机。近两年来,微信已成为人们日常交流的方式,特别深受大学生们的喜爱。微信以互联网为媒介,有其独特的多样化的交流方式,其可以传播图片、文字、声音、视频等多种媒体,也恰恰整合了利用碎片化时间进行学习的要求。如果抓住微信的这些特点,将微信应用在教学中,更易于师生、生生之间的交流和沟通,弥补传统课堂的局限性,更能体现泛在学习给学习者提供的极大便利。人们随时随地都可利用科技工具进行泛在学习,学习者在一个广域的学习环境下能够在任何地方随时获得所需的任何资源,并可以较为自由地沟通学习心得。从终身学习角度及学习型社会构建视角而言,微信公众平台为泛在学习提供了无限可能,成为大学校园中泛在学习者表达诉求的主要渠道之一。以往报纸、广播和电视等公共媒介话语权掌握在少数人手中,而微信打破了这一局面,成为泛在学习者传递学习心得、交流学习体会的重要载体之一。微信既提供给泛在学习者传统的"一对一"的诉求,也有以微信朋友圈为基础的"一对多"表达,学习者更可通过"摇一摇""漂流瓶""附近的人"等功能与其他陌生学习者实现互动交流。

混合式教学是指在适当时间,通过应用适当的媒体技术,提供与适当学习环境相契合的资源和活动,让学生形成适当的能力,从而取得最优化教学效果的教学方式。[①] 何克抗教授指出:"混合式教学就是把传统教学方式的优势和网络化教学的优势结合起来。也就是说,既要发挥教师引导、启发、监控教学过程的主导作用,又要充分体现学生作为学习过程主体的主动性、

---

① 李逢庆.混合式教学的理论基础与教学设计[J].现代教育技术,2016(9).

积极性与创造性。"①混合式教学最大的特点就是"混合",这种"混合"主要体现在学习理论、学习环境、学习资源和学习方式四个方面。混合式教学的理论基础包括面向全体学生的掌握学习理论、以问题为中心的首要教学原理、关注高阶思维养成的深度学习理论以及促进记忆保留的主动学习理论等。②混合式教学过程中的学习既可以发生在传统课堂中,也可以发生在虚拟环境中,如网络社区、学习论坛、移动 App 等,这些不同的学习环境共同的特点是完全以学生为中心,教学内容、训练协作、学习评价以及工作支持等一切都是围绕学生展开的。混合式教学资源可以是精心开发的教学视频、生动趣味的教师面授、全面系统的学习资料等,学生可以就不同的学习任务选择最合适的学习资源。混合式教学充分利用网络的功能,将在线学习与课堂教学进行有机结合,可进行讨论学习、协作学习,也可开展小组学习和自主学习。这些多层次的"混合",最终目的是通过可能找到的"最好"方式去改善学习,提升学生的学习深度,把学生的学习由浅到深地引向深度学习。③

二、基于微信的混合式教学改革实践

(一)微信用于课程教学的适用性

微信公众平台是一个综合性极强的平台,具有用户众多、开放性、整合性、社交性和闭环性等特征,越来越多的用户订阅相关的微信公众号以获取其所需信息或是利用碎片化时间进行学习。微信公众平台能在移动学习中适用,主要在于第四个特性。一是运营成本低,用户操作方便。微信本身是免费的,只要注册一个公众号账号,就可以与特定群体进行文字、图片、语音、视频等方式的沟通互动。用户只要扫个二维码或查找公众号再

---

① 何克抗.从 Blending Learning 看教育技术理论的新发展[J].中小学信息技术教育,2004(4).
② 李逢庆.混合式教学的理论基础与教学设计[J].现代教育技术,2016(9).
③ 黄荣怀,马丁,郑兰琴等.基于混合式学习的课程设计理论[J].电化教育研究,2009(1).

第七章　泛在学习背景下课程模式改革探索:实践取向的教学实践改革专题(五)

点击"关注"即可关注微信公众号,简单易行。微信公众平台可以将线上线下、PC端和移动端完美地结合起来,大大拓展了学习空间,这种新型的学习方式下,学生可以不受时间与地点的约束。二是能够获取精准的用户,瞄准用户的真正需求。利用微信公众平台对用户的跟踪功能,教师可以针对某类学生进行即时的、有针对性的教学,最大限度地实现因材施教。三是自动回复功能,与用户互动便捷。微信公众号自动回复功能是其天然的优势,再结合人工回复服务和评论功能,可以实现更有效地与用户进行互动,促使学生从被动的信息接收者转为信息的主动创造者,体现了以学生为中心的教学理念。四是可以承载大量的、类型多样化的信息。公众号上的信息是不断积累的,不会因时间的推移而流失,新用户关注一个公众号,只要通过"查看历史消息"就可以阅读公众号自开通以来的所有信息,所以基于微信公众平台开发移动学习是一个教学资源不断累积的过程。文字、图片、声音、视频是公众号信息传递的最基本素材,在微信公众平台上,教师可以对这些基本素材进行灵活编辑、自由组合,创新出更多样化的教学形式。

基于以上四方面的特性,微信应用于课堂教学有着多方面的优势。对比于PC端,基于移动端的移动学习能提供更加个性化的学习环境,构建更加情境化的人机交互场景,更能提升学习的趣味性,而且对于在线学习资源,如题库类、文本类、音频类等,也更适合从移动端切入。微信作为最具代表性的即时通信移动应用程序,因其较强的趣味性、便利的可操作性,并可以免费使用,逐渐进入教育者的视线,被应用于移动学习,尤其是2012年8月上线运营的微信公众平台。微信网络平台可以增进师生的情感,及时关注学生的思想状况。高校教师和学生的沟通少,通过微信网络平台可以进一步了解学生的心理及知识需求,根据学生的需求增减课堂上的知识,有助于提高学生的学习兴趣。微信网络课堂还是传统课堂的有力保障和必要延伸,它可以借助微信技术进行即时的课外在线疑难解答,微信网络平台体现了泛在学习的各种便利,学生无论在何时何地,只要把学习过程中遇到的问题发送至教师,教师看到后无论通过语音还是文字可瞬间解决,这种在线交流,打破了传统的时空限制,使学习和交流无处不在,使教学更加游刃有余,学生也更愿意利用微信来学习。微信网络平台也有力弥补了一些课程课时少的不足。教师课前可把将要讲授的内容及知识点录制成微课,发送到预先构建的微信公众平台,这样在课堂上教师可以把更多的时间交给学生自己操作和学习,学生学习由被动变主动,极大地调动了学生的学习积极性。

(二)微信用于课程教学的必要性

首先,低头族学生的普遍性存在。当下智能手机的功能日益增多,高校大部分学生课上、课下,甚至走路都低头看手机,玩微信,刷朋友圈。在对本学院200名学生的调查中发现,学生对手机的依赖率为67%,如遇手机没电、断网等,这些学生会变得无所事事。如何引导学生利用自媒体提升自身素质,加强自身专业知识、技能变得尤为关键。笔者与部分老师还对学生微信使用情况进行了调查。被调查的200名学生中100%安装了微信,且大部分人使用频率较高。调查结果显示,微信公众号是大部分学生较常使用的微信功能之一,而且一半以上的学生对于在微信上学习一些课程表示感兴趣。调查结果表明,客观上在校学生群体中已具备使用微信开展一些课程教学的条件,而且在主观情感上是能被学生接受甚至欢迎的。

其次,传统课堂教学存在着诸多问题。一是教师课堂管理不严格,教学内容枯燥。一些老师的课堂管理比较宽松,教学内容又比较枯燥,这常常使得整个课堂无法控制,学生滥用手机行为比较普遍。二是随着实践教学时间比重的增加,许多理论课程课时压缩,内容又多,老师为了赶进度,把时间集中用于理论讲授,很难进行案例教学,缺少课堂交流与互动,理论与实践脱节,教学效果难以保证,从而使部分学生失去学习兴趣。三是学生层次不一,教师资源有限,难以因材施教。由于各地区教育水平的差异,中学期间文理科教学内容的不同,导致高校学生同一教学班中学生的数学学习能力和知识结构也常常存在明显的差异。由于教师资源有限,无法大范围在课堂上推行分层教学,只能在平均水平下施行教学,不能立足学生差异,进行因材施教。

(三)微信用于混合式教学的具体实践

1. 基于微信公众平台的混合教学模式设计思路与基本步骤

混合式教学模式是将传统的教学方式与数字化网络化的教学方式相结合而形成的新的教学模式,因结合的方式不同呈现出不同的形态。何克抗较早提出混合式教学模式概念,认为混合式教学能够将传统教学和网络化、数字化学习优势相结合,教师在教学过程中发挥启发、引导的主导作用,学生在学习中发挥主体性、创新性,能够取得最佳的学习效果。此后学者们从混合式教学模式实施、教学策略等方面进行探究,但基于微信公众平台的混合式教学模式的研究成果还不多见。混合式教学模式的设计核心是通过多种教学方式、工具和环境的融合,实现在线学习和课堂教学的有机结合,促进学生实现自主学习和合作学习的融合。微信公众平台一经推出,由于其功能强大、使用便捷、内容丰富等优势,使用户快速增长,迅速成为人们获得信息的主渠道。借助微信功能搭建教学平台,使在线教学和课堂教学相结合,能够提高学生课堂参与度和自主学习积极性,以及碎片化时间的利用率。基于前人研究成果,本书构建了基于微信公众平台的混合教学模式,该模式分为前端分析、平台内容设计和学习评价三部分。前端分析了解学习主体的特征和学习需求,是设计的前提,目的是明确微信平台的设计目标。平台内容设计是核心,根据微信提供的技术条件,设计微信公众平台的功能,以及课程内容学习的各板块内容。学习评价是混合式学习模式效果的检验。

根据微信公众平台的特性和混合式教学的特点,基于微信公众平台开展课程教学的基本形式为借助智能移动终端,将课程资源共享、知识能力拓展和互动交流相结合,构建"无处不在""无时不在"的学习环境;教学策略以课堂教学为主,系统讲授知识,通过微信公众平台展示资源、推送信息,让学生可以随时随处开展学习,形成"线上+线下"的混合式教学模式。第一步,建立班级微信群和课程公众号。教师根据教学内容,制作成一个个知识点和学习专题,通过微信群或者利用微信群发功能向学生们发送学习内容。第二步,了解与分析学情。分析的重点是分析学习主体、学习内容(客体)和学习环境三方面。分析学习主体了解其学习需求,分析学习内容以便根据不同课程特点,选择不同的学习内容呈现方式。对学习环境的分析重点是落实教学互动设计。①学生特征分析。高校学生来源广泛,每个学生的学习能力和学习素质各不相同,老师需在课前就班级学生的学习能力进行简单测试,针对所教授班级学生的学习能力提出相应的教学方案。②学习内容分析。传统教学对教材依赖性强,而教材更新不够及时,导致教师在有限的课时中,设计的教学内容存在专业领域内落后于时代的发展、实用性不强等问题。混合式教学模式下,利用微信公众平台及时更新教学内容,如在学前教育专业教法类课程教学中,将课程知识点与最新教研动态相结合,能够引起学生的关注和学习兴趣,提高学生课堂参与度。③混合学习环境的分析。混合教学模式的实施,需要网络教学平台的支撑,这个平台除了提供课程资源外,教师可以随时与学生进行线上交流,根据教学计划下达教学任务,监督和指导学生学习,学生之间也可以进行学业上的讨论和交流。通过微信公众平台,教师可随时向学生推送任何与课程相关的内容,包括图文和视频,学生可以通过"置顶公账号"的设置,关注教师发布的内容,通过"查看历史消息的功能"查找前面发布的内容,帮助学生复习前面学习的知识。第三步,在上新课之前,先向学生发送课前需要了解和必备的知识,及新课内容的微视频。学生收到教师发布的内容后,利用相关资源自主学习,这样极大地提高了课堂效率,增强了学生自主学习能力,解决了一些课程课时少的缺点。第四步,课后,教师把课堂上学生的共性问题整理出来再发送给学生,避免类似问题在课堂上反复解决。最后,根据课堂内容上传扩展信息资源,让学有余力的学生充分扩展自己的知识。在课前、课后的学习过程中,学生发现问题后通过微信向教师提出问题,与教师相互交流互动,同学们之间也可以相互交流、相互解决学习中遇到的问题。

2.基于微信公众平台的混合教学模式内容

混合教学模式的平台内容设计是一个重要环节。其内容主要包括以下几个方面:一是课内资源。课程资源的提供一般包括教学课件、优秀作业、连接其他平台、推荐阅读、课堂互动五个板块。①教学课件是由老师提前将课件资源以"图片+文字+视频"的形式上传,方便学生在课前预习,完成教

第七章　泛在学习背景下课程模式改革探索：实践取向的教学实践改革专题（五）

师提出的学习任务并总结所遇到的问题，可直接在微信公众平台进行提问。教师通过整理归纳，针对这些问题了解学生的学习情况，从而设计课堂教学内容，以适应学生认知的发展。②定期展示学生的优秀作业资源，通过微信公众平台点赞和评论功能，以"老师评选＋学生点评"的方式对其进行评价，累积集成到期末总成绩中。③连接其他平台，以满足学生个性化的学习需求。教师根据前期对学生情况的分析，推荐与学生学习能力相匹配的其他学习平台，这样既在顾及了大部分学生的同时，也体现了教师对小部分学生的关注，从而实现了对学生教育的全面覆盖。④推荐阅读，是课堂知识的延伸和拓展。为加深学生的高级认知，教师可就相关的主题推荐课后阅读的材料并设置难题探究，建立以微信公众平台为纽带的线上线下学习通道。⑤课堂互动是教学过程中重要的一部分，包括师生和生生在课前、课中和课后的互动。利用微信公众平台的微信墙设置签到和答题，群组功能设置兴趣小组组织讨论，投票功能了解学生学习状态，关键字回复和答疑讨论区等构成的功能圈与课堂互动相结合，使师生之间可以随时随地进行无缝沟通、教学相长，增进情感交流；而这种循序渐进的交流方式也能促使班级内形成即时的反馈圈，促进学生的深度理解，增强学习效果。二是课外活动资源。传统教学模式中，课时有限，限制了老师对专业知识深层次的拓展和师生之间的互动，在微信公众平台上教师就教学内容中要进行的课堂活动可在实践及活动板块提前发布，让学生在课前有充分的时间准备，避免活动占用过多课时。个性化指导旨在帮助学生解决学业上遇到的疑难问题，所回答的问题来自后台提问，由老师们选择大多数学生关注且具有价值的问题回答并定期发布，为学生提供课堂外寻求帮助的途径。讲座信息包含提供本学院和其他学院的全部讲座信息，给学生提供一个获得讲座信息的便捷通道。三是信息交流资源。提供及时、丰富和高质量的信息是平台应具备的基本功能。课程学习公众号可扮演第三方平台的角色，学生可将自己拥有的信息和资源在平台上共享。平台设立了实习招聘和师生交流两个个性化功能，实习招聘是为满足学生对就业实践信息的需求，师生互动是为解决学生实习过程中遇到的问题而设计的板块，有助于增进师生情谊和促进教书育人。

3.学习评价

传统的考核方式对学生的学习进步、课堂表现、学习参与度等状态难以考核,对于学生良好的表现无法给予奖励形成正面反馈,不利于培养学生良好的学习习惯。基于微信公众平台的混合教学,提出"学生自评＋学生互评＋老师分析总评"的学习评价方式,能全面展示学生学习情况。学生自评是基于自己的学习目标对自己的表现进行评价,提出自己的不足和解决问题的办法,驱使学生主动设立和完成自我的学习目标,锻炼分析和解决问题的能力。学生互评是学生作为评价者对他人进行评价,角色的转换使得学生不得不参与到课堂的活动中,这样就极大地提高了学生课堂参与度。同时,学生之间的评价能带来和教师思维不同的视角,使评价更全面完善。最后由老师根据学生的表现,在学生自评和学生互评的基础上进行总结打分。这样一个完整的评价考核方式能全面地展示学生真实的成长情况。

(四)实施效果

我院教师使用微信教学已经非常普遍。相对于传统教学,其实效主要体现在如下几方面。首先,促进了课堂教学的进一步的三个改变,提高了学生学习自主性,加大碎片化时间利用率。混合式教学提倡以教师为主导、以学生为主体的教育理念,打破传统的教学模式,学生由被动转变为主动的参与者,线上线下学习渠道相结合,能够满足学生个性化和移动学习的需求。基于微信公众平台的混合式教学模式的实践,在教学方式上,打破了传统的单一课堂教学模式;在教学内容上,开阔了学生的知识视野,深化了学生的专业认知;在教育理念上,实现了"教师为主导,学生为主体"的自主学习目标,有效地提高了学生自主学习和创新能力。微信网络课堂极大地提高了学生的学习兴趣,解决了许多课程课时不足的问题,还提高了学生自主探究问题和相互协作的能力,同时,还给学有余力的同学搭建了更好的学习平台。在微信网络课堂的实施阶段,可以看出学生是整个学习过程的主体,教师起到了指导作用。实施微信网络课堂后围绕以下几个方面对本次授课做了问卷调查:①对新知识的接受程度;②对授课方式的满意程度;③自主学习能力提高程度。评价等级分为三类:A代表满意,B代表一般,C 代表不满意。以所授班级学生为调查对象,共 49 人,设置问卷 49 份,收回 49 份,调查结果如下表 7-2 所示。

表 7-2 调查结果

评价指标	评价结果		
	A	B	C
对授课方式的满意程度	88.7%	8.1%	3.2%
对新知识的接受程度	68.9%	20.4%	10.7%
自主学习能力提高程度	86.7%	4.7%	8.6%

利用学生爱玩手机的特点,把学习内容嵌入学生手机微信。让学生们在不经意的"玩"中学,不仅能充实他们的精神世界,又拓宽了他们的专业知识面。总体上,从学生接受程度、授课方式和学生自主学习能力培养三方面来看,微信网络课堂教学模式的引入,对提升课堂教学效果是明显的。虽然微信网络课堂有一定的客观条件限制,如学生的自主能力、适应性、经济因素,还有手机屏幕的局限性等问题,但把传统的课堂学习与微信网络课堂学习结合起来,使学生在微信网络环境下学习知识的同时,也培养了学生的相互交流、相互协作的能力,有效地优化了课堂教学,提高了学习者的兴趣与积极性。其次,解决学时有限和课程内容繁多的冲突问题。混合教学模式借助微信公众平台可提前将课程资源推送给学生,在为学生提供自主学习资源的同时,缓解课时有限和教学内容繁多的冲突,为教师提供充足课堂时间对相关知识进行深层次拓展,促进学生高级认知的发展。第三,提高学生沟通和协作能力。基于微信公众平台的混合教学模式,增加了师生和生生之间的交流机会,锻炼了学生的沟通交流能力,提升了人际交往的能力。将学生由自我学习转向合作式学习,学生在掌握理论知识的同时提高了协作能力和综合素质。作为一个新型的教学模式,基于微信公众平台的混合教学模式值得尝试和推广。

第八章 实践取向的师生教学实践改革案例

第一节 实践取向的教师教学实践改革案例

一、课程标准编制案例

"学前教育史"课程标准

课程代码:08120017　　　课程类别:必修
课程学分:2　　　　　　 计划学时:32
适用范围:学前教育专业　 先修课程:中学历史/学前教育学
考核方式:闭卷考试
授课单位:教师教育学院　 教研室:学前教育
制定人:粟高燕　　　　　 审定人:柯甫凯 冯翠典

第一部分 前　言

一、课程性质

"学前教育史"课程是教育科学的重要分支,是学前教育本科专业的必修课程,是用历史唯物主义观点阐释中外学前教育历史发展进程和规律,培养和提高学生的学前教育历史意识、历史知识、专业精神和人文素养,促进学生专业发展的一门专业核心课程。

"学前教育史"课程从不同的角度揭示中外学前教育发展的基本过程,通过重大学前教育历史事件、人物思想展现学前教育发展进程中丰富的学前教育文化遗产。通过该课程的学习,能使学生了解中外学前教育发展的基本脉络,总结历史经验教训,继承优秀的学前教育遗产,弘扬民族精神;学会用马克思主义科学的历史观分析问题、解决问题;学习从历史的角度去了解和思考学前教育与政治经济、与社会文化、与人的发展之间的关系,进而关注中华民族以及全人类学前教育的历史命运。通过该课程的学习,培养和提高学生的学前教育历史意识、历史知识、专业精神和人文素养,促进学生的专业发展。

"学前教育史"与"学前教育学"课程有着较为密切的关系,在教学中应注意运用"学前教育学"的理论和知识分析中外学前教育史的教育问题和教育思想,又要注意运用中外学前教育史的教育问题和教育思想丰富和印证"学前教育学"的理论和知识。

"学前教育史"还是教育和历史的交叉性课程,其以《中外教育史》为基本依据,与各类专业课程构成学前教育的整体课程体系。

二、课程的基本理念

"学前教育史"课程根据历史学科和历史教学的特点,全面发挥历史教育的功能,尊重历史,追求真实,吸收人类优秀的学前教育成果,弘扬爱国主义精神,陶冶关爱学前教育的情操。通过"学前教育史"课程的教学,使学生增强学前教育的历史意识,汲取学前教育的历史智慧,开阔视野,了解中外学前教育的发展趋势,增强对学前教育的历史洞察力和历史使命感,发展专业精神和人文素养,促进自身的专业成长。

"学前教育史"课程在内容体系的构建上,横向上注意与学前教育学科相关范畴的对接,纵向上注意与中外历史发展顺序对应,遵循普通历史教学与学前教育专业知识教学的规律;在内容选择上,应坚持基础性、时代性、科学性与人文性,应密切与现实教育和社会发展的联系,关注学生的学习生活与专业成长。

"学前教育史"课程的实施,要体现多样性、多视角、多层次、多形式地为学生的专业学习提供更多的选择空间,有助于学生的专业成长。

"学前教育史"课程的实施要有利于学生学习方式的转变,倡导学生主动学习,在多样化、开放式的学习环境中,充分发挥学生的主体性、积极性与参与性,培养探究学前教育历史问题的能力和实事求是的科学态度,提高创新意识和实践能力。

"学前教育史"课程的实施要有利于教师教学理念的更新,有利于教学方式的转变,倡导灵活运用多样化的教学手段和方法,为学生的自主学习创造必要的前提。

"学前教育史"课程的实施要有利于教学评价的改进,形成以评价学生综合素质为目标的评价体系,全面实现教学评价的功能。

三、课程的设计思路

课程设置的总原则及根本依据:根据学前教育本科专业的性质、任务以及培养目标和基本要求,遵循时代性、基础性、科学性和人文性的原则,规定适合学前教育本科专业学生学习的课程目标和学习内容,为其进入社会和高层次学习奠定基础。

课程内容结构、课时安排及学分分配说明:课程总共为10讲,共32课时,2个学分,主要分配如下:

上篇:中国学前教育史

第一章　中国古代学前教育实践(2课时)

第二章　中国古代学前教育思想(3课时)

第三章　中国近代学前教育的产生(2课时)

第四章　中国现代学前教育的推进(2课时)

第五章　中国现代学前教育思想(5课时)

第六章　中国当代学前教育的发展(2课时)

下篇:外国学前教育史

第七章　外国古代学前教育的实施(3课时)

第八章　外国古代学前教育思想(2课时)

第十章　外国近代学前教育思想(6课时)

第十二章　外国现当代学前教育理论(5课时)

实践教学环节:主要包括两次课堂主题讨论(小组汇报形式)、一篇研究性学习课程论文及一篇研究性学习读书报告(课外完成)。

考核方式:根据本课程的特点,课程考评应加强过程评价。具体做法:1.课程成绩测评由闭卷考试成绩、平时成绩两部分组成;2.期末闭卷考试成绩占60%,平时成绩占40%。

第二部分 课程目标

一、课程总目标

通过这门课的教学,使学生初步了解中外学前教育发展史中影响较大的学前教育理论与实践活动,从而培养学生自觉主动地学习和继承人类优秀的学前教育遗产,并通过知古识今,更好地认识我国当今的学前教育现状及未来发展趋势,提高学生热爱学前教育、从事学前教育的专业精神和人文素养,课程目标与毕业要求如表8-1所示。

表8-1 课程目标与毕业要求矩阵

毕业要求	课程目标		
	知识与能力	过程与方法	情感态度与价值观
践行师德			√
学会教学	√	√	
综合育人	√		√
学会发展	√	√	√

二、课程分目标

1.知识与能力

(1)能较好地理清中外学前教育发展史的基本线索,把握中外学前教育发展的基本历史规律;能较为全面地总结各个历史时期学前教育发展的历史特征与经验教训;做到古今结合,能从历史的角度准确地分析学前教育的发展趋势。

(2)能基本了解学前教育发展历史与其他社会现象的关联。如学前教育与环境之间的关系,学前教育与经济的关系,学前教育与人口的关系,学前教育与社会文化的关系等。同时也要理解学前教育和人的社会化之间的关系,在此基础上认识到其间的关系在作用的性质、用途的程度和作用的过程是各不相同的,务求把握得当,发挥教育的积极、正面的社会功能。

(3)能较好地掌握学前教育思想的来源、发展历程及其发展趋势;掌握人类思想发展史中有关学前教育的重要理论、经验和思想;尝试批判性地认识和思考各种学前教育理论流派;融会贯通现代学前教育各个基本流派的理论与实践,并能用这些理论分析当今的学前教育问题。

(4)能深入了解陈鹤琴、陶行知、张雪门、洛克、卢梭、福禄贝尔、杜威、蒙台梭利等优秀教育家的一般教育活动及其学前教育思想主张、人格风范、知识结构,思考我们应该从他们身上继承的优秀品质,思考作为一个优秀的学前教育家应具备的优秀品质。

(5)能在掌握基本学前教育历史知识的过程中,进一步提高阅读能力和通过多种途径获取学前教育历史信息的能力;通过对学前教育历史事实的分析、综合、比较、归纳、概括等认知活动,培养历史思维和解决问题的能力。

2.过程与方法

进一步认识历史学习的一般过程。学习专业历史是一个从感知专业历史到不断积累专业历史知识,进而不断加深对专业历史和现实的理解的过程;同时也是主动参与、学会学习的过程。

掌握历史学习的基本方法。学习历史唯物主义的基本观点和方法,努力做到论从史出、史论结合;注重探究学习,善于从不同的角度发现问题,积极探索解决问题的方法;养成独立思考的学习习惯,能对所学内容进行较为全面的比较、概括和阐释;学会同他人,尤其是具有不同见解的人合作学习和交流,获得终身发展的学习方法与能力。

3.情感态度与价值观

通过学习,能较好地了解中外学前教育发展的过去、现在及未来,激发从事学前教育的自豪感,逐步形成对学前教育发展的使命感和社会责任感,树立为我国学前教育事业做贡献的人生理想。

认识中外学前教育发展的统一性和多样性,理解和尊重世界各地区、各国、各民族的教育文化传统,汲取人类创造的优秀学前教育成果,进一步形成开放的世界意识。

在教学过程中,实现上述课程目标是一个不可分割、相互交融、相互渗透的连续过程。在掌握学前教育历史知识的过程中,既有能力的训练,也有对史学方法的了解和运用,更有态度、情感和价值观的体验与培养。掌握学前教育历史知识不是本课程学习的唯一和最终目标,而是全面提高人文素养、专业素养的基础和载体。

第三部分　内容标准

教学环节 1:第一章　古代学前教育实践

内容标准:原始社会儿童的社会公育特点;奴隶社会学前教育特点;封建社会学前教育的特点;保傅教育制度与乳保教育制度;胎教的内容与特点;古代学前教育教材;古代学前教育机构;原始社会、奴隶社会、封建社会学前教育的历史比较。

教学重点:保傅教育制度与乳保教育制度;胎教的内容与特点;古代学前教育教材

教学目标:深入理解学前教育对古代社会的意义;正确掌握古代胎教实施的内容与特点;能正确评价古代实施学前家庭教育的内容和意义;能正确评价古代实施学前文化知识教育的利弊。

教学环节 2:第二章　古代学前教育思想

内容标准:颜之推的家庭教育思想;朱熹的儿童教育思想及其特色;王守仁的儿童教育思想及其特色。

教学重点:朱熹的儿童教育思想及其特色;王守仁的儿童教育思想及其特色。

教学目标:掌握颜之推家庭教育思想的精华与糟粕;深入理解朱熹"学眼前事"与"提倡正面教育"观点的现实指导意义;联系王守仁"自然教育理论",反思当前学前教育存在的弊端,正确理解"自然教育理论"思想对于当前我们实施学前素质教育的意义;能用所学的名家思想分析现实中的教育问题。

教学环节 3:第三章　近代学前教育的产生

内容标准:近代学前教育产生的历史背景;学前教育近代化的内涵;癸卯学制与《奏定蒙养院章程及家庭教育法章程》颁布的年代及其对学前教育

的意义;近代第一家公立学前教育机构——湖北幼稚园(1903);蒙养院与蒙养园的异同;教会学前教育产生的历史背景、性质、特点及其作用;康有为的学前教育公育思想。

教学重点:癸卯学制与《奏定蒙养院章程及家庭教育法章程》颁布的年代及其对学前教育的意义;蒙养院与蒙养园的异同。

教学目标:初步了解近代学前教育发展与近代社会背景的关系;理解学前教育近代化的基本内涵;能正确评价蒙养院与蒙养园的区别;通过文献调查或实证研究,了解近代著名幼稚园的发展过程与现状,了解学前教育的历史继承性。

教学环节4:第四章　现代学前教育的推进

内容标准:杜威实用主义教育思想对中国学前教育的影响;幼稚园制度的建立;比较蒙养院、蒙养园、幼稚园的历史特点;第一个幼稚园课程标准的特点;各类幼稚园的建立和发展;幼稚园师资的培养;老解放区学前儿童保育和教育的实施;老解放区学前教育的有益经验。

教学重点:第一个幼稚园课程标准的特点;各类幼稚园的建立和发展;幼稚园师资的培养,老解放区学前教育的有益经验。

教学目标:能基本理解现代学前教育发展与现代社会背景的关系;能基本理解现代学前教育与古代、近代学前教育的本质区别;通过文献调查或实证研究,了解现代著名幼稚园的发展过程与现状,了解学前教育的历史继承性;能正确评价第一个幼稚园课程标准的时代特征及其意义;能正确分析与总结我国自办幼稚园的经验和教训;结合当时历史背景分析某一幼稚园,指出其进步和局限之处;正确总结现代学前教育的本质特点。总结老解放区对婴幼儿的保育和教育工作的经验;深入领会老解放区学前教育实践经验对于当前发展新农村学前教育的现实指导意义。

教学环节5:第五章　中国现代学前教育思想

内容标准:陶行知、张雪门、陈鹤琴、张宗麟的学前教育思想内涵。

教学重点:陶行知的儿童创造教育思想;陈鹤琴的活教育思想

教学目标:认识现代学前教育思想产生的历史文化背景;整体把握现代学前教育思想的基调;对陶行知、陈鹤琴、张雪门及张宗麟的学前教育思想进行客观的评价;了解现代教育家群体成长的历史背景及其基本特征;体会学习现代学前教育思想史的意义,能用教育家的一些观点来分析现实学前教育问题;为自己树立正确的学前教育思想打下一定的理论基础。

教学环节6:第六章　中国当代学前教育的发展

内容标准:《幼儿园教育指导纲要(试行)》的内容及体现的教育理念;《中国儿童发展纲要》的总目标;《国家中长期教育改革和发展规划纲要》的颁布对我国学前教育发展带来的新机遇;《幼儿园教师专业标准》。

教学重点:《幼儿园教育指导纲要(试行)》的内容及体现的教育理念;《国家中长期教育改革和发展规划纲要》的颁布对我国学前教育发展带来的新机遇;《幼儿园教师专业标准》。

教学目标:能记诵《幼儿园教育指导纲要(试行)》总则及教育教学活动的重要组织原则,能用《幼儿园教育指导纲要(试行)》的有关理念分析现实中的教育问题;能深入理解《国家中长期教育改革和发展规划纲要》的颁布对我国学前教育发展的重大历史意义;能较为熟练地说出《幼儿园教师专业标准》的基本理念及相关具体要求。

教学环节7:第七章　外国古代学前教育的实施

内容标准:斯巴达与雅典学前教育的特点,西欧中世纪和文艺复兴时期的儿童观与教育观

教学重点:西欧中世纪和文艺复兴时期的儿童观与教育观

教学目标:认识古代几个文明古国学前教育发展的历史文化背景,整体把握学前教育发展的历程;了解西欧中世纪及文艺复兴时期学前教育发展状况;体会学习外国古代学前教育实践史的意义,能用所学的相关知识来分析现实学前教育问题,为自己将来从事学前教育工作打下一定的理论与实践基础。

教学环节8:第八章　外国古代学前教育思想

内容标准:对柏拉图、亚里士多德、昆体良、伊拉斯漠斯及蒙田的学前教育思想

教学重点:柏拉图学前教育思想

教学目标:认识外国古代学前教育思想产生的历史文化背景;对柏拉

图、亚里士多德、昆体良、伊拉斯漠斯及蒙田的学前教育思想进行客观的评价;体会学习古代学前教育思想史的意义,能用教育家的一些观点来分析现实学前教育问题;为自己树立正确的学前教育思想打下一定的理论基础。

教学环节9:第十章　外国近代学前教育思想

内容标准:夸美纽斯、洛克、卢梭、裴斯泰洛齐、福禄贝尔5位教育家的生平、著作、主要教育观点。

教学重点:夸美纽斯、洛克、卢梭、裴斯泰洛齐、福禄贝尔5位教育家的主要教育观点。

教学目标:掌握夸美纽斯、洛克、卢梭、裴斯泰洛齐、福禄贝尔5位教育家的主要教育观点;深入领会裴斯泰洛齐的精神,福禄贝尔恩物的教育价值;能运用5位教育家的教育观点分析现实中的学前教育问题。

教学环节10:第十二章　外国现代学前教育理论

内容标准:杜威、蒙台梭利两位教育家的生平、著作、主要教育观点;马斯洛、皮亚杰的学前教育思想;瑞吉欧教育方案;光谱教育方案;多元智力理论

教学重点:蒙台梭利的主要教育观点;瑞吉欧教育方案;多元智力理论

教学目标:认识外国现当代学前教育理论产生的历史文化背景;对杜威、蒙台梭利、马斯洛、皮亚杰的学前教育思想以及瑞吉欧、多元智力理论进行客观的评价;体会学习现当代学前教育思想史的意义,能用教育家的一些观点来分析现实学前教育问题;为自己树立正确的学前教育思想打下一定的理论基础。

第四部分　实施建议

一、教学建议

首先,课堂精讲与学生讨论相结合。面对教材厚、内容多、课时少的实际,教师应抓住要点精讲,并精心设计开放性的讨论题,引导学生结合实际充分展开讨论,促进学生对内容的理解和深化。

其次,教师讲授与学生自学相结合。对教材中的某些内容教师先出示自学提纲,让学生据此自学,然后引导学生进行讨论和辨析。讨论、辨析的

内容主要包括"谈体会""谈感受""谈难点""谈疑点",不仅有利于学生对知识的掌握,更有利于学生语言表达能力和思维能力的培养。

第三,课本学习与课外资料相结合。中外学前教育史,除重点探讨历史的学前教育以外,还涉及政治、经济、道德、哲学、艺术、宗教等问题,知识面广,内容庞杂,学生仅仅依据课本,还不能全面、准确、深刻地掌握该门课程的内容,需要指导学生查阅历史资料、文献,寻找本土学习资源及网络资源,帮助学生理解课程内容,拓展学习空间,提升学习质量。

第四,接受学习和研究性学习相结合。学习学前教育史,不掌握一定的史料,难以真正学懂学透。重要的历史资料,如《学记》《论语》等,或全部或部分,让学生识记背诵,深入理解,消化吸收。重要的教育或儿童文学著作,如卢梭的《爱弥尔》、洛克的《教育漫话》、杜威的《民主主义与教育》、蒙台梭利的《童年的秘密》、黑柳彻子的《窗外的小豆豆》等,分别用不同的体裁阐述了教育规律,要求阅读,并写出读书笔记。另外,在教学中,教师可提出一些重要问题或争议问题,或让学生从书中发现问题,然后指导学生查阅资料、搜集信息,进行分析、比较、评价、研究,使学生不但掌握了书本知识,而且学到了课外知识,开阔了视野,培养了能力。

第五,理论学习与实践研究相结合。本课程教学的基本指导原则要注意古为今用、以史鉴今。能用所学的学前教育史知识分析现实中的学前教育问题,突出学以致用的教学目的,加强实践教学环节设计。结合本课程的特点,实践教学环节设计思路:第一,读经典汇报。第二,进行研究性主题学习。旨在引导学生发现问题,自主地探究问题,综合各学科知识,解决问题。

第六,教学方法上要突出实践导向的教学方法,实现教学模式的三个转变:以教为主向以学为主转变、以课堂教学为主向课内外结合转变、以结果评价为主向结果与过程评价结合转变。把研究性学习、参与式教学、启发式教学、情境教学、合作学习、案例教学、PBL教学等有机结合起来,加强课堂教学互动化,激发学生学习的主体性。

第七,过程性评价与终结性评价相结合。教学过程中要重视过程性评价,及时对学生学习进行客观有效的评价,不断激励学生的学习积极性,及时获取反馈信息,更好地改进教学。

二、评价建议

(一)对学生的建议

课程成绩由平时成绩与期末考试成绩两部分组成。平时成绩占总课程成绩的40%。主要由出勤率(10%)、课堂讨论表现(15%)及课后作业(15%)几部分构成。要求学生做到:第一,按时到课,不迟到、不旷课,上课认真听讲,做听课反思记录,独立思考,积极参与课堂讨论,认真完成课后作业。第二,认真撰写课程论文与研究性学习读书报告。撰写课程论文与读书报告是体现探究性学习成果的内容之一,也是大学生学习评价的方式。通过撰写课程论文与读书报告,重点考查学生的历史思维能力、语言文字表达能力、收集和处理信息能力等。第三,积极参与调查与讨论。调查与讨论既是一种学习方式,也是一种学习评价方式。通过丰富多样的历史调查与讨论活动,可以考查学生综合运用历史知识分析和解决问题的实践能力。第四,认真准备期末考试。考试是学习的一种评价方式,本课程的考试主要是期末的闭卷考试。要通过期末考试,需要平时的认真听课及期末的认真复习。考试题型多样,有名词解释、单项填空、简答题、论述题、材料分析题,知识覆盖面广,有一定的深度与广度,旨在考查学生的基础知识及综合分析问题的能力。

(二)对教师的建议

学生的学习评价是教学评价的重要组成部分,具有反馈、调控教学并促进学生全面发展的重要功能。学习评价必须以课程目标为依据,遵循既注重结果,也注重过程的基本原则,灵活运用各种科学有效的评价手段,对学生的知识与能力、过程与方法、情感态度与价值观做出定量和定性相结合的评价。在学习评价实施过程中,应充分调动教师、学生的积极性,共同参与对有效学习评价方法的探索。

(三)对课程体系的建议

对于本课程整个内容体系而言,本课程重点考查学前教育思想史内容及制度史内容,时间上更侧重现当代内容的考查。国别上,略有侧重外国现当代学前教育的理论与实践部分。

在整个人才培养计划的课程体系中,该门课程的学习需要有较好的学前教育学、学前教育心理学、学前课程论、学前游戏论等学习基础。还需要比较好的普通历史学知识作支撑。因此,建议在时间安排上放在这些课程的学习之后。另外建议,"学前教育学""学前课程论"等课程的有关历史内容不要再讲授。

三、课程资源的开发与利用

凡是直接对实现课程目标有利的因素都是课程资源。"学前教育史"课程资源既包括教材、教学设备、图书馆、博物馆、互联网以及历史遗址、遗迹和文物等物质资源,也包括教师、学生、家长及社会各界人士等人力资源。课程资源的开发与利用水平同教学质量的高低密切相关,充分开发和利用历史课程资源,有利于课程目标的实现。

第一,以教科书为核心的教材。教材是课程资源的重要组成部分。学校、教师和学生可依据本地区的特点和自身的需求,在教育行政部门的指导下选择合适的教材。

第二,任课教师。任课教师是最重要的人力课程资源。教师的素质状况决定了课程资源开发与利用的范围和程度。在课程资源建设过程中,要始终把教师自身素质提升放在首位,通过对教师这一重要课程资源的开发,带动其他课程资源的优化发展。

第三,图书馆。图书馆中涉及学前教育史课程资源的主要有:历史文献、历史读物、历史报刊、历史文学艺术作品等。充分利用图书馆,对课程教学具有积极作用。

第四,历史音像资料。历史音像资料包括图片、照片、录音、录像和历史题材的影视作品等。充分利用历史音像资料,有利于培养学生学习历史的兴趣和历史理解能力。

第五,家庭。每个家庭都有不同的经历,学生通过照片、实物以及家长和亲属等,有利于了解家庭的历史和社会的变迁。充分利用家庭资源,可以增强学生对历史的体验和感悟。

第六,社区。社区资源包括社区的图书馆、资料室、博物馆以及人力资源等。充分利用社区资源,采取社会调查、小组活动等方式,提高学生动手、动脑和参与社会实践的能力。

第七,历史遗存。历史遗存包括历史遗址、遗迹、文物以及蕴含历史内容的人文景观和自然景观等。利用历史遗存,能够增强学生直观的历史感受。

第八,互联网。可以利用信息技术和网络技术,收集丰富的网上资源,使学生更直接、更全面、更迅速地了解学前教育历史,在更大的范围内共享高质量的教学资源。

四、教材编写与使用建议

首先,严格以最新制定的学前教育本科专业人才培养目标及《学前教育史课程标准》为依据编写教材,切实有效地实现该门课程在知识与能力、过程与方法、情感态度与价值观等方面的课程目标。充分体现目标引领、实践导向的课程设计思想。

其次,根据最新制订的学前教育本科专业人才培养计划规定的课时数编写教材。

再次,目前采用的教材是粟高燕主编的《中外学前教育史》(天津大学出版社2014年版)。该教材是为学前教育本专业学生编写的学前教育系列教材,在学前教育史课时压缩的背景下,教材内容需要相应的精简与重组。采用更清晰、更精练的简史形式编写,分为中外两篇,共计十二章,在保证历史线索完整与核心知识体系不变的基础上,通过科学的精简与整合,内容结构上减少了许多章节。编写内容与形式较之于既往此类教材有了一定的改革与创新。史料更精简,历史线索更清晰,突出了学生学习的主体性及学前教育史教材的人文性与时代性,突出了历史经验的现实意义,更有利于学前教育专业学生学以致用。

本教材编写突出以下几个特点:

第一,科学性与人文性。科学性是历史教材的生命。因此,本教材编写的特色之一就是科学性。尊重历史,坚持历史与逻辑的统一性。在选材上特别注重材料的科学性。人文性表现为:首先,历史教材承担着培养学生人文素质的重要职责。因此,教材要充分展现培养学生人文精神的历史素材,让学生在感知丰富、具体的史实过程中,其人文的思想感情受到潜移默化的感染和熏陶。其次,教材编写关注学生学习兴趣的培养、学习方法的引导、学习结果的评价,真正体现以学生发展为本的编写理念。再次,基于中国社会历史现实,将与社会生活、生产密切相关的学前教育内容、教育对象、教育方式与途径纳入教材之中,全面真实反映发生在主要生活场域中的学前教育活动,深入揭示学前教育与生活的关系。

第二,时代性。还原历史本来面目,在教育家生活的时代背景中体验他们深邃的教育思想,感受他们的人格风范,辩证分析他们思想的现实意义和局限性。特别是和传统教材比较,本书增添了20世纪90年代后期的许多新内容,实现了历史和当代的有机结合,具有既尊重历史又面向世界、面向未来的视野与追求。

第三,系统全面性。教材内容系统全面,有助于读者从整体上把握中外学前教育发展的历史及其规律。教材每章结构由学习目标、正文内容、思考练习及课堂延伸四部分组成。教材以"信史"为原始资料,正文内容力求观点正确,论据充分。习题设计力图更好地巩固基础知识,提升学生的思维品质。认真选择课堂延伸资料,力求开阔视野,增强教材的可读性、趣味性及应用性。

第四,文化性与开放性。本教材加强了对学前教育的文化学分析,把学前教育的发展与变革放在一个文化变迁的大背景下来考察。同时,本教材还注重文化内容的相关渗透,以扩大学生的文化视野。教材具有伸展性,具有张力。学生通过"课堂延伸"环节,找到连接知识,在更广阔的背景下学习中外学前教育历史。

其他参考教材有:

陈文华:《中外学前教育史》,科学出版社,2014年版。

中国学前教育史编写组:《中国学前教育史资料选》,人民教育出版社,1989年版。

二、课程思政教学案例

以"幼儿园法律法规"为例。

立德树人:教学的生命之基
——"幼儿园法律法规"思政教学探索

教师姓名:栗高燕　　　　　　　　所在系部:学前教育系

一、课程基本情况

课程基本情况如表8-2所示。

表8-2　课程基本情况

课程名称	幼儿园法律法规	课程类别	专业选修课
学　分	1.5	学　时	24
授课专业	学前教育专业	教学班规模	30人/班,108人/年
开展轮数	三轮	教材	幼儿园教育政策法规

二、课程思政教学实践背景与总体思路

课程思政指以构建全员、全程、全课程育人格局的形式将各类课程与思想政治理论课同向同行,形成协同效应,把"立德树人"作为教育的根本任务的一种综合教育理念。

习近平总书记在全国高校思想政治工作会议上强调,要用好课堂教学这个主渠道,各类课程都要与思想政治理论课同向同行,形成协同效应。在这方面,上海市近年来推行的"课程思政"改革提供了一套有价值、可推广的"上海经验"。目前全市"课程思政"整体试点校12所、重点培育校12所、一般培育校34所,基本实现了全市高校全覆盖。各高校已建设"中国系列"课程近30门,综合素养课程175门,近400门专业课程申报开展试点改革。

在课程思政的探索中,全国高校逐步形成"课程思政"理念,推出了《大国方略》等一批"中国系列"课程,选取部分高校进行试点,发掘专业课程思想政治教育资源。我们认识到,加强高校思想政治教育工作,必须从高等教育"育人"本质要求出发,从国家意识形态战略高度出发,不能就"思政课"谈"思政课"建设,而应抓住课程改革核心环节,充分发挥课堂教学在育人中的主渠道作用,着力将思想政治教育贯穿于学校教育教学的全过程,着力将教书育人落实于课堂教学的主渠道之中,深入发掘各类课程的思想政治理论教育资源,发挥所有课程的育人功能,落实所有教师的育人职责。

我校也高度重视课程思政工作的贯彻落实,2017年学校专门召开相关工作的研讨会议,并开展优秀课程思政案例征集活动,评出一、二、三等奖,为推动课程思政的实践采取多种举措。

"幼儿园法律法规"课程是学前教育专业的一门限定选修课。它是研究学前教育政策和法规的理论和应用的基础课程。学生通过本课程的学习,能够比较系统地掌握学前教育政策、法规的基础知识,熟悉我国现行的学前教育政策法规的主要内容,树立依法治教的意识,培养分析、解决学前教育活动中出现的法律问题的能力,提高依法治教的水平和能力。

通过本课程的学习,要达到三个基本目的:①初步掌握学前教育政策、法规的基础知识,增强法制观念,树立和提高严格执法、依法执教的意识;②比较系统地了解、掌握党和国家制定的学前教育政策法规的主要内容,能够比较准确地分析和理解我国现行的学前教育政策、法规,培养和增强执行政策、法规的能力;③学会理论联系实际,用理论分析学前教育中遇到的有关问题,能够运用政策知识、法律手段指导和管理学前教育机构的实际工作,维护学前教育机构和师生的合法权益,保障学前教育改革的深入进行,提高学前教育的保教质量。

基于这样的教学目标,本课程的课程思政的基本思路是:树立课堂教学是教书育人的主阵地的理念。全面贯彻《浙江省中长期教育改革和发展规划纲要(2010—2020年)》、教育部《关于全面提高高等教育质量的若干意见》及《浙江省高校课堂教学创新行动计划(2014—2016)》等精神,充分发挥学生在学习中的主观能动作用;优化教学内容,深化教学方式方法改革,努力构建优质高效课堂,不断增强课堂育人的时代性、针对性和实效性;建立健全科学的评价考核机制,充分发挥课堂教书育人的重要作用,为学生学习成长创造良好环境。总体而言,课程思政的目标与该课程教学的总目标是一致的。

三、课程思政的教学设计(2学时具体设计)

1. 课程内容

第三章 幼儿园教师权益保护

第四节　幼儿园教师专业发展

2. 课程目标

通过本节的学习,学生能够比较全面地熟悉幼儿园教师相关的专业发展的政策文件,能自觉地运用法律所赋予的教师权益促进自身的专业成长及生活品质的提升,做一个依法执教、依法严己的幸福的、专业的幼儿教师。

3. 课程思政目标

课程思政目标与本节的课程教学目标是有机地整合为一体的。通过本节的学习,学生能够比较全面地熟悉幼儿园教师相关的专业发展的政策文件,能自觉地运用法律所赋予的教师权益促进自身的专业成长及生活品质的提升,做一个依法执教、依法严己的幸福的、专业的幼儿教师——岗位上有幸福感、事业上有成就感、社会上有荣誉感的让人羡慕的教师。

4. 具体实施

第一步:引导学生思考什么样的教师是幸福的教师?是专家型教师吗?让人羡慕的教师职业形象是什么样的?你见到过很成功、很幸福的教师吗?大家积极发言讨论。

第二步:引导大家回顾、了解国家为促进教师专业发展有哪些政策文件?

第三步:重点引导大家学习《教师教育课程标准》《幼儿园教师专业标准》《国务院关于当前发展学前教育的若干意见》《中共中央 国务院关于全面深化新时代教师队伍建设改革的意见》。讨论这些政策文件会对你的专业发展带来什么样的影响?如何引导自己的专业成长?

第四步:观看著名学前教育专家卢乐山专业成长自述视频,学习借鉴卢乐山的专业成长经验,总结如何成为一个岗位上有幸福感、事业上有成就感、社会上有荣誉感的让人羡慕的教师。

四、课程思政教学体会

第一,高校教师很有必要树立课程思政的意识。课程思政是高校实现立德树人的重要途径,是教书育人的具体体现,因此很有必要,也很有成效。

第二,课程思政的建设需要有统筹规划,加强教学设计,优化教学方法。做到理论联系实际,讲好课,传大势,让正确的人文、思想理论在专业学科中

"发声"、教材中"现形"、论坛上"亮剑",引导学生专业成人,精神成才。

第三,教师需要不断地学习,提高自身的思想文化素养,做四有教师:有理想信念、有道德情操、有扎实学识、有仁爱之心。做好四有教师才能真正落实课程思政,提升课程的吸引力与感染力。

哲学家、思想家柏拉图曾说:"教育无他,乃心灵的转向",教育家雅斯贝尔斯也说:教育是一朵云推动另一朵云,一棵树摇动另一棵树,一种人格影响另一种人格,一个灵魂唤醒另一个灵魂。我想,这也正是课程思政的精义所在,是教育的生命之基!

三、校级教学成果一等奖介绍

(一)"实践取向的教师教育课程体系建构与实施"成果总结

2009年,台州学院教师教育课程教学团队在学校的支持下启动了教师教育课程改革,构建了一个全新的教师教育课程体系,并全面开展相关课程的课程建设、教学改革和评价改革,取得了良好的成效。

一、改革背景

很长时间以来,传统教师教育课程备受诟病,在师范教育中地位不高,师范生以及众多在职教师认为相关课程对于教师专业实践作用有限。究其原因,还是教师教育课程本身的问题:一是课程设置问题,教师教育课程非常单一,限于"老三门",至多包括了"小三门";课程选择性不足,选修课程有限。二是课程内容问题,课程学科化取向明显,过度强调学科本身的结构和逻辑,在课程内容选择上试图保证学科体系的完整性,而对实践需求关注明显不足,理论与实践脱节非常明显。三是课程实施上以课堂为中心,以知识掌握为主要目标,以授受为主要方式;有实践环节的安排,但时间较短,且完全交由实习学校负责,与理论学习形成互不相干的"两张皮"。四是课程评价以知识掌握为评价目标,着重于记忆等低层次认知技能,忽略分析、综合、应用、问题解决等高层次的认知技能,且以纸笔考试为主要方式。

因为这些问题的存在,教师教育课程改革的呼声一直不断。2009年,浙江省启动了省级教师教育基地建设,并将教师教育课程的改革当作教师教育基地建设的重要任务;教育部也启动了教师教育改革,试图通过多个"标准"的制定来引导教师教育改革,其中《教师教育课程标准》就为教师教育课程改革指明了一个方向。正是在这样的背景下,台州学院启动了教师教育课程改革。

二、改革概况

2009年,我校以"实践取向"为核心理念,比较严格地依据《教师教育课程标准》这样一个全新的教师教育课程体系,并于2009年9月首先在2009级小学教育专业中实行,2010年在全校2010级师范类专业中全面实行,2011年课程方案经修正在2011级师范类专业中实行。新课程方案中的课程建设、教学改革和评价改革同步启动。

(一)改革的核心理念

《教师教育课程标准》为教师教育课程确定了三大基本理念:学生为本、实践取向、终身学习。在我们看来,学生为本和终身学习中都隐含着"实践取向"的意蕴,因为"学生为本"是因为教师的专业实践指向于学生的发展,而实践中的反思是教师终身学习的主要方式,且终身学习的目标还是改善教师的实践,加上当前教师教育课程中最受诟病的就是理论与实践的脱节,因此我们将"实践取向"作为教师教育课程改革的核心理念。我们认为,实践取向的教师教育课程必须关注教师的专业实践和教育现实问题,必须支持实践问题的解决和实践能力的发展,必须支持对实践的反思和教育知识的建构。坚持实践取向不是要抛弃理论,而是要根据实践逻辑而不是学科逻辑来重新组织理论,坚持实践取向也不是屈从于现行的实践,而是强调对实践的审视和反思。

"实践取向"既是教师教育课程的基本理念,也是我们进行教师教育课程教学改革的核心理念。这一理念贯穿于我们教师教育课程改革的三个重要环节——构建课程体系—开展课程建设—推进教学改革之中。

(二)改革的主要实践

1.构建新的教师教育课程体系

新的教师教育课程体系构建的主要依据是《教师教育课程标准》和台州

学院教师职前教育的目标定位。《教师教育课程标准》的研制始于2005年,在2007年就完成了递交教育部的送审稿。因本成果主要完成人之一也是《教师教育课程标准》研制专家组的核心成员,所以本团队在2006年就开始探索教师教育课程改革,并在2006年修订的小学教育人才培养计划中有所体现。2008年就开始严格依据《教师教育课程标准》,结合本校教师职前教育培养中小学教师而不是专业的教育学者的目标定位,构建适用于本校的教师教育课程框架。

新的教师教育课程方案包括必修和选修两大模块,其中必修模块涉及教师口语、书写、多媒体课件设计与制作、基本教学设备操作技能、中小学生认知与学习、有效教学、班级管理、中小学生心理辅导、教师专业发展、中小学学科课程标准与教材研究、中小学学科教学设计11门课程以及18周的教育实践课程,选修模块形成了一个以教育哲学、课程设计、课堂评价、学校教育发展等课程为主体的开放性体系,每个师范生必须选择其中的3门课程。

该课程方案于2009年9月首先在2009级小学教育专业中实行,是全省乃至全国最早严格依据《教师教育课程标准》架构并实施的教师教育课程方案,因此也于2009年为《教师教育课程标准》研制组提供了课程实施的试测报告。2010年在全校2010级师范类专业中全面实行,2011年课程方案经修正在2011级师范类专业中全面实行。

2. 全面推进教师教育课程建设

根据新的教师教育课程体系,制定了教师教育课程建设规划,分三期以教师教育基地三级项目的方式开展课程建设。第一期以五门全校性公共必修课为主,第二期覆盖了五门公共必修以外的其他必修课,第三期包括了教师教育类所有的选修课程。列入学校CAI课程和网络课程建设规划的课程各有6门和10门。所有课程的建设都以实践取向为核心理念,以实践能力和专业发展能力养成为指向,基于对教师专业素养和中小学教师实践需求的深入分析,重新梳理教师教育课程的内容,精选教师课程内容。课程内容的组织放弃了学科逻辑,而是围绕教师专业实践中的问题领域和应有的"大观念",按实践中的问题来组织教师专业实践所需的基本知识和技能。

比如"有效教学"课程就以教师实践中的教学行为为主组织教学内容，在"教学及其基本问题"之后，着重关注"教学准备；主要教学行为；辅助教学行为；课堂管理行为；教学评价"等行为。《教育科研方法》课程内容包括教育科研方法总述；教育科学研究的基本过程；课题的选择与申报/选择教育调查研究；实验法；观察法；行动研究法；教育论文的撰写与调查报告的修改与定稿。尽管涉及多种教育研究方法，但实际上是以教师最常用的"调查研究"为主，相关内容几乎占了总课时数的一半。《班级管理》则完全按照教师班级管理工作的领域来组织内容，包括"班级、班级管理与班主任；学生研究；班集体建设；班级日常管理；不同类型学生的教育；青春期教育；品德培养；学习指导；班级活动的组织；家庭教育指导；班级文化建设；操行评定"等内容。

3. 持续开展教学改革

改革以灌输为主的教师教育课程的实施方式，大力推进案例教学、问题教学、讨论教学等新型的教学方法，通过师生互动，有效促进教师教育课程与学生经验的联结；大力鼓励学生的研究性学习，养成自主、合作、探究的学习方式。同时采用了目标导向的教学方式，依据课程目标确定学生在每一章节的学习目标，并在每一章开始之时就将目标明确告知学生，让目标来引导学生的学习，也有效地避免了教学的随意性。

"有效教学"《教育科研方法》《班级管理》《学生心理辅导》等课程在实施中就引入大量真实的实践案例，作为课程资源，引导学生分析思考；"有效教学"《教师专业发展》课程强调将师范生原有的作为学生的经验引入课程，比如要求学生在关于"好教师的角色形象""良好的师生关系"等主题的课堂讨论和作业中将自己的经验与课程学习联结起来；《教育科研方法》还采用"先做后学"的"做中学"教学方式，在课程的核心内容"调查研究"部分要求学生自主组合选择研究课题，设计调查访谈问卷，然后以学生作业为案例进行评析，让学生在做中学，有效地推动了学生的研究性学习。

4. 着力推动课程评价改革

高度认同评价的引导功能，将评价改革当作实践课程目标的关键手段。

课程评价改革的总体指导思想是高度关注实践,以学生实践能力和实践反思能力的养成为评价目标,设计指向于真实问题解决和高层次认知能力发展为重点的评价任务,运用过程评价和结果评价相结合的方法,着重运用评价结果来引导并促进学生的学习。

如"有效教学"课程,总体评价采用"期末考试 70%+平时成绩 30%"的做法。期末考试依然采用传统的闭卷纸笔考试方式,但完全放弃了选择、填空等只能检测低层次认知技能的题型,着重运用更加关注高层次认知技能的题型,如辨析、论述、案例分析等。平时成绩的来源包括了两个部分,一是学生的课程作业,二是学生的课堂表现。《教师专业发展》课程的总体评价与"有效教学"相同,但期末考试采用开卷纸笔考试,考试只用三道开放性题目,允许学生携带各种资料,甚至允许其在考试期间上网。《课堂评价》不实施纸笔考试,而是让学生在三项任务中自主选择完成一项作为课程作业。这三个选项是:以"课堂评价"为主题撰写一篇小论文;选择一份来自中小学的试卷,依据课程所涉相关内容分析其试题编制和试卷编排上的问题;依据自己未来的工作对象可能遇到的任务设计相应的评分规则。《教育科研方法》则比较彻底地运用了档案袋评价的方法,将评价贯穿于课程教学过程的始终,在课程内容的每一环节都实施评价,如在课程内容的"选题""问卷设计""研究方案的呈现"等各环节都给学生相应的评价任务,并向学生提供详尽的描述性反馈。

三、改革的创新点

秉持实践取向的理念,基于对《教师教育课程标准》的解读和对中小学实践的充分了解,构建教师教育课程体系;围绕中小学教育实践的需求重新组织教学内容,形成各课程的教学内容框架;运用能够培养学生的参与能力、合作能力、反思探究能力和实际操作能力的教学方法,引入并推广以学生的研究性学习为核心的教学方法;改革课程考核方式,运用课程考核方式、考核内容和考核题型的改革培养学生的实践应用能力和实践反思能力。

(1)秉持"实践取向"的理念改革课程框架,包括课程内容、课程实施和课程评价等整个教师教育课程教学体系的方方面面,而不是只关注其中的某一方面。

(2)遵循实践逻辑而不是学科逻辑,围绕教师的专业实践而不是学科体系组织教师教育课程内容。

(3)强调提供实践所需的知识,更强调提供实践反思所必需的知识基础;强调实地经历,更强调课程教学过程中反思意识和能力的养成。

四、改革的成效

经过三年的实践,我们的教师教育课程改革取得了比较明显的成效,具体表现在以下几个方面。

(一)构建了一个比较合理的教师教育课程体系

该课程体系有效突破了传统由教育学、心理学、教材教法构成的"老三门"教师教育课程框架,学分数大大增加,内容涉及教师专业素养的方方面面,能够为教师今后的专业实践提供良好的基础;比较好地调整了必修课程和选修课程的关系,提供了多样化的选修课程,极大地提高了课程的选择性,为学生的个性化发展创造了条件;以实践逻辑组织的课程比较好地解决了传统教师教育课程中理论与实践脱节的问题。2012年5月以"实践取向的教师教育课程改革——台州学院的实践"在《教师教育课程标准》研制项目承担单位举办的"基于标准的教师教育课程改革"论坛上做主题发言,该课程框架得到与会者的充分肯定。

(二)开发了一些全新的教师教育课程

必修课程的门类基本确定,但选修课程保持充分的开放性,鼓励教师依据中小学教师专业实践的需求和教育研究的新进展开发新的教师教育选修课程。《新课程专题》《学校教育发展》《行为矫正技术》等都是新开发课程。《课堂评价》课程就是一个典型例子。教师在课堂层面对学生的评价是教师日常实践不可或缺的一部分,但以往的教师教育课程体系中没有"教育评价"的位置,即使以选修课方式开设了《教育评价学》,其内容也以大规模考试为主要对象,对于教师的日常实践并不适用。《课堂评价》课程则以教师日常运用的收集学生学习状况的诸多实践(如作业、测验、课堂提问,甚至观察)为对象,提供关于课堂评价的大观念和具体的操作实践。正在开发中的《课堂研究》课程则围绕教师的课堂研究实践,由"课堂决策""课堂观察""课堂分析"三个相对独立的短课程组成,可分可合。

(三)探索了教师教育课程全面改革的一条路径

从实践中我们探索了一条推进教师教育课程改革的路径。我们以教师教育中由来已久的"理论—实践"这一矛盾为问题焦点,将"实践取向"作为教师教育课程改革的核心理念,并以此理念统领教师教育课程改革的方方面面:以"反思性实践者"的培养为课程目标,基于实践逻辑,围绕教师专业实践中的问题领域和应有的"大观念"构建课程内容,整合多种指向于实践能力、实践反思能力以及高层次认知能力发展的方法,来实施课程,并运用与目标相匹配的方法实施课程评价,以课程评价来引导课程目标的实现。有5门课程列为校级教学方式改革示范课程。

四、促进了学生的学习和教师发展

课程与教学改革的成效最终体现在学生的学习上。较早接受新的课程影响的小学教育专业学生获得了台州学院仅有的两个省师范生教学技能竞赛一等奖,而近年来教师教育学院获学校学生科研立项的90%以上以及省"新苗计划"立项的所有项目均以《教育科研方法》课程的作业为基础。任课教师普遍反映,实施新的课程之后学生对教师教育课程的认同程度提高了,对课堂教学的投入度也明显改善。已完成小实习的小学教育专业2009级学生对相关课程评价比较高,很多认为相关的课程对自己实习"有用",而且他们也得到实习学校指导教师相对于往届更高的评价。更重要的是,学生对于现行的实践不再简单地接受,而是学会了进行分析和反思。

相关的实践探索也有效促进了教师的发展。2009年以来,五位申报教师的学生评教结果优良率达82%,教学业绩考核A、B分别占100%。在以研究支撑课程改革实践探索的过程中,教师教育方面的研究项目和研究成果明显增加。如与《课堂评价》课程相关的成果就有专著《校内考试监控研究》《基于课程标准的学生学业成就评价研究》,论文《内布拉斯加的评估监控实践及其启示》《美国考试监控的历史及新进展》《教师评价素养的现状、框架及发展建议》《我国教师评价素养现状及归因分析》《校内考试质量标准:一个框架构想》《考试质量标准的重构:美国的经验》等成果。

当然,这些成果都是初步的。"实践取向的教师教育课程体系建构和实施"进一步推进,有一些障碍还有待于突破。比如课程实施者对中小学教育教学实践的了解不足,实践指导能力比较弱。这些都有待于今后进一步地解决。

(该成果总结报告由教师教育学院王少非撰写提供,2015)

(二)《基于体验式学习的地方高校学前教育应用型人才培养模式研究与实践》成果总结

"人生百年,立于幼学。"社会对高质量学前教育的需求日益强烈。本成果立足于社会需求及当前高校学前教育专业发展面临的实际问题,依托我院省重点建设小教专业、省新世纪教改项目、省"十二五"重点教师培养基地项目、市级重点学科,深入探索高素质幼儿园教师培养的有效途径。经过近10年专、本两阶段的实践,取得了良好的育人效果:

初步建构了一个基于体验式学习理念的、以学为本的人才培养模式;一支具有较强研究能力、实践指导能力的"名师共享、专兼结合、国内外联合"的师资队伍;一批突出的理论成果;一大批师德—师能—师艺并重的应用型人才,毕业生质量赢得很好的社会声誉,受到权威媒体的广泛关注。

一、主要解决的教学问题

学生专业认同度不高、学习缺乏主体性的问题;人才培养规格模糊的问题;学生实践能力不足的问题。

二、解决教学问题的方法

(一)理念先行,以学为本

体验式学习(Experiential Learning)理念最初源于美国著名教育家杜威(John Dewey)的"经验学习"。美国哈佛大学大卫·科尔布教授(David Kolb,1984)是体验式学习理论的主要代表。他认为,学习是一个通过实践体验而主动建构知识、获得技能和提升自我价值的过程。这一过程只有通过亲身实践才能最终有效地完成。体验式学习能使学生成为真正的学习主体。体验式学习包括四个基本步骤:体验、观察与反思、形成理论及实践运用。基于体验式学习的教学具有主体性、实践性、社会互动性与反思性等特点,强调以学为本、寓教于乐、虚实结合、学以致用,突出教学的实践价值取向:教学源于实践、教学在实践中、教学为了实践。

基于体验式学习理念,我们确立了"以学为本,让学生愿学、乐学、能学"的办学指导思想,以"培养师德—师能—师艺并重的高素质应用型幼儿园教师"为具体的育人目标。

(二)研究跟进,建设一支具有较强研究能力、实践指导能力的"名师共享、专兼结合、国内外联合"的师资队伍

通过奖励机制与约束机制,着力提高教师的研究能力与实践指导能力。学院制定了三种激励办法:一是业绩计分奖励,二是学校奖金奖励,三是学院配套奖金奖励。外聘教师的课酬也是根据学校的标准翻倍发放。邀请国际知名学前教育专家及国内名师为专业建设指导委员会委员。一线名师占比达到专业授课总人数的20%。施行40岁以下教师挂职锻炼的制度。

(三)以"怡情立德,厚基明理,重能强技"为基本策略,建构体验式学习的人才培养"六体系"保障机制

以"怡情立德,厚基明理,重能强技"为基本策略,构建了强化体验式学习的六大体系:"三维目标"学科课程体系、"三维四层五经六艺"的实践教育课程体系、"名师共享、专兼结合、国内外联合"的师资队伍体系、"三位一体、课内外结合"的教学组织体系、"三寓三体"的教学法体系及"N+1"的学习评价体系。

"三维目标"是指知识与技能、过程与方法、情感态度与价值观的目标。通识课、专业基础课、专业方向课、任意选修课、课外实践五大模块共同作用实现三维育人目标。同时,每门课程的教学目标也要求根据这三维目标精心设计,每门理论课程都要设计相应的实践教学环节。

"三位一体"的教学组织体系是指地方政府、高校及幼儿园形成协同培养人才的机制。"三维四层五经六艺"中的"三维"是指实践教学的三个价值维度:技能维、技术维及素养维。"四层"指实践教学目标的四层递进能级:学生应掌握的基本艺术技能、保教核心技能、综合技能及岗位技能。"五经"是指实践教学内容的五个结构:实验实训、见习实习、学科竞赛、毕业论文(科学研究)及课外综合实践活动。"六艺"是指音乐、美术、舞蹈、钢琴、讲故事、说课磨课六方面技能要经过标准化考核。

"三寓三体教学"法即"寓知于情、寓理于例、寓能于行",通过"三寓"让学生有更多的机会去体验、体会与体悟所学的知识,即将知识教学渗透在一定的情境中,将理论传授结合在实际案例中,将学生的能力提高落实在行为训练之中。

"N+1"中的N是指平时教学过程中的考查次数(N≥3),1是指期末课程考查或考试。

人才培养方案如图8-1所示。

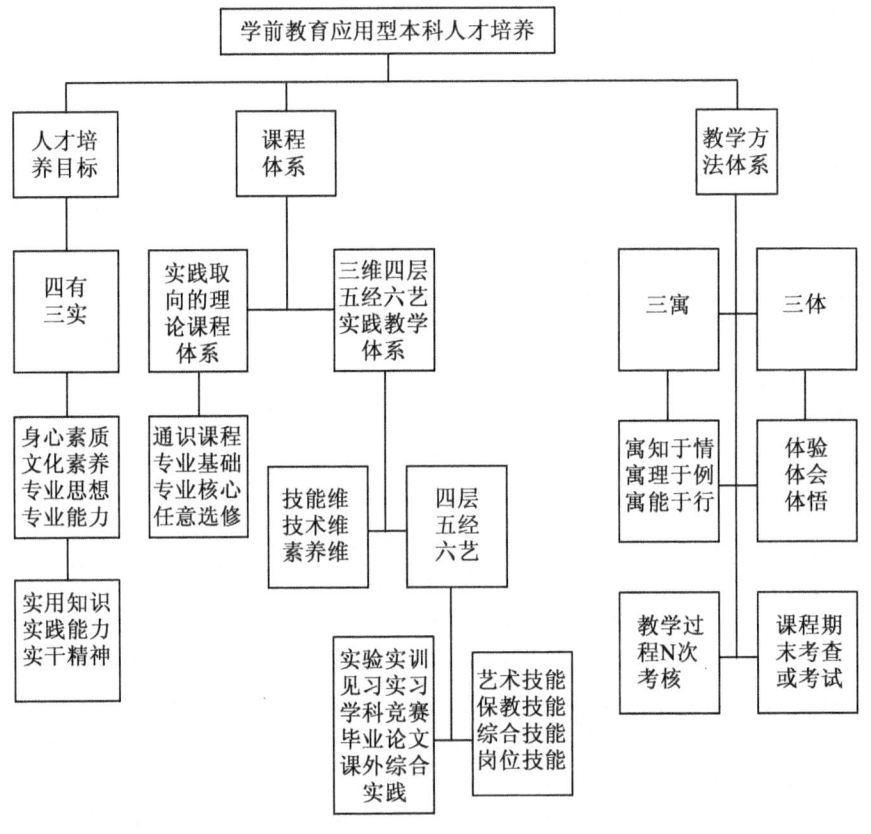

图8-1 人才培养方案

三、成果创新点

第一,理念与模式创新。建构了一个基于体验式学习理念、以学为本、突出实践取向的人才培养模式,为省内外首创:以"以学为本,让学生愿学、乐学、能学"为办学指导思想,以"培养师德—师能—师艺并重的高素质应用型幼儿园教师"为具体的育人目标,建立六大体系的培养保障机制:三维目标的学科课程体系、"三维四层五经六艺"的实践教育课程体系""名师共享、专兼结合、国内外联合"的师资队伍体系、"三位一体、课内外结合"的教学组织体系、"三寓三体"的教学法体系及"N+1"的学习评价体系。

第二,形成了较为系统的研究成果及研究能力、实践指导能力强的师资团队。近3年本教学成果主要完成人员出版相关学术专著1部,主编参编教材6部,承担校级以上科研(含教改)项目共计28项,其中有国家留学基金委资助项目1项,省级教改项目3项,市厅级项目24项,教育部课题1项,省社科规划课题1项。发表相关学术论文29篇。横向课题经费14万。有教师获省微课比赛一、二、三等奖,校教学杰出奖、优秀奖,有多位教师获市厅级以上社会奖。团队还聘请国际知名学前教育专家Carolyn Edwards教授为专业建设指导委员会委员。

四、成果的推广应用效果

(一)提升了学生的学习主体性与专业认同度,培养了一大批高素质应用型人才

(二)提升了教师的实践指导能力与研究能力,促进了教师的专业成长,取得了系统的理论成果

(三)得到媒体的广泛赞誉

以本学院历届7名毕业生为主的奉化区培智学校爱心送教团队荣获"最美奉化人"称号。以他们的事迹为题材,我省首部特教主题微电影《一切都是因为你》正式上线并引发广大网友热议。该微电影自2014年5月上线以来,在优酷、腾讯等网站的播放总量超过5万人次,影片信息在新浪、腾讯微博总阅读量超50万人次,引起社会各界的强烈反响和共鸣。教育部、浙江省委组织部、省教育厅等40多个政务官方微博纷纷转发。教育部"微言教育"评论道:"用爱教,用心育,向特教老师致敬。"

(四)推广应用广泛

成果直接受益者是我院2000多名学前及小学教育专业学生,另外还有本校其他6000名左右的师范毕业生,也有省内外兄弟院校主动前来学习交流。

有成果完成人因作为《教师教育课程标准》研制专家组核心成员,以及本校基于教师教育课程标准的教师教育改革实践而参与了《〈教师教育课程标准〉解读》的编写工作,并在2012年5月以"实践取向的教师教育课程改革——×××的实践"为题在《教师教育课程标准》研制项目承担单位举办的"基于标准的教师教育课程改革"论坛上做了主题发言,得到与会者的充分肯定。

有成果完成人长期负责组织省/市级的领雁工程、幼儿园园长、幼儿园骨干教师、名校长名教师等培训活动。6年来,该成果对全省各地约计2500名参训学员产生了广泛影响。

成果完成人所在学院还通过承办和参加省教育学会小学(幼儿)教师教育分会年会进行成果推广。

在多所幼儿园、小学成立博士工作站,推广成果服务社会。

有成果完成人获得市优秀人才培养计划资助,参加在美国举行的权威性很高的国际学前教育大会,面对来自世界各地的30多个国家推广本院办学经验,产生了一定的国际影响。

(该成果总结报告由教师教育学院粟高燕撰写提供,2016)

四、其他

(一)文本类微课案例

我们从2015年开始向老师征集优秀微课作品。微课作品主要有视频类与文本类作品。文本类作品要求如下:

1. 字数:800~1200字

2. 选题

从教师、教学或者学生面临的实际问题入手,选择的主题应该体现实用性。

3. 特点

(1)从高校教师面临的实际问题入手,选择的主题应该体现实用性。

(2)从习以为常的现象中读出别具一格的味道,视角应该体现趣味性。

(3)解释现象的依据应该是心理学或者教育学的经典或者前沿理论、实证研究成果,应当体现科学性。

(4)提出的措施应具有针对性和可操作性。

4. 内容主题主要由标题、现象、原因、对策(三段式)等部分组成。注意:现象、原因、对策每一部分要有独立小标题。

(二)说课案例

"学前教育学"课程说课设计

(学前教育系　沈　吟)

一、课程教学目标与定位

本课程是学前教育专业基础课程,主要是向学生传递基本的理论观点、理论脉络和逻辑思维方式,也是问题导向和引领实践的。

主要课程教学目标为:①形成对"学前教育"初步的、"全景式"的认识和了解。②为进一步学习"幼儿活动与指导""幼儿园与家庭、社会"等"教育过程"领域课程奠定基础。

二、课程教学方案

(一)教学理念

以学定教,问题导向,理论联系实际,注重学生思维品质的提升。

华东师范大学终身教授叶澜教授曾经说过,"每个学生以完整的生命个体状态存在于课堂生活中,他们不仅是教学的对象,学习的主体,而且是教育的资源,是课堂生活的共同创造者"。教学过程是由教师的教和学生的学组成的,也是教师的主导作用与学生的主体作用相互结合的动态交往过程。教师主导作用的核心是启发学生,即循循善诱,学生主体作用的核心是独立性,特别是思维的独立性。本课程教学改变以教师为中心的教学方法,强调以学生为主体,给学生以更多的活动空间,让他们积极地参与教学过程并提高学习主动性。

(二)教学内容

以儿童作为逻辑起点架构内容,共分为四大板块,分别是:儿童和学前儿童、教育和学前教育、幼儿园教育、教育的衔接与合作。具体每个板块所涉及的问题和学习任务如下:

1. 儿童和学前儿童板块

基本问题:什么是儿童?什么是幼儿?历史上人们对儿童的认识是什么样的?在儿童的世界里,我是谁?作为成人和未来的教师,我们应该怎么认识、理解和对待他们?怎样和他们相处?

学习任务:认同和建构正确的儿童观及其相应的行为,完成从儿童到成人、从学生到准教师的角色意识转变。

2. 教育和学前教育板块

基本问题:什么是教育?教育的目的是什么?什么是学前教育?学前教育仅仅是指幼儿园教育吗?为什么需要学前教育?怎样认识学前教育的意义和价值?学前教育的现状和发展趋势是什么?学前教育要"教"幼儿什么?学前教育要遵循哪些基本原则?为什么?

学习任务:理解学前教育对幼儿成长和社会进步的重要意义,理解和认同现代学前教育的基本原理和素质教育的理念。

3. 幼儿园教育板块

基本问题:对于幼儿来说,幼儿园是什么场所?幼儿在幼儿园应当过什么样的生活?幼儿教育的特点是什么?什么样的幼儿园教育是适合幼儿的高质量教育?幼儿园教育小学化的表现是什么?有什么危害?怎样才能为幼儿创造适宜的幼儿园生活,提供适合的教育?

学习任务:认识健康愉快的幼儿园生活对幼儿发展的意义,建构关于幼儿园教育的目标,形成正确的教育质量观。

4.教育的衔接与合作板块

基本问题:为什么要做好教育的衔接与合作?怎样帮助幼儿从家庭走进幼儿园?幼儿园、家庭和社区该怎样合作?怎样帮助幼儿做好入学准备?

学习任务:认识和理解教育的衔接与合作的重要性,掌握相关的原理和方法。

(三)教学方法

主要采用讲授法、讨论法、小组合作汇报等方法进行,教师讲述过程中结合案例或视频、绘本等资料,力求理论联系实际,易于学生理解和掌握。

(四)主要教材和参考教材

主要教材选用虞永平、王春燕主编的"学前教育学",由高等教育出版社于2012年出版。本教材为"十二五"普通高等教育本科国家级规划教材,两位主编在学前领域著述颇丰。本教材内容翔实,逻辑清晰,故选用其为主要教材。参考教材选用刘晓东,卢乐珍所著"学前教育学"由江苏教育出版社于2009年出版,搭配使用。此外,授课过程中也会吸纳国内外前沿研究成果。

三、课堂管理

本课程在授课过程中采取布置问题导向的预习任务,旨在激发学生课后思考与讨论。一段学习内容结束后搭配相应的作业巩固学习效果。多种教学方法(讲授、讨论、案例分析、视频分析)搭配使用使学习过程变得生动,是为有效课程纪律管理措施。

四、课外延伸

本课程注重培养学生课外自学能力,在课堂之外布置相应的作业,批改之后会有反馈;每次课后预留预习任务和思考内容;充分利用在线优质教学资源,例如与教育有关的纪录片,MOOC 在线课堂,请学生课外分组自行观看并进行讨论。课外鼓励学生阅读与思考,欢迎学生提问题,旨在锻炼学生的思维能力和批判、质疑能力。

五、学业成绩评定方式

本课程在学生学业成绩评价上的主要改革是更加注重过程性评价,比如加大学生讨论和小组汇报比重,鼓励学生积极思考,提供团队合作机会和表达机会。

六、本课程建设中尚存的主要问题及今后加强本课程建设的主要策略

本课程建设中尚存的主要问题为学生学习积极性、主动性不足,长期以来应试教育导致的思维模式和学习方式的转变和调整需要一段时间。主要策略为:鼓励多元思考和表达,培养学生遇到问题主动寻找解决办法的能力和习惯,培养自主学习的能力和习惯。

七、其他需要说明的情况

本学期学生教育见习一次。

"幼儿园法律法规"课程说课设计

(学前教育系 粟高燕)

一、课程教学目标与定位

"幼儿园法律法规"是2014级学前教育专业的一门限定选修课。它是研究学前教育政策和法规的理论和应用的基础课程。学生通过本课程的学习,能够比较系统地掌握学前教育政策、法规的基础知识,熟悉我国现行的学前教育政策法规的主要内容,树立依法治教的意识,培养分析、解决学前教育活动中出现的法律问题的能力,提高依法治教的水平和能力。

通过本课程的学习,要达到三个基本目的:

(1)初步掌握学前教育政策、法规的基础知识,增强法制观念,树立和提高严格执法、依法执教的意识;

(2)比较系统地了解、掌握党和国家制定的学前教育政策法规的主要内容,能够比较准确地分析和理解我国现行的学前教育政策、法规,培养和增强执行政策、法规的能力;

(3)学会理论联系实际,用理论分析学前教育中遇到的有关问题,能够运用政策知识、法律手段指导和管理学前教育机构的实际工作,维护学前教育机构和师生的合法权益,保障学前教育改革的深入进行,提高学前教育的保教质量。

本课程的地位和作用:对构建本专业学生的知识能力结构具有一定的必要性,能够增强幼教工作者的法律法规意识,养成依法兴教、依法执教的行为习惯,自觉维护幼儿教育的科学化、民主化发展,促进幼儿健康快乐地成长。同时也是教师个体幸福、平安教育教学的基本保障。在教师资格证考试中,此部分知识是"综合素质"考试的重要内容,占25%左右。

二、课程教学方案

(一)教学理念

(1)树立课堂教学是教书育人的主阵地的理念。全面贯彻《浙江省中长期教育改革和发展规划纲要(2010—2020年)》、教育部《关于全面提高高等教育质量的若干意见》及《浙江省高校课堂教学创新行动计划(2014—2016年)》等精神,充分发挥学生在学习中的主观能动作用;优化教学内容,深化教学方式方法改革,努力构建优质高效课堂,不断增强课堂育人的时代性、针对性和实效性;建立健全科学的评价考核机制,充分发挥课堂教书育人的重要作用,为学生学习成长创造良好环境。

(2)树立"以学定教"理念。以学定教,要求实现课堂教学的三个转变:以教为主向以学为主转变;以课堂教学为主向课内外结合转变;以结果评价为主向结果与过程评价结合转变。

(二)教学内容

根据人才培养目标的要求,本课程精选对学生最有价值的知识,主要讲述如下内容:

第一章 幼儿教育法规政策概述(2课时)

第二章 幼儿权利保护的政策法规解读(6课时)

第三章 幼儿教师权利保护的政策法规解读(2课时)

第四章 幼儿园一日活动安全与卫生保健的政策法规解读(6课时)

第五章 幼儿园保教活动的政策法规解读(4课时)

第六章　幼儿园班级管理的政策法规解读(1课时)

第七章　幼儿园物质环境与建筑设施的政策法规解读(1课时)

第八章　幼儿园对外沟通与合作的政策法规解读(2课时)

第九章　幼儿园开办与管理的政策法规解读(自学)

第十章　幼儿园财产管理与政府支持的政策法规解读(自学)

以上内容,可以覆盖学前教育领域的所有相关法律法规,让学生认识到,幼儿园的一切教育教学活动都是有法可依、有法必依的。

(三)方法、教材与参考书目

本课程教学的核心理念是"以学定教"及"实践取向"。具体方法是采用"三寓教学法",即寓理于例、寓知于情、寓能于行。为了促进学生既重视知识学习,又重视技能掌握,做到知识能力双提高,教学中努力做到"寓理于例、寓知于情、寓能于行",即将理论传授结合在实际案例中,将知识教学渗透在一定的情境中,将学生的能力提高落实在行为训练之中。这样做既可活跃课堂气氛,充分调动学生的学习积极性,又可以使学生的基础知识、基本理论、基本技能都一一落到实处,极大地提高了课堂教学效率。

教材主要选用蔡迎旗的《幼儿教育政策法规》,由高等教育出版社于2014年出版。该教材内容体系合理,具有较强的时代性、实用性,符合我们的应用型人才培养目标要求,也符合本课程的教学目标要求。

主要参考书目如下:

(1)杨莉君:《学前教育政策法规概论》,湖南师范大学出版社,2008年。

(2)李广海,马焕,陈亮:《学前教育政策与法规》,东南大学出版社,2016年。

(3)周小虎:《学前教育政策与法规》,华东师范大学出版社,2014年。

三、课堂管理

(1)明确任课教师是课堂管理的第一责任人,要加强课堂管理意识。

(2)要努力营造良好的课堂氛围,实施具有监管功能的教学。有效教学的一条重要原理是,营造良好的课堂氛围,实施具有监管功能的教学是预防课堂问题的重要措施。教师要认真备课上课,增强课堂的吸引力。

(3)课程的第一节课,将课堂纪律要求向学生公布,并让学生讨论表决。

表决通过后要求大家共同遵守,增强学生在课堂管理中的主体性。把出勤及课堂表现作为平时成绩的一部分,占10%左右。

(4)加强过程管理。在教学过程中,讲课之前,要求学生将手机调为静音并放入视线看不到的地方。老师一旦点名哪位同学上课看手机,该同学的平时成绩酌情降低。对频繁、严重违纪的学生,进行课后约谈并及时与学工办老师沟通。

四、课外延伸

筹划网络课程资源建设,以加强课后师生互动。利用在线优质教育资源,适当地在课堂上播放相关视频。如果视频时间过长,超过15分钟,则布置学生课后观看。

加强对学生的课外指导,主要是加强学生作业管理。按照先学后教的思想,合理确定课堂学习和课外学习的比重,有计划地增加课外学习的分量。本课程有两章内容为自学课程。精心设计作业,及时批改作业,诊断学生学习问题,发现教学问题,及时向学生反馈作业情况,并利用课间、课后微信、QQ、座谈等形式开展相应辅导释疑等。要把社会调查实践和课外阅读、课外讨论等纳入作业范畴。

课外阅读书目:

(1)杨莉君:《学前教育政策法规概论》,湖南师范大学出版社,2008年。
(2)李广海,马焕,陈亮:《学前教育政策与法规》,东南大学出版社,2016年。
(3)周小虎:《学前教育政策与法规》,华东师范大学出版社,2014年。
(4)李季湄:《3~6岁儿童学习与发展指南解读》,人民教育出版社,2013年。
(5)线亚威:《幼儿园教师职业道德读本》,高等教育出版社,2013年。

五、学业成绩评定方式

在学业成绩评价上,注重过程性评价,突出学生学以致用的实践能力。

本课程考核分为平时作业和期末考核两部分,其中平时考核成绩占课程总成绩的30%,期末考核成绩占课程总成绩的70%。形成性考核内容为学生参与各项教学活动和自主学习活动的情况以及阶段性的学习进展情况。

期末考核是要求完成一个法律法规汇编。汇编包括800字的前言,然后是精选重要的学前教育法律法规的5条内容。至少要求学生从10个重要的法律法规内容中精选5条内容。

平时考核分三部分：一是出勤及课堂表现，占10%；二是案例分析占40%；三是主持一次"今日说法"占50%。

六、本课程建设中尚存的主要问题及今后加强本课程建设的主要策略

教学方法还有待进一步完善，课堂的吸引力还有待进一步增强，尤其是网络资源的建设要加强。今后将在这些方面进一步努力。

同时，为了突出课程的实践价值，拟邀请一线名师共建课程资源，共同授课，共同开发资源。

七、其他需要说明的情况

本课程2014级是24课时，2015级以后是16课时。到了2015级以后（包括2015级），课程内容需要适当压缩。

(三)科研服务教学案例

1.教师个人科研转化教学的经验总结

一、对科研与教学关系的思考

作为大学教师，本人始终以研究型教师要求自己，坚持科研与教学相结合，而且始终坚信两者是相辅相成、相互促进的。本人在长期的教学实践中，善于积极主动地将科研成果转化为教学实践，在备课、讲授、讨论、作业、答疑等各教学环节渗透科研所得，使教学更加有深度和宽度，对学生的启迪也更加广泛深刻，取得了较好的教书育人效果。

1. 科研服务教学

科研是教学的"源头活水"，如果没有科研做支撑，大学课堂教学就会失去"灵魂"。教学没有科研做底蕴，就是一种没有灵魂的教育。具有较高科研水平的教师，必然对教学内容思考得更为深刻透彻，对知识的把握更为准确，教学更易做到"深入浅出"，有助于学生的学习与理解。而且，对科研的关注使教师能够及时将最前沿的学术成果不断充实到自己的课堂中，弥补了原有课程知识与最新研究之间的"断层"，这将极大地吸引学生的学习兴趣。此外，科研对教学的促进不局限于教学内容，在大学课堂中，学者型教师对于学生影响更多的是他们思考问题的方式、严谨的科研态度和刻苦的

学习精神。

2. 教学促进科研

教学是科研的"隐形动力",如果缺乏对教学的关注,教师可能会失去提高科研水平的机会。很多教师觉得,上课、备课、批改学生作业,会占据做科研的时间和精力,投入太多,对科研发展"有害无利"。其实不然,要给学生一杯水,教师自己就得先有一桶水,高质量的教学将会有效推动教师的科研工作。教师要上好课,绝不能局限于课程知识之内,必须要有渊博的知识、开阔的眼界,这将有助于拓宽科研工作的思路和领域。在精心备课过程中,教师需阅读大量与课程相关的研究材料,这将促使教师对专业问题的深入思考。此外,教师绝不要忽视课堂中师生相互启发的作用,也许在与学生的讨论过程中,教师会获得新的科研灵感。所以,教学可以成为科研的强大动力。

二、科研、教学相结合的成果

以本人所承担的"学前教育史"这门课程为例,教学效果非常好,深得学生喜欢,学生评价很高。这门课程不仅有自己主编的教材,还立项为校级CAI课程、网络资源课程,教学业绩考核每年均为 A 等。2014 年获校首届教学杰出奖,2016 年获校教学成果一等奖。

这些成绩的取得,得益于自己长期从事教育史及学前教育的研究。本人的科研方向主要是教育史与学前教育。

近几年所取得的这些教学研究、科学研究成果,很好地促进了本人从事的课程教学工作。

(一)论文、论著

(1)教材:《中外学前教育史》,天津大学出版社,2014 年。

(2)专著:《中国百年幼儿师范教育发展史研究》,天津古籍出版社,2014 年。

(3)专著:《中美教育交流的推进》,山东教育出版社,2010 年。

(4)专著:《世界性与民族性的双重变奏——世界化视野中的近代中国基础外语教育研究》,光明日报出版社,2009 年。

(5)译著:《劳拉日记——瑞吉欧教育日记展评》,南京师范大学出版社,2016 年。

(6)《我国外语课程价值取向的历史演变及启示》,《台州学院学报》,2012(1)。

(7)《中美学前教育本科人才培养模式比较与思考》,《黑龙江高教研究》,2013(11)。

(8)《基于反思型幼儿教师职前培养的实践课程建构》,《幼儿教育》(教育科学),2012(1)。

(9)《论教育史学的人文价值及其实现》,湖北大学学报(哲学社会科学版),2009(1)。

(10)《美国幼儿教育协商式课程述评》,《教育研究与实验》,2014(2)。

(11)《中美学前教育本科人才培养模式比较与思考》,《黑龙江高教研究》,2013(11)。

(12)《美国高校0～3岁早期教育师资培养经验及启示》,《幼儿教育》,2014(1)。

(二)教改、科研项目

近几年,获教育部人文社会科学规划基金项目1项,省哲学社会科学规划基金2项,省级社会科学学术著作出版全额资助项目1项,省级教改项目1项,市厅级课题多项。其中:

(1)2012年获国家公派出国研修项目留学资格,专修学前教育,留学资格证号为201208330313。

(2)《百年幼儿师范教育发展的历史研究(1904—2004)》(12YJA880099)》获2012年教育部人文社会科学研究规划基金项目立项。

(3)申报课题《中外合作办学发展史研究(1876—2010)》获2016年省哲学社会科学规划办课题立项(立项号:16NDJC125YB)。

(4)《基于体验式学习的卓越幼儿园教师培养模式的创新与实践研究》获2016年省教改项目立项。

(5)《世界性与民族性的双重变奏——世界化视野中的近代中国基础外语教育研究》,2008年浙江省省级社会科学学术著作出版全额资助项目(08CBQ09),46万字,纳入"光明学术文库"及"当代浙江学术文丛",是"十一五"国家重点图书出版规划项目。

(6)《当代中美教育交流研究(1949—2009)》(10HQJY04),2010年浙江省哲学社会科学规划后期资助课题,已结题。

(7)《中国基础外语教育百年发展的历史反思》(Y200803953),2009年教育厅教育规划项目,已结题。

(8)2011年主持校重点教材项目《中外学前教育史》。

(9)《中外学前教育史》,2012年校网络课程建设立项。

(10)《中外学前教育史》,2012年校CAI课件制作项目立项,已结题。

(11)《中外名家教育思想选讲》,2011年校立课程建设项目立项,已结题。

(12)《学前教育本科新专业人才培养模式与课程结构构建的理论与实践研究》,2010年校教改项目立项,已结题。

(13)《教学价值的理论与实践研究》,2010年校立教改项目,已结题。

(14)《中国学前教育史》,2009年校优秀课程建设项目,已结题。

(15)《中美比较视野下的学前本科专业人才培养模式的构建与实践》,2013年校教师教育基地教师教育研究重点研究项目立项。

(16)《地方高校学前教育本科专业建设研究与实践——基于复合应用型人才培养的视角》2013年校重点教育教学改革项目立项,2014年浙江省教育科学规划课题立项。

三、科研支撑的教改实践

本人的研究方向主要是教育史、教师教育及中外教育交流,所以本人自觉地将这些研究成果用于课堂教学改革,特别是在本人主讲的《专业导论》"学前教育史""学前教育学""比较学前教育"等课程中,这些科研成果都被有机地渗透与实际运用。本人的教改实践主要体现在以下几个方面:

第一,积极建设数字化教学资源。开发主讲课程"学前教育史"CAI课件,建设网络教育资源,为学生自主学习提供了更便捷、更宽广的平台,也进一步促进了师生互动。

第二,积极开展课程建设,主讲课程"学前教育史"《中外名家教育思想选讲》都已完成了课程建设。

第三,创新教材编写,使教材更适应学生的学习与发展。主编教材《中外学前教育史》呈现出许多新的特点。

第四，积极探索人才培养模式改革，为实践取向的课程、教学模式改革提出意见与建议，有相关主题的教育部课题立项，有省教育科学规划办课题立项，有多项校级课题立项。

第五，积极探索教学方法改革。本人在教学实践中，积极探索实践取向的教学方法改革，突出案例学习与问题学习，主要采用"三寓教学法"，注重学生创新精神与实践能力的培养。这样既可充分调动学生的学习积极性，又可以使学生的基础知识、基本理论、基本技能都落到实处，极大地提高了课堂教学效率。

主要有以下几点教学特色：

第一，实践取向的教学目标理念，重在培养学生的创新精神与实践能力。

第二，采用"三寓教学法"，突出学以致用，理论联系实际。

第三，注重教学研究。

第四，注重数字化教学资源建设，开发了CAI课件，建有网络资源库。

第五，有自己主编的教材，为更好地落实实践取向的教学目标提供了保障。

（总结人：粟高燕）

2.科研服务教学的研究平台建设：市级重点学科课程与教学论研究平台简报

为了加强科研服务教学实践改革的力度，学院依托王少非院长负责的市级重点学科课程与教学论研究平台，创办了平台简报。该简报创办于2012年，每年两期，上、下半年各一期，其创办的宗旨就是引领学院教师密切跟踪国内外教育教学理论前沿，展示学院教师的理论与实践的研究成果，促进教师自身的反思及相互交流，不断提升教师教育教学的研究与实践能力，进而提升教育教学质量。该平台成为我院科研服务教学的一个重要平台。此简报的内容目录如下（见图8-2）。

台州学院教师教育课程与教学研究平台工作简报（2017年第2期）

 台州学院教师教育课程与教学研究平台

工作简报

2017年第2期（总第12期）

台州学院基础教育和教师教育研究所 2017 年 12 月

本期要目

✜ 交流合作

✜ 科研与教学
- ✓ 论文与专著
- ✓ 研究课题
- ✓ 相关获奖

✜ 教师培训

✜ 前沿研究
- ✓ 高校教学评估的框架动向
- ✓ 职前教师发展和能力培养
- ✓ 职后教师发展和学校发展
- ✓ 指向核心素养的教育改革
- ✓ 深度学习的理论与实践
- ✓ 乡村教师的困境与突破

图 8-2　台州学院教师教育课程与教学研究平台工作简报

（四）示范课程案例

基于案例教学法和模拟教学法的《学前儿童健康教育》课程教学改革

沈　吟　台州学院教师教育学院（体育学院）

一、课程基本情况

课程基本情况如表 8-3 所示。

表 8-3　课程基本情况

课程名称	学前儿童健康教育
学分	2
课程性质	专业课
面向专业	学前教育专业
教学班规模	30人/班,120人/年
教材	《学前儿童健康教育》(华东师范大学出版社)
开展轮次	2
学时	32

二、改革背景与思路

(一)改革背景

《学前儿童健康教育》是学前教育专业的核心课程,属于教法课范畴,健康领域是幼儿园课程中五大领域的重要组成部分。随着学校人才培养计划的新一轮调整,本课程开设学期变更,从原本的第六学期改为第三学期,7门教法课顺序被打乱,这意味着学生在接触本课程之前没有上过其他教法课,也就缺乏幼儿园活动设计的理论基础和实践经验,学生专业基础知识的变化导致课程内容的调整;另一方面,新一轮的人才培养计划更加重视实践,在课程方法上突出实践性在所难免。

本课程传统的教学方法相对比较单一,以讲授法为主,教师讲、学生听,虽然教师做了大量的课前准备,力图为学生呈现最前沿最具操作性的知识,学生在听讲过程中也表现出极大兴趣,但依然存在"听时理解,课后易忘"的问题,当学生参与教育实习时,未能有效地把课堂知识转化成实践知识。可以说,传统的教学方法无法达到令人满意的教学效果。

(二)改革思路

基于上述改革背景,教师在课改前做了以下两方面准备:一是搜寻市面上与本课程有关的参考书籍将近80本,将其分成幼儿园活动设计、学前儿童健康教育、学前儿童健康教育具体模块相关书籍与绘本三类,为课改积累大量的理论资料;二是与多位幼儿园教师进行访谈,以期了解现今幼教一线对新教师上课能力的要求,更加明确课程改革方向。最终形成以提升学生的实践教学能力为目标,以教学内容、教学方法、课程评价体系为抓手的课程改革体系。

其中教学方法的改革为本次课改重点,立足于建构主义学习理论,凸显学生学习主体的地位,强调学生参与、探索与运用。美国教育家、心理学家布鲁纳在他的发现学习论中提到教师的任务主要不是传授知识,而是让学生进行发现学习,让学生通过探索过程获得知识。学生之所以学完之后就忘记,那是因为他们在学习的过程中对知识没有进行过处理和加工,那么这些知识就变成了"惰性知识"。另一名美国教育心理学家戴维·铂金斯也提到类似的观点。在探讨"什么才是有价值的学习"这一问题上,戴维·铂金斯指出,"真正的学习即理解和思考;学习即运用,要把所理解和思考的用起来;学习即感兴趣,真正地理解源于发自内心的渴求"。因此为了夯实学生的知识基础,要让学生探索并应用,调动学生学习的内驱力。

具体包括以下三个方面:

(1)重新调整课程内容框架,把原先庞杂的知识梳理为两大方面:幼儿园活动设计基础内容与学前儿童全面健康教育内容体系。

(2)在原先讲授法基础上,增加案例教学法和模拟教学法。通过对案例的发问以及与同伴之间的交流和讨论,建立对知识的个人理解;再通过模拟教学应用知识,提升知识的系统化和模式化。

(3)改变"学好不如考好"的现状,加大形成性评价比重,重视学生平时表现与积累;增加诊断性评价,发挥评价在帮助学生发现问题、解决问题方面的作用。

三、教学设计

(一)总体设计

学前教育专业极具实践性,作为教法课的学前儿童健康教育课程同样如此,如何更好地让学生在学完课程内容之后掌握相应的幼儿园课堂教学技能以及领域教学知识,从而能够在幼儿园实践情境中合理运用是本门课程需要解决的一个核心问题。所以,本课程教学的总体设计原则是:结合人才培养方案的内容及要求,重新架构课程内容,在授课过程中加入幼儿园活动设计的基础内容,包括活动教案撰写、活动过程基本模式、活动教案以及教学活动评价等内容,为学生学习教法课奠定比较坚实的基础;调整学前儿童健康教育各个模块的比例,形成以体育模块为主体,兼顾身体保护和生活自理能力教育、饮食营养教育、心理健康教育三大模块的全面健康教育内容体系。方法上保留传统的讲授法,增加案例教学法和模拟教学法,为每个知识点匹配相应的案例与问题,引发学生思考与讨论;为每个学前儿童健康教育模块设计相应的模拟教学机会,目标明确,针对性强,使学生能够较好地把握每个模块的内容特点。

(二)具体设计

1. 案例教学法

本课程提供给学生的案例分为两种:一种案例是与儿童健康教育有关的一线教学实践及幼儿发展过程实例,主要来源于幼儿园教学一线、互联网、参考书籍和文章,目前共有62个案例,形成学前儿童健康教育案例资源库,且在不断更新中。案例由主讲教师在课堂上以直接讲授的形式提出,引发讨论,增强学生的实践感和画面感,辅助学生理解理论性知识,并加深记忆。另一种案例是幼儿园健康教育活动教案。教案分为两类,一类是已发表的优质教案,一类是本班学生写的教案,学生按小组的形式来进行,每次针对一个话题对教案进行交流分享。这里要求学生们先根据老师提供的教案和资料进行自学、总结归纳,同时在练习过程中试错、改错,加深对教案撰写的理解和运用。在此基础上,课堂教学中由学生来讲解、交流学习过程中的理解和体会,最终提炼出活动教案的通用要点以及幼儿园健康教育活动教案的特点。这种方法主要运用在学前儿童健康教育理论知识的学习过程中。

2. 模拟教学法

模拟教学法是指学生在幼儿园模拟活动室把活动设计中的"活动内容、活动目标、活动重难点、活动过程等"通过模拟上课的方式表现出来,更侧重实践性。学生在模拟上课过程中模仿幼儿园实际教学,由同学扮演的幼儿配合,把幼儿园中 15~30 分钟的实际活动浓缩在 8~10 分钟之内展现出来。模拟教学法的优势在于以下三方面:一是能够很好地培养学生理论联系实际的能力;二是能够发现一些在设计过程中没有注意到的问题,从而优化教学活动设计模板;三是能够感受幼儿园课堂的特点并提高自身的教师素养,为幼儿园见实习以及未来就业做好准备。

本门课程共设计三次模拟教学,不管在普遍性的幼儿园活动实施还是在幼儿园健康教育活动实施方面都考虑到层层递进,让学生一步步掌握活动实施相关技能以及幼儿园健康教育活动特点(具体内容见表 8-4)。分层模拟教学目标具体,更具针对性,方便学生对照目标进行自我评价。

表 8-4 分层模拟教学内容与目标

	模拟教学内容	模拟教学目标	
		活动实施过程	幼儿园健康教育活动
第一次	体育活动	初步感受一个完整的幼儿园课堂的特点	加强对幼儿园体育活动组织和实施流程的理解和运用;学会用精练的语句传达动作要领和活动规则
第二次	身体保护和生活自理能力教育活动	掌握使用故事、视频、儿歌等素材进行间接教学的方法;关注多种活动导入方式;初步关注教师提问和师幼互动	加强对幼儿园身体保护和生活自理能力教育活动组织和实施流程的理解和运用;学会引导幼儿进行行为练习的方式和步骤
第三次	饮食营养教育和心理健康教育活动	感知教师准备的重要性,进一步优化教师提问	加强对幼儿园饮食营养教育和心理健康教育活动组织和实施流程的理解和运用

四、具体实施

1. 幼儿园活动设计的基础内容

以"幼儿园活动教案撰写"知识点为例,主讲教师先给学生几篇优质的幼儿园健康教育活动教案,从设计意图、活动目标、活动准备、活动过程、活动延伸五个方面引导学生去发现各自的撰写流程以及优质的教案在每个部分的陈述特点,以小组为单位在课后完成讨论,并在下次课堂上分享各组观点,与教师共同完成"幼儿园活动教案撰写流程图"(见图8-3)。完成流程图后布置相应的活动设计练习,根据学生对各个部分掌握情况的不同增减练习的次数,比如设计意图和活动目标比较难写,这两部分就会考虑多练习几次。经过"练习—反馈—修改",在试误和修改中不断掌握幼儿园活动教案的撰写方法。

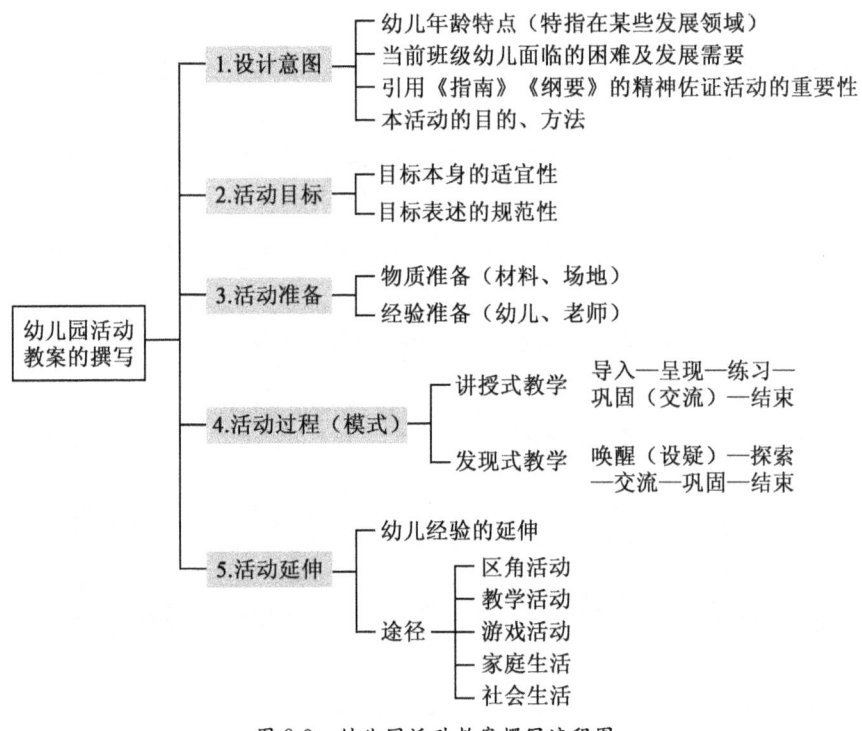

图8-3 幼儿园活动教案撰写流程图

2.学前儿童健康教育四大模块内容

这部分的内容实施流程为:相关的模块知识—模拟教学—反思与总结。以体育模块为例,根据教学内容把幼儿体育分为体育游戏、集体体育教学活动、早操、户外运动器械练习、其他体育活动五个方面,每个方面的教学过程插入相关的教学案例(见表8-5),让学生在讨论中学、在思考中学。

表 8-5　体育模块相关教学案例

内容模块	具体内容	案例或问题	备注
学前儿童体育——体育游戏	体育游戏特点	童年玩过的体育游戏	
	组织与实施	中班游戏"钓小鱼"	
	各年龄段儿童体育游戏的特点	思考：查找具体的游戏来理解	小组作业
	一物多玩	好玩的沙包、桌子、椅子、绳子、报纸	
学前儿童体育——体育教学活动	体育教学活动特点	优质教案《猴子摘桃》等7篇 体育教学活动设计	
	基本动作练习——跳跃	现场示范如何设计教案《小兔子采蘑菇》	
	基本动作练习——钻	现场示范如何设计教案——《侧面钻》	
	动作技能形成的规律	跳绳动作的学习与掌握	
	体育教学活动设计中存在的问题点评	各个小组活动设计	
学前儿童体育——早操	幼儿体操动作的选择和创编——注重全面锻炼	第二套全国少儿广播体操《世界真美好》	
	幼儿体操动作的选择和创编——配有伴奏乐曲	一些流行乐及动作适用于早操吗？	
学前儿童体育——运动器械的练习	运动场地、设施设备与实施	上海体育特色幼儿园——奥林幼儿园	
	运动项目	大洋中心幼儿园混龄闯关活动	
学前儿童体育——室内体育活动	室内环境	上海体育特色幼儿园——奥林幼儿园	
	室内项目	桌子；球类	
学前儿童体育——运动会	运动会	亲子运动会视频	

掌握相关的模块知识后,给学生提供模拟教学机会(见图 8-4),在教学内容固定的情况下以小组为单位进行模拟教学,由其他小组同学给予点评,教师当场对模拟教学情况及点评情况进行总结归纳,并针对学生模拟教学中存在的共性问题布置相关思考题请学生课后查找资料、思考与讨论,于下一次课堂予以反馈。在此过程中,学生的实践性知识从无到有,最终在反思与总结中得到升华。

图 8-4　学前教育专业学生模拟体育教学活动场景

五、取得成效分析与体会

本课程自实施案例教学法与模拟教学法以来得到学生的肯定,这两个方法充分调动了学生的学习积极性,增强了学生课堂参与度。学生很喜欢各种各样的案例,辅以相应的问题也能促进学生进一步思考,从而不仅仅停留在"喜欢听故事"上。学生渐渐完成了从"听"到"想"到"开口"的转变,手脑心口结合,学习效果更佳。分层模拟教学在给学生提供贴近幼儿园教学实践情境的同时也给学生传递了一种将目标细化的学习方式,有些学生甚至将其迁移到教育实习中,给自己每周的实习教学任务制定小目标,一步步达成。在参与教育实习带队的过程中,不止一所幼儿园的老师跟我反映学生的各方面素养特别是教学活动设计与实践能力逐步提升,受到来自一线的专业人士的肯定也是课程改革的成效之一。此外,本次课程改革也使主讲教师逐渐明晰了学前儿童健康教育课程体系。在参加浙江省中小学教师专业发展培训方案设计高级研修班时,本人牵头编制项目名称为"幼儿健康教育活动设计与指导""幼儿健康教育活动的有效性提升培训""幼儿健康教育园本化课程的构建"的一整套初、中、高级幼儿园教师专业发展培训项目申报书,并代表台州地区进行汇报发言,得到现场指导专家的肯定。随后,这套培训方案在椒江、黄岩、天台、玉环等多地实施。

本次课程改革取得一定成效的同时,也存在一些亟待后续探索的问题。例如,如何提升学生对于课外学习资源的敏感度,从而实现"教师给案例"到"学生自觉找案例"的转变?如何与其他课程(比如学前卫生学、其他教法课)更好地整合,帮助学生构建更为合理明确的知识体系?来自一线教学实践的变化也时刻提醒主讲教师把握现今幼儿园教师可能的需要以便及时调整课程内容和教学方式。可以说,本次课程改革虽暂告一段落,但课改之路永无止境,要时刻做好"与时俱进,持续前行"的准备。

教师简介:

沈吟,女,南京师范大学教育学硕士,现为教师教育学院学前教育系讲师。主要研究方向为幼儿社会性发展,幼儿健康教育等,致力于促进幼儿的健康发展和培养卓越的幼儿园教师。连续三年年度考核优秀,曾被评为台州学院先进教师,荣获学校教学优秀奖、校实践教学优秀指导教师。参与各级课题多项,参编教材3部。

第二节 实践取向的学生教学实践案例

一、STREAM与拓展性课程教学设计案例

(一)幼儿园STREAM课程教学设计案例

1. 幼儿园STREAM主题活动设计及记录单(2014级学前叶梅琪)

幼儿园STREAM主题活动设计及记录单如表8-6所示。

表 8-6　幼儿园 STREAM 主题活动设计及记录单

主题名称	大型户外建构——搭房子						
班级	小 8 班	活动时间	3 月 23 日 15:00—15:50	环境	户外	小组	第十七组

工具清单	积木(有圆柱体、圆锥体、正方体和长方体)
任务指向	1.能发挥自己的想象力搭建房子 2.能够和同伴共同建构 3.能向同伴介绍自己搭建的房子
知识领域	1.数学:空间形状 2.工程:工程思维和工程行为(建造) 3.艺术:发现生活中建筑的美
活动前	进行建构前老师让小朋友们欣赏了一些房子的图片,引导孩子知道房子有屋顶、房间等。小 8 班的孩子都很热情,在搭积木的时候都非常主动积极,有些幼儿会选择组合一起搭积木,一起拎着篮子拿积木,会自言自语地说着自己搭的是什么。
案例一	有一个小女孩将圆柱体的积木横放,但圆柱体会滚动无法再在上面放其他积木,但她仍尝试了好几次,没有找到让积木固定的办法,最后在老师的帮助下明白了将圆柱体立起来就能在上面立东西。她已经有了发现问题的能力但没有解决问题的办法,需要老师帮助。其他人在努力追求高的房子时,她在搭建横向的积木,原来她是在搭房子边的马路以及保护人安全的护栏,说明她在日常生活中善于仔细观察。
案例二	极个别幼儿没有理解老师开始时所讲的"屋子是需要屋顶的",在整个过程中将房子视为鸟窝,将积木(圆柱体)横着放,持续时间较久,没有觉察到房子的不牢固,但在教师语言的提示下,开始把圆柱体竖起来,并在其上面添加另外的积木,整体上将原先的积木围起来,其后便无变动,在此次搭积木过程中,幼儿未能较好地达到老师所提出的要求,也未能认识到自己的鸟窝并非老师所想要达到的效果,这是因为目的性不明确,所以老师在说明活动时应该要有一定的示范性,太过抽象的肢体演示,对小班的孩子而言,具有一定的难度。

续表

案例三	建构活动中,男生普遍比女生搭得更生动形象一些。男孩子合作能够很好地将房屋搭起来,有三四个小男孩一起搭房子,还有楼梯的搭建,对于他们而言,这种程度上的搭建属于完美,整个起步挺快,但是老师有要求将自己看到的也搭建进去,这一点上,老师有用语言提醒他们注意围墙和其他看到的东西,幼儿也意识到了该点,对自己的房屋进行了加工。  　　老师看到孩子们的房子差不多都搭建好了,于是引导他们说"小朋友们想一想房子周围还有什么东西呀?我们可以搭一条路把房子连起来。" 　　于是有些幼儿便开始搭马路。
问题	在活动中我们小组发现存在以下几个问题: 　　(1)有些幼儿在建构房子的时候,由于受到思维发展水平的局限,往往是想怎么摆就怎么摆,不会考虑到要摆成什么样子。问他们这个部分是什么,有些不会回答或是想了以后随便说出一个答案,或是直接说"我也不知道"。还有少数幼儿一直在重复累计相同大小的木块,没有出现屋顶这种象征性的搭法,也是在缺乏感性经验的基础上的尝试与玩耍。 　　(2)在幼儿搭建积木的过程中,由于房子搭得太高或者碰撞,房子会倒塌,这时有些幼儿会开始说是某某某的原因,需要在老师提醒下重新开始建构。 　　(3)有些孩子对于搭建房子没有太大的兴趣。有一个孩子因为没有人和他一起搭房子,就不想搭房子,去玩自己的游戏,尽管老师说:"你应该主动邀请小伙伴和你一起玩,就算没有小伙伴,你自己也可以完成。"但是他并没有接受。 　　(4)在老师说建构活动结束,让孩子们收拾材料时,许多孩子快速地把"房子"推倒,相比于建造过程,似乎推倒带来的视觉与听觉,更让孩子们欣喜。
学习故事	在本次主题活动中,可能是受到思维发展水平的限制,没能很好地调动孩子们的想象力和积极性,不过活动还是进行得很顺利,幼儿能和同伴一起进行搭建,只是在过程中会有意见不合的情况,在最后请小朋友们介绍自己的房子时由于时间比较仓促,没有达到预期效果。

2.幼儿园 STREAM 主题活动设计及记录单(2015 级学前吴涵喜)

幼儿园 STREAM 主题活动设计及记录单如表 8-7 所示。

表 8-7　幼儿园 STREAM 主题活动设计及记录单

主题名称	大型户外建构——搭房子						
班级	小 3 班	活动时间	4 月 10 日 15:15—15:40	环境	户外	小组	第十二组
工具清单	建构积木(有长圆柱体、短圆柱体、子弹头型、两种型号的长方体木板)						
任务指向	1.能发挥自己的想象力搭建一个城堡 2.能够和同伴合作建构						
知识领域	1.数学:空间形状 2.工程:工程思维和工程行为(建造) 3.艺术:城堡要美观,同时又要有创造力						
活动前	进行建构前老师给小朋友们讲了一个有关城堡的故事,引导孩子知道搭城堡是为了保护白雪公主,要防止恶毒的皇后伤害她。小三班的孩子都很热情,在搭积木的时候都非常主动积极,有些幼儿会选择组合一起搭积木,有的独自搭积木,有的帮助别人拿积木,分工合作。						
案例一	这位同学搭建的城堡门(在红箱子旁边)是可以开的,为的是王子可以进入城堡。里面的都是通道,外面也有通道,外面的通道都是受保护的,在最外面有一座炮台,可以攻击可恶的皇后。还有一座桥(一块木板有一个弧形的空缺),车可以从上面通过。 　　他搭建城堡的速度是较快的,相比其他幼儿,他能独自有规划地搭出一个城堡,从门、道路、炮台到桥的搭建,可以看出他的生活经验比较丰富。						

续表

案例二	这位同学搭的城堡旁有一个高高的圆柱,是一个路灯,为的是王子进来时可以看得到路。而矮一点的圆柱是炮台,保护大门的。 　　他在搭建时遇到了问题,木块并不能刚好地围成一个圈,所以有了这一块竖着的积木。先是幼儿试图横放积木,发现调整旁边的积木也不能使它放进去后,于是改为竖放,再调整了旁边的积木,到最后呈现上述效果图。一个竖着的积木刚好能倾斜着补上围墙的缺口。 
案例三	  　　最开始搬出积木的时候,橙色衣服的小男孩试图一个人推出整箱的积木,推不动,来了两个小帮手,想用提的,也不成功。再加了一个人也是提不动。到最后是四个人一起推着积木箱子,箱子才动了。

(二)拓展性课程教学设计案例

1. 好玩的民间游戏

(1)活动教案。

大班社会活动:

好玩的民间游戏

【活动目标】

(1)初步认识民间游戏,萌发对民间游戏的兴趣。

(2)初步尝试玩民间游戏"玩花绳"。

【活动准备】

(1)物质准备:关于民间游戏的PPT、视频,红色尼龙绳,部分民间游戏教、玩具。

(2)经验基础:幼儿已玩过一些常见的民间游戏。

【活动过程】

1.以民间游戏展开谈话,初步了解民间游戏的概念

师:小朋友们,你们有谁知道什么是民间游戏?民间游戏到底是什么东西呢?

小结:民间游戏是流传在民间已经很久的游戏,你们的爸爸妈妈、爷爷奶奶都玩过的游戏。

2.通过PPT图片、视频,认识好玩的民间游戏

师:小朋友们,大家看一看,这是什么东西?它叫什么游戏?你会玩吗?谁能说说看这个游戏是怎么玩的?①老鹰捉小鸡;②丢沙包;③翻花绳;④踩高跷;⑤打陀螺;⑥跳大绳。

3.介绍部分民间游戏教、玩具,玩民间游戏"翻花绳"

(1)介绍部分民间游戏教、玩具,引起幼儿的兴趣。

师:今天老师给小朋友带来了一些好玩的东西,小朋友猜猜这些是什么东西?有什么用?

(2)玩民间游戏"翻花绳"。

师:老师为每个小朋友都准备了一条已经打好结了的红绳子,今天,我们就先玩一个民间游戏,叫作"翻花绳"。

师:有没有小朋友会玩翻花绳的,请你来示范给其他小朋友们看看。(教师小结幼儿的玩法)

师:接下来,我们来看看视频里的姐姐是怎么玩翻花绳的,仔细瞧瞧这种玩法你会吗?

师:我们一起来翻一翻。(分步讲解翻法)

(3)教师小结:今天我们认识了民间游戏,也玩了一个民间游戏"翻花绳",老师觉得小朋友们在翻的时候,发明了许多种新玩法,老师觉得小朋友的想法都很棒,现在老师把红绳送给每一个小朋友,大家可以带回家和爸爸妈妈一起玩。

(4)说明将有一个"民间游戏小小家"区角。

师:我们班级会新增一个区角,今天老师向大家展示的民间游戏教、玩

具会投放到区角里面,等区角布置好了,大家就可以玩了!

【活动延伸】

(1)教、玩具投放区角,给幼儿留下期待。

(2)将红绳带回家和父母一起玩。

【活动反思】

本次活动,旨在让幼儿初步了解民间游戏,学会玩一种民间游戏。在活动过程中,幼儿的兴趣一直很高涨,但在最后一个环节"玩民间游戏翻花绳"时,由于镜面示范动作不够明确,幼儿没有很好地学会翻花绳,所以我把花绳送给幼儿,让他们带回家去,让爸爸妈妈教他们玩,或者玩给爸爸妈妈看,也可以创新玩法,很好地把活动延伸下去。第二天,再请幼儿把花绳带回来,我们再来一起玩一玩。

【精彩剪影】

哇,原来民间游戏这么好玩啊!

"翻花绳"的视频真有趣呀!

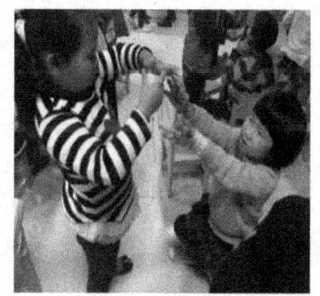

瞧!我们可厉害啦呢!我们跟着罗老师再来试一试!

2."老鹰捉小鸡"绘画活动

(1)活动教案。

大班绘画活动:

保护母鸡和小鸡的秘密行动

【活动目标】

(1)能够掌握用画画表现自己保护母鸡和小鸡的方法。

(2)了解鸡和老鹰的区别,尝试画鸡和老鹰。

(3)喜欢参加保护母鸡和小鸡的秘密行动。

【活动准备】

(1)物质准备:PPT、油画棒、绘画纸。

(2)经验准备:幼儿已掌握基本的绘画技能。

【活动过程】

1.讲述老鹰捉小鸡的故事,引起幼儿兴趣

(1)师:今天,老师给小朋友带来一个小故事,小朋友们一起来听听看。

(2)师:故事先讲到这里,你们听到故事里有几个小动物?他们发生了什么事?

(3)总结:这是老鹰捉小鸡的故事,我们来认识一下凶狠的老鹰、温和的母鸡、可爱的小鸡吧。

2.讲解老鹰、母鸡、小鸡的外形和区别,比较他们的不同。边讲故事,边讲解

师:"老鹰:尖尖的喙,大大的翅膀,性格凶猛;母鸡:冠,有翅膀,性格温柔;小鸡:小冠,有翅膀,性格胆怯。"

3.幼儿作画,教师鼓励幼儿发挥想象力表现保护母鸡和小鸡的对策

(1)师:我们一起参加保护母鸡和小鸡秘密行动,一起保护母鸡和小鸡吧。

(办法:挖地道,打老鹰,加固房子)

(2)师:我觉得小朋友们还会有其他不一样的方法,现在请小朋友们把自己的方法画下来,等一会啊,我们一起从小朋友们的画里选出最好的一个去保护母鸡和小鸡。

(3)绘画要求:先想好是赶走老鹰还是直接保护母鸡和小鸡(救出母鸡和小鸡);注意老鹰和鸡的外形;画完后说说自己的计策。

(4)绘画过程:启发引导,帮助幼儿画老鹰、母鸡、小鸡。

4.评价作品

请部分幼儿上来讲述自己的计策。

师：今天我们听了母鸡、小鸡、老鹰的故事，我们还参加了保护母鸡和小鸡秘密行动，想了好多好多的方法保护母鸡和小鸡，下课后，小朋友们想一想还有什么计策可以保护母鸡和小鸡，老师在美工区里准备了纸，小朋友们可以去画，再想出一些计策保护小鸡和母鸡。

【活动延伸】

将绘画材料投放区角，幼儿可以把自己的对策继续完成或再想一个其他的对策。

【活动反思】

本次活动创设保护小鸡和母鸡的秘密行动的情境，采用绘画的形式让幼儿把自己的想法表达出来，再通过本次活动幼儿的绘画作品分析，把幼儿保护小鸡和母鸡的秘密行动计划想法延伸到下一次活动中，为下一次活动的展开做好一定的经验准备。活动过程中，观察发现幼儿不容易掌握画母鸡、小鸡和老鹰的形体，所以出现幼儿一直说"老师，我不会画小鸡、母鸡、老鹰"的情况，教师通过多媒体课件的图片以及个别指导的方式帮助幼儿初步掌握这些动物的基本形体，最后活动顺利结束。

【精彩剪影】

保护小鸡和母鸡秘密行动开始啦！

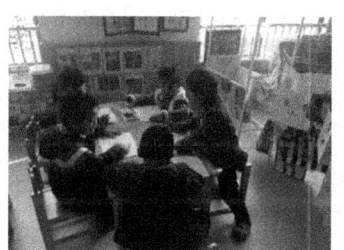

你要想什么计策呢？

我们在指导呦！

我要保护小鸡和母鸡！

5.大班绘画活动《保护母鸡和小鸡的秘密行动》——幼儿绘画作品

(1)幼儿绘画作品汇总记录,如表 8-8 所示。

表 8-8 幼儿绘画作品汇总记录表

	线条 (流畅/ 不流畅)	形状(规则几何形状/ 不规则的自由形状/ 各种形状的组合)	色彩 (有/无)	构图(单独构 图/并列构图/ 均衡构图)	主题(保护母鸡 和小鸡的秘密 行动)
1	不流畅	各种形状的组合	无	并列构图	母鸡保护
2	流畅	各种形状的组合	无	并列构图	逃回家
3	不流畅	各种形状的组合	有	均衡构图	逃回家
4	不流畅	不规则的自由形状	有	单独构图	逃回家
5	不流畅	不规则的自由形状	有	均衡构图	逃回家
6	不流畅	不规则的自由形状	无	均衡构图	逃回家
7	不流畅	规则几何形状	有	均衡构图	逃回家
8	流畅	不规则的自由形状	有	均衡构图	秘密通道
9	不流畅	不规则的自由形状	无	均衡构图	逃回家
10	不流畅	不规则的自由形状	有	单独构图	逃回家
11	流畅	不规则的自由形状	有	均衡构图	母鸡保护
12	流畅	各种形状的组合	有	均衡构图	母鸡保护
13	流畅	规则几何形状	有	均衡构图	秘密通道
14	不流畅	各种形状的组合	有	均衡构图	逃回家
16	不流畅	不规则的自由形状	有	均衡构图	逃回家
17	不流畅	不规则的自由形状	有	单独构图	逃回家
19	不流畅	不规则的自由形状	有	单独构图	逃回家
21	不流畅	不规则的自由形状	有	并列构图	秘密通道
26	流畅	各种形状的组合	有	均衡构图	逃回家
28	不流畅	各种形状的组合	有	均衡构图	逃回家

续表

	线条（流畅/不流畅）	形状（规则几何形状/不规则的自由形状/各种形状的组合）	色彩（有/无）	构图（单独构图/并列构图/均衡构图）	主题（保护母鸡和小鸡的秘密行动）
29	流畅	各种形状的组合	有	均衡构图	逃回家
31	不流畅	不规则的自由形状	有	均衡构图	秘密通道
32	流畅	不规则的自由形状	有	并列构图	秘密通道
33	流畅	各种形状的组合	有	并列构图	人类帮助
33(1)	不流畅	不规则的自由形状	有	单独构图	逃回家
34	流畅	各种形状的组合	有	均衡构图	逃回家
35	流畅	各种形状的组合	有	均衡构图	逃回家
汇总	不流畅:17人 流畅:10人	规则几何形状:2人 不规则的自由形状:14人 各种形状的组合:11人	无:4人 有:23人	单独构图:4人 并列构图:6人 均衡构图:17人	母鸡保护:3人 逃回家:18人 秘密通道:5人 人类保护:1人

（2）表格数据分析。

通过对幼儿绘画作品的分析，从中选取幼儿采取最多的方法，把幼儿保护小鸡和母鸡的秘密行动计划想法延伸到下一次活动中。根据对幼儿27幅绘画作品的分析，我们采用通过秘密通道逃跑的创新玩法。

（3）幼儿绘画作品图片。

（此部分案例均由2014级学前教育专业学生金玉婷同学提供）

二、"拜师学艺"相关案例

(一)选拔方案案例

校师范生第十二届"拜师学艺"学前教育专业选拔方案

校第十二届"拜师学艺"活动如期开展,学前教育专业有五个名额。学前教育系对该活动非常重视,为确保选拔出综合成绩优秀的学生参加"拜师学艺"活动,结合学前教育的实际情况,特制定本选拔方案。

一、选拔方案

本次选拔主要是根据多个层面多个来源的信息综合进行考虑。

第一,参加学校第七届即席演讲获奖的同学特别是获一等奖的同学进入考察范围;

第二,临海籍的同学进入考察范围,依据成绩再进行筛选;

第三,大一综合考评获得奖学金的同学进入考察范围;

第四,弹唱、跳舞等课程教师推荐的技能优秀的同学进入考察范围;

第五,班主任推荐的每班综合素质最好的前五位同学进入考察范围;

第六,考虑学生的个人意愿是否愿意参加"拜师学艺"活动。

二、选拔结果

经多方考察,慎重选拔,此次参加"拜师学艺"活动的学生为:

(1)2014级学前教育1班,蒋甜甜,台州温岭籍,综合考评一等奖学金。

(2)2014级学前教育2班,李颖姿,台州临海籍,综合考评三等奖学金。

(3)2014级学前教育2班,李丝柳,宁波北仑籍,综合考评一等奖学金。

(4)2014级学前教育3班,金玉婷,宁波余姚籍,综合考评一等奖学金,第七届演讲比赛一等奖。

(5)2014级学前教育4班,林慧慧,温州鹿城籍,综合考评一等奖学金,第七届演讲比赛三等奖。

教师教育学院学前教育系
2016年6月15日

(二)"拜师学艺"学年总结体会案例

《2016—2017学年"拜师学艺"活动总结》

经过一年的"拜师学艺"活动,我在这一年中进步了很多,感慨很多,现总结如下:

一、对教师职业的认识

教师是教育过程中的主导力量。教师道德品质不仅是教师自身的行为规范,而且还是作用于学生的教育手段。其高尚与否,关系到素质教育能否得以正确顺利地实施。我深知作为人类灵魂的工程师,必须具有高尚的道德品质,对学生要有慈母般的爱心,且要不断更新、充实自己的知识,做到与时代同步,才能培养出符合社会发展需要的人才,挑好肩上这副教书育人的重担。

二、自己的几点收获

(一)自己对于工作有了更深刻的认识

以前,我总认为教师只要上好自己的课,把课本上的东西传授给自己的学生就够了,而缺乏对教师社会责任的认识。通过"拜师学艺"活动,我的师傅罗老师对我谆谆教诲,进行了系统的教师社会责任的讲解,使我知道了身为一名人民教师,我们不但要把课本上的知识交给学生,还要交给学生做人、做事的道理。通过教师的努力,学生不但要把知识学好,还要遵法守纪,勤劳礼貌,做一个合格的社会公民。

(二)学到了新的知识

在与罗老师的不断切磋中,有很多疑难问题在商讨中得到了解决,使我不仅丰富了课本知识,更增加了许多课外知识,开阔了视野,自己的理论水平也得到了提高,同时也为自己的人生树立了更高的目标,我相信这会对我终身受益的。

(三)思想境界受到了感染

在与罗老师相处的过程中,她心胸豁达,乐观的思想境界深深感染了我。当我工作中遇到了困难时,自己也能以一种坦然、把苦当乐的心态去克服它。

三、今后的努力方向

（一）加强师德修养，展现人格魅力

在教学过程中，我要利用业余时间积极学习国家教育方针、教育政策，遵守学校各项规定，甘做人梯，以"捧着一颗心来，不带半棵草去"的高尚情怀，献身教育事业，努力工作。

（二）热爱学生，以身作则

教师对学生要有一颗慈母般的爱心。教师对学生慈母般的爱心应来自对教育事业的无限忠诚，对教育事业的强烈事业心和高度责任感。教师的关爱能化解学生的逆反心理和对抗情绪，最大限度地激发学生的学习主观能动性。在日常教学中，教师如像母亲一样，无微不至地关心学生，帮助学生，对差生不嫌弃、不歧视，给他们多一点爱，就能极大地激发学生的积极性，使其在学习上有无穷的力量源泉。

（三）努力学习提高自己的业务水平

教师要不断更新充实自己的知识。博学多才对教师来说很重要。在教学过程中，学生什么问题都会提出来，而且往往"打破砂锅问到底"。没有广博的知识，就不能很好地解学生之"惑"，传为人之"道"。但知识绝不是处于静止状态，它在不断地丰富和发展，每时每刻都在发生着变化。因此，我们这些为师者让自己的知识处于不断更新的状态，跟上时代发展步伐，不断更新教育观念，改革教学内容和方法，显得更为重要。

（四）勤学好问，帮助他人

历时一年的"拜师学艺"活动虽然结束了，但在我们的心中还不能结束。今后我们要继续发扬"拜师学艺"活动中形成的良好传统，勤学好问，遇到业务上不懂的地方，仍要向师傅及有经验的老教师学习，同时，我们还要用我们学到的技能去帮助比我们年轻、更需要教学经验的新教师。

为了无愧于教师这一职业，也为了实现自己心中的理想信念，今后的工作中，我会更加努力，加强学习，提高素质，完善自己，书写出灿烂美好的未来。

三、模课案例

模课教案：大班综合活动"地球招聘清洁工"

一、活动目标

1. 能完整讲述故事中几种动物清洁地球的本领。

2. 知道动物可以保护环境，培养初步的环保意识。

二、活动准备

PPT、照片

三、活动过程

（一）图片导入，激发幼儿兴趣

师：（出示难过的地球公公）今天我们班来了一位客人，小朋友看，这是谁？（地球公公）它怎么了？（在哭）

师：对，地球公公心里很难过，他为什么会伤心地哭呢？（幼儿猜测：地球受伤了；人类乱扔垃圾，破坏环境）

师：刚才小朋友们都说了地球公公为什么会很难过的原因，我们来看看到底是不是这样。（出示环境污染图片）小朋友们看，这些是什么？（水里面到处是垃圾，颜色很浑浊；大海里有油污；烟囱冒出黑色的烟，天空都变黑了；地上都是垃圾）

师小结：原来地球公公是因为身上太脏了，身体不舒服，所以难过地哭了。

（二）理解故事内容，尝试讲述动物的本领

1. 猜想配对

师：地球公公听说小动物们的本领很大，可以帮助它清洁身体，所以它想在小动物里招聘清洁工人。你们看都有谁来报名啦？（逐一出示海鸥、鲫鱼、乌鸦、秃鹫、蚯蚓图片）这些动物适合在哪里做清洁工？（出示地点图片）待会请小朋友们小组合作，将小动物贴在相应的地点上，贴之前要想一想这个小动物到底有什么本领，完成后请你们回到位子上。（幼儿小组合作操作）

师：大海上、河里、草地上、草原上、泥土里谁能做清洁工？为什么？（幼

儿回答)

2.理解故事内容,尝试讲述动物本领

师:它们到底能不能当上清洁工呢？我们来听一听故事《地球招聘清洁工》。

(完整讲述故事,并逐一出示故事图片)

(1)师:这些小动物当上了清洁工人吗？(当上了)

师:为什么地球公公要录用海鸥做清洁工呢？它是哪里的清洁工？

幼:它可以吃掉人类坐船时丢在海上的面包片、剩菜以及一些死鱼。

幼:它可以做海面上的清洁工。

师小结:我们相信海鸥一定能成为海面上优秀的清洁工。

(2)师:鲫鱼又能成为哪里的清洁工呢？它有什么本领？

幼:它能在河里做清洁工。

幼:它喜欢吃水草、水虫和垃圾。

师小结:鲫鱼也很厉害,能把河清理干净。

(3)师:在地上的清洁工又是谁？(乌鸦)它有什么本领？

幼:能把苍蝇下的蛆和脏兮兮的爬虫吃掉。

师小结:别看乌鸦长得不好看,但是它的本领真的很强。

(4)师:秃鹫是哪里的清洁工？能为地球公公的清洁做些什么呢？

幼:草原上的。

幼:吃掉草原上病死动物的腐肉。

师小结:吃掉草原上的腐肉,这就保持了草原上的清洁,秃鹫也很厉害。

(5)师:蚯蚓能为地球公公的清洁做些什么？

幼:可以吃掉地下的垃圾,再把它变成肥料。

师小结:蚯蚓在地下也能帮助地球爷爷。

师小结:地球公公对这些动物清洁地球的本领十分满意,正是有了这些地球清洁工的帮忙,我们的地球又回到了美丽的样子。

(欣赏图片:蓝蓝的海水、绿绿的草地、清新的空气)

(三)结束:话题拓展

师:你喜欢这些动物吗？为什么？(他们能帮助地球公公清理垃圾;他

们的本领很大)

师:这些小动物的本领真大,还有哪些动物能清洁地球?它们会怎么清理垃圾?(幼儿回答)老师这有几种小动物看看大家知不知道他们的本领(逐一出示青蛙、鲨鱼、蚂蚁、屎壳郎图片,介绍清洁作用)

师:动物朋友为地球的清洁做了那么多的贡献,那我们小朋友能为地球公公做些什么呢?

(不乱扔垃圾,把垃圾扔进垃圾桶;多种绿色植物)

师总结:相信我们听了这个故事,以后一定能好好地保护地球公公,不让他受到伤害。

四、"义务支教"案例

《关于大学生暑假乡镇短期支教模式的有效性探索与不足的调研报告》
——教师教育学院温岭松门暑期特色支教队

摘要:当今大学生利用暑假期间远赴乡镇进行支教已成为暑期社会实践的重要形式,但由于缺乏支教科学系统的指导使得支教质量参差不齐。笔者所在支教团队考虑到乡镇支教会出现的问题,结合文献法,进行了暑假乡镇短期有效支教模式的探索,旨在深入分析暑期支教实践,为完善大学生暑假乡镇短期支教模式提供参考。

关键词:大学生;暑假乡镇;短期支教;支教模式

根据《百所高校结对县(市、区)暨百万大学生走进基层、走进群众活动实施方案》,响应浙江省"双百双进"的号召,台州学院的教师教育学院爱心支教暑期社会实践队在台州温岭松门第三小学开展了为期十天的暑期支教活动。温岭松门暑期爱心支教团队结合以往大学生暑期社会支教活动出现的问题,例如教学技巧、教学技能的缺乏,支教活动的形式单一等问题,参考相关文献的建议,进行了暑假乡镇短期有效支教模式的探索。本文针对此次暑期支教的模式、成效、反思总结进行调研,旨在深入分析暑期支教实践,为完善大学生暑假乡镇短期支教模式提供参考。

一、暑期支教活动概述

著名的"为美国而教"(Teach for American,TFA)计划：由美国一流大学的毕业生到贫困落后地区从事教育工作，实现社会价值和个人价值的共赢。TFA计划给予我国大学生以一定的启发，我国大学生积极参与"三下乡"社会实践活动，深入乡镇开展"义务支教"活动，希望凭借自己的知识和努力为乡镇的孩子创造一个温馨快乐的暑假生活，帮助他们了解外面的世界，获得更多的知识和技能。

响应团中央、团省委、校团委有关大学生开展2016年暑期"三下乡"社会实践活动的号召，台州学院教师教育学院爱心支教暑期社会实践队来到了台州温岭松门第三小学，开展了以"赤心育赤子，赤诚暖松门"为主题支教实践活动。

此次温岭松门暑期爱心支教团队，带队教师1名，小学教育专业学生8名，学前教育专业学生6名，全为师范专业学生，对教师教育有浓厚兴趣，拥有相应专业的知识与技能，其中包括教学原理、儿童心理学等知识以及绘画、跳舞等专业技能。

二、温岭松门暑期支教模式

(一)前期工作

(1)严谨的支教队员招募。成熟的支教团队首先在于优秀的支教队员的组成。根据严格标准，由指导老师首先选择队长和副队长的组成人员，而后，进行报名面试工作。

(2)健全的支教组织结构。支教团队中设有指导老师、队长、副队长、通信员、安全责任人、安全员、财务组、后勤组。指导老师负责支教地点的前期联系和团队的安全教育；队长负责队员的招募、统筹规划工作、与支教地学校的联络等；副队长负责协助队长和队员的招募；通信员负责支教活动的宣传工作；安全责任人负责支教活动的安全预案；安全员负责具体活动期间的安全；财务组负责支教队经费的管理；后勤组负责支教队的后勤工作。

(3)完善的支教保障体系。台州学院举办2016年暑期社会实践培训会，发放暑期社会实践安全手册，各支教团队确保有学校保险；指导老师进行支教队员的安全教育工作,再三强调安全问题;支教团队的吃住行都在支教地学校进行,由支教地学校提供吃住,设置学生出入证和相应的保安保障支教队员的安全;支教团队对支教活动进行安全预案,配备安全负责人与安全员保障支教队员安全。

(4)独特的支教模式策划。兴趣课程与特色素质拓展活动相结合的支教模式,宗旨是让学生愉快。支教活动开展前,先根据各队员的特长,开设舞蹈、音乐、口才、表演、美术共5个兴趣班,设定课程表时间和内容以及班级负责老师。上午进行兴趣班课程,下午进行特色素质拓展活动,晚上,全体支教队员开会,进行总结反思、课程和活动准备、心得交流。

(5)落实的支教地学校沟通。由指导老师和支教队队长分别与支教地学校负责人反复进行沟通,落实支教队员的安全、吃、住、行、活动等问题。支教活动策划与支教地学校负责人反复协商确定,由支教地学校负责学生的报名工作。

(二)支教过程

(1)根据前期策划进行支教活动。前期策划与校方商定可行后,进行相应课程和素质拓展活动。过程中,根据具体情况,更改相应计划。

(2)独特的教学模式与理念运用。利用"学习故事"的教学理念,通过创设相应的兴趣学习环境,多次运用情境法进行相关兴趣启发教学,培养儿童积极的、有助于学习的心智倾向,提高学习技能的兴趣,促进其积极参与课堂并且坚持兴趣学习,通过鼓励和启发法让学生善于表达想法或感受,培养其责任意识。关键不是学生的技能是否学到,而是在于学生的成长状态,考虑到短期支教固有的局限性,即时间短,所以本次支教活动重在启发乡镇学生的兴趣,为他们带去一个真正快乐的暑期生活。

"学习故事"也是一种评价模式,即通过学生"学习故事"的书写评价其兴趣成长,各班负责老师书写自己班学生的"学习故事",在书写过程中,都发现了学生学习兴趣的一定提高或者某方面品质的发展。

(3)完善的学生保障体系。凭学生出入证进出校园,确保校园安全。每班有相应的负责老师,掌握学生的动态,不定期进行点名工作,落实学生到课情况。

(三)后期工作

(1)建立监督和考评机制。本次支教活动为松门三小的领导、教师、学生、家长组织策划了一场精彩的主题为"童心璀璨,爱在松门"的汇报演出,还向学生发放了一份调查问卷。86%的学生表示此次兴趣班对自己有帮助,90%的学生表示兴趣增加了,89%的学生想继续学习。

(2)整理、反思、安全工作落实到位。支教活动后打扫整理工作室、班级、宿舍,进行反思总结会议,与校方交流此次支教活动开展的经验与不足,最后确保支教队员安全到家,并提交一份个人总结和团队总结。

(3)广泛宣传。开设"松门爱心驿站"微信公众号,每天更新,让家长了解孩子在校状况的同时,也记录、宣传了支教的进程;对此次支教活动进行新闻宣传和报道;深入分析后撰写社会调研报告。

三、温岭松门暑期支教模式的不足

2014年7月,中国青年报记者张鹏发表《大学生暑期支教不是添麻烦》一文中指出:对大学生暑假短期支教的批评声,早已有之,归纳如下:一是准备不足,把乡村支教当成了乡村旅行。二是"来去匆匆",时间短,传授不了多少知识。三是支教"后遗症"。当乡村学生喜欢上支教老师们先进的多媒体教学、正确的英语发音后,乡村老师传统的教学办法"不灵"了,大学生走了,把难题留给了老师。的确,结合笔者本次切身参加温岭松门暑期特色支教队的经验进行多次反思总结,发现虽支教模式有所探索,但仍存在以下不足:

(一)支教大学生方面

(1)大学生支教队员的培训机制不规范。支教队员培训不规范,缺乏专业人士指导,往往是以前支教过的学长、学姐的经验介绍,并不能全面地给予指导。

(2)团队缺乏专业教师的系统指导,队员缺乏教学经验。支教队员是以大一、大二的学生为主,教法知识浅薄、授课经验尚浅。支教队中设有一名带队老师,并非专业的教法老师,较少对支教成员的上课状况进行指导。

(3)支教时间短且学生多,难以保证教学效果。本次支教仅为十天,学生人数在100名以上,十天对于每位学生来说是否能真正学到一定的技能还是有所疑惑的。

(二)支教地学校及当地政府方面

虽然受教学校认同大学生短期支教,并表示支教有效果,但大学生短期支教也给受教学校增加了不少负担,增添了不少顾虑。

第一,受教学校需要花精力和时间为大学生支教提供条件。以温岭松门暑期特色支教队为例,支教队长早在活动开展前一个月就要与松门镇第三小学沟通,学校要了解活动的计划安排,组织学生进行报名工作;支教期间要为支教队提供教学环境、食宿生活等条件。第二,受教学校对于支教后期有不少顾虑,受教学校往往担心支教后新学期校方教学困难,大学生支教者在暑期教授的模式、内容等与学校有所不同,孩子们的心理会产生落差,给学校造成教学压力。第三,支教期间,学校必须考虑受教学生和支教大学生的安全问题。松门镇第三小学为了配合支教队的活动,特地增加一名学校保安并为参加兴趣班的学生配备通行证。

四、小结

总之,大学生暑假乡镇短期支教有其固有的弊端——时间短和教学方式新颖,这需要高校、支教队、支教地学校的通力合作,明确支教的意义和目的,做好相应的"预防针"措施,建立长期合作机制,向支教活动的基地化、综合化、专业化不断迈进。

参考文献

[1]楼俊君.大学生暑期支教实践的思考[J].高校讲坛,2010(27).

[2]朱梦飞,王景,汪帆.大学生暑假短期农村支教的思考——以湖北省黄冈市英山县温泉镇百丈河村为例[J].当代教育实践与教学研究(电子刊),2014(9).

[3]刘振远,季嘉.大学生暑期支教实践活动的现状及对策[J].网友世界,2012(8).

附件

"大学生暑假乡镇短期支教模式的有效性探索与不足"
调查问卷

孩子们,你们好!我们是来自台州学院的温岭松门暑期特色支教队,正在做一项关于小学生暑期兴趣的调查研究,非常需要你们的帮助。谢谢!

请结合你之前参加暑假兴趣班的经验,认真填写以下问题。

(1) 你打算用什么活动来充实自己的暑期生活呢?(　　)(可多选)

A. 参加暑假兴趣班　　　　B. 旅游　　　　C. 打游戏

D. 电视　　　　E. 走亲戚　　　　F. 其他

(2) 在往年的暑假里,有没有参加过暑期兴趣班?(　　)

A. 偶尔参加　　　　B. 每年都参加　　　　C. 从来不参加

(3) 你是出于什么原因参加的暑期兴趣班?

A. 自身兴趣　　　　B. 父母要求　　　　C. 老师要求　　　　D. 盲目跟风

E. 其他

(4) 你曾经在暑假期间参加过什么暑期兴趣班?(　　)(可多选)

A. 乐器　　　　B. 绘画　　　　C. 书法　　　　D. 舞蹈

E. 棋类(如象棋、围棋)　　　　F. 语文　　　　G. 数学

H. 英语　　　　I. 科学　　　　J. 体育类(如乒乓球、跆拳道)

K. 其他

(5) 你喜欢之前的兴趣班老师吗?(　　)

A. 非常　　　　B. 比较　　　　C. 一般　　　　D. 较少

E. 没有

(6) 你觉得学好一样东西,最重要的是什么?(　　)

A. 父母逼迫　　　　B. 个人兴趣　　　　C. 喜欢老师　　　　D. 坚持不懈

E. 其他

(7) 请结合自己之前参加的暑期兴趣班的经验,谈谈你的收获。(如你学会了什么?有没有增加你对该方面的兴趣?有没有想继续深入学习的欲望?)

下面请结合你参加本次我们开设的暑期特色兴趣班的体验，认真填写以下问题。非常感谢！

(1)在这次大学生暑期特色支教中,你参加了哪个班？(　　)

　　A.口才班　　　　B.绘画班　　　C.音乐班　　　D.舞蹈班

　　E.表演班

(2)你当初选择加入该兴趣班(音乐班、美术班、表演班、口才班、舞蹈班)的原因是？(　　)

　　A.个人爱好　　　B.父母要求　　C.老师推荐　　D.跟从同学

　　E.其他

(3)你喜欢本次的兴趣班老师吗？(　　)

　　A.非常　　　　　B.比较　　　　C.一般　　　　D.较少

　　E.没有

(4)在课堂上,你的表现积极吗？(　　)

　　A.非常　　　　　B.比较　　　　C.一般　　　　D.较少

　　E.没有

(5)在课堂上,老师给你充分表达、表现的机会了吗？(　　)

　　A.非常　　　　　B.比较　　　　C.一般　　　　D.较少

　　E.没有

(6)在参加本次兴趣班的过程中,你有跟周围的同学和老师积极交流吗？(　　)

　　A.非常　　　　　B.比较　　　　C.一般　　　　D.较少

　　E.没有

(7)你觉得参加此次暑期支教特色兴趣班对你有帮助吗？(　　)

　　A.非常　　　　　B.比较　　　　C.一般　　　　D.较少

　　E.没有

(8)参加本次兴趣班后,有增加你对该方面的兴趣吗？(　　)

　　A.非常　　　　　B.比较　　　　C.一般　　　　D.较少

E. 没有

(9)你想继续学习该方面的内容吗?(　　　)

A. 非常　　　　　B. 比较　　　　C. 一般　　　　D. 较少

E. 没有

(10)说说你参加本次暑期兴趣班最大的收获是什么?

_____

_____

_____

谢谢你参与本次问卷填写,我们将对你的问卷结果予以保密,仅供研究参考。

祝你天天开心,健康成长!

五、见习实习观察记录表

小四班户外活动观察记录表

观察区域：室内活动室建构区	观察人：徐烨青
观察时间：2017年4月7日 10:15—10:40	观察对象：实验幼儿园小四班C
观察背景	
□幼儿发起　　　□新任务　　　☑独立完成　　　□用时1～5分钟 ☑教师发起　　　☑熟悉的任务　□成人指导下完成　□用时5～10分钟 　　　　　　　　　　　　　　　□与同伴一起完成　☑用时15分钟以上	
重点观察	
□幼儿的兴趣和参与度　　　　　　　　□幼儿的社会性发展水平 □幼儿的规则意识和守规则的能力　　☑幼儿的认知发展水平 ☑幼儿活动的自主性、目的性和计划性　□其他：	
观察记录（可图文结合）	

　　在观察及询问幼儿后，我发现班上大部分幼儿都是在搭桥或搭房子。毫不例外，我所观察的C小朋友也是搭桥。但与其他幼儿不同的是，其他小朋友都是两三个人组队合作搭积木的，只有她是独立完成的。我询问了她原因，她说她一直都是一个人搭积木的。在搭积木的过程中，她搭的半成品被其他小朋友撞倒了两次。但令我惊讶的是，她并没有跟他们起冲突，而是挺平静地默默又搭起了积木。好几次，C跟我说："老师，我搭好了！"但说完又转身去拿了几块积木过来对她的"成品"进行修补。我问她："你搭了什么呀？""桥？""那这个是什么？""是用来支撑的"（桥墩）"那这个呢？""是用来防水的"之后她跟我说了"城堡""火箭"等词。在介绍她搭的积木的过程中，C还通过点数的方式数积木，但我发现她数到9之后又变成了6。当她全部搭完以后，她还主动要我帮她拍照。她应该是将拍照作为老师的赞赏和奖励了。

续表

分析与思考

1.《心理学》中指出"小班幼儿思维仍带有直觉行动性",他们的思维特点是先做后想。因此 C 说自己搭完以后又去拿积木进行修补。幼儿不像成人一样做某件事情前先规划好做成什么样,怎么做,而是先做后想。所以会出现 C 这种情况。

2.小班幼儿有爱模仿的特点。幼儿都搭桥或房子,可能是因为看了其他小朋友是这么搭的,那自己也这么搭,相互影响,相互模仿。

3.观察发现,C 虽然是小班的幼儿,但是她已经知道一些高级词语"火箭"等,还会点数数到 9。这可能跟家长在家对幼儿已有的教育有关。

策略与调整

可以扩大幼儿的活动区域,尽量不要让幼儿扎堆。这样可以尽量避免幼儿撞倒别的幼儿已经搭好的积木,也可以减小幼儿之间的相互影响。

小四班户外活动观察记录表

观察区域:室内活动室	观察人:邹哲文
观察时间:2017 年 4 月 7 日	观察对象:小四班

观察背景			
□幼儿发起 ☑教师发起	□新任务 ☑熟悉的任务	☑独立完成 □成人指导下完成 □与同伴一起完成	□用时 1~5 分钟 □用时 5~10 分钟 ☑用时 15 分钟以上

重点观察
□幼儿的兴趣和参与度　　　　　　　　□幼儿的社会性发展水平 □幼儿的规则意识和守规则的能力　　☑幼儿的认知发展水平 ☑幼儿活动的自主性、目的性和计划性　□其他

观察记录(可图文结合)
幼儿在教师的带领下一一列横队靠右下楼,在走向活动室的过程中,教师细心发现一名幼儿边走路边喝水,提醒他不能这样做。到达活动室后,幼儿自由拿积木进行建构活动。我重点观察了三名幼儿——一名男生、两名女生。他们在区域一角进行活动(搭房子),他们先搭建了一座三层的"房子"。(两名幼儿说法不一,有的说四层,有的说两层,幼儿对数字还没有很好的理解)幼儿又在这几层上放上了大小不一的积木,表示吃的。之后,又在旁边建了床、车库、洗手间等。教师中途过来询问幼儿的搭建情况,并提问车库没有屋顶下雨怎么办?之后幼儿尝试给车库搭建屋顶,中途虽遇到因积木空隙太大而不能搭建成功的情况,但是幼儿仍努力尝试,终于搭建成功。

续表

　　随后,又有幼儿搬来长条的积木,在附近搭建了一座三层的桥,还在桥的二层放了一块积木当作电视,幼儿的想象力还是比较丰富的。在这座桥的前面,幼儿又搭建了同样三层高的一座房子,又圈出了操场,还安放了休息的凳子。幼儿还在这三幢建筑物的顶上各放置了一块圆锥形的积木,作为警报器。(幼儿叙述说有小偷来的时候警报器会响)幼儿还建了一个警察局。我发现幼儿的思维不仅具有丰富的想象力,还有一定的连贯性。幼儿能说出公共厕所等一些词汇。幼儿在搭建过程中会出现意见相左的时候,如底部填充的积木拆不拆的问题,但是幼儿能自己进行解决,不会引发大的争吵。有些幼儿会在走动过程中撞倒他人搭建的积木,但是并未意识到自己的行为对他人的影响。

分析与思考
　　幼儿撞倒他人建构的物体后并未表示歉意。幼儿搭建的积木虽然不是很高,老师也提醒不要搭建得过高,但是在幼儿走过的时候也有撞倒的可能性。教师并未干涉幼儿的建构活动,而是给予幼儿很大的空间,让幼儿自主地进行搭建,发展其能力。

策略与调整
　　教师可在日常生活中渗透社会性教育,培养和发展幼儿良好的行为习惯。

参考文献

[1] 顾明远.跨世纪创新人才培养国际比较[M].北京:人民教育出版社,2000.

[2] 北京师范大学.高等师范院校教育实习理论与实践[M].重庆:西南大学出版社,1990.

[3] 陈永明.现代教师论[M].上海:上海教育出版社,1999.

[4] 崔允漷.有效教学[M].上海:华东师范大学出版社,2016.

[5] 邓友超.教师实智慧及其养成[M].北京:教育科学出版社,2007.

[6] 丁立群,等.实践哲学:传统与超越[M].北京:北京师范大学出版社,2012.

[7] 丁志同.高校教师绩效提升的动力机制研究[M].苏州:苏州大学出版社,2013.

[8] 胡知凡,李燕.幼儿教师教育的实践与探索[M].北京:中国人民大学出版社,2012.

[9] 李婉玲.教师发展——理论与实践[M].台北:五南图书出版有限公司,2005.

[10] 李伟.实践范式转换与实践教学改革[M].北京:教育科学出版社,2010.

[11] 刘徽.改变教学的36部教育名著[M].上海:华东师范大学出版社,2010.

[12] 刘婕.专业化:挑战21世纪的教师[M].北京:教育科学出版社,2012.

[13] 刘力.协作与共赢——教师教育实践教学研[M].北京:北京师范大学出版社,2012.

[14] 刘森林.实践的逻辑[M].北京:社会科学文献出版社,2009.

[15] 孟兆怀.实践教学的行与思(第一辑)[C].成都:电子科技大学出版

社,2009.

[16] 尚凤祥.现代教学价值论[M].北京:教育科学出版社,1996.

[17] 粟高燕.中国百年幼儿师范教育发展史研究(1904—2004)[M].天津:天津古籍出版社,2014.

[18] 石中英.知识转型与教育改革[M].北京:教育科学出版社,2001.

[19] 舒志定.教师教育哲学[M].北京:北京大学出版社,2012.

[20] 王海燕.实践共同体视野下的教师发展[M].重庆:重庆大学出版社,2011.

[21] 王叔新,鲍思伟,陈亦人,等.高师小学教育专业实践教学模式改革探索[M].杭州:杭州出版社,2007.

[22] 张广君.教学本体论[M].兰州:甘肃教育出版社,2002.

[23] 浙江省高教学会,教学管理专业委员会.崇尚教学 追求卓越[M].杭州:浙江大学出版社,2015.

[24] [法]皮埃尔·布迪厄.实践感[M].蒋梓骅,译.南京:译林出版社,2003.

[25] [美]李·S.舒尔曼.实践智慧——论教学、学习与学会教学[M].王艳玲,等,译.上海:华东师范大学出版社,2014.

[26] [美]帕克·帕尔默.教学勇气——漫步教师心灵[M].吴国珍,等,译.上海:华东师范大学出版社,2005.

[27] [美]唐纳德·A.舍恩.培养反映的实践者——专业领域中关于教与学的一项全新设计[M].郝彩虹,等,译.北京:教育科学出版社,2008.

[28] [美]J. Lave & E. Wenger.情境学习:合法的边缘性参与[M].王文静,译.上海:华东师范大学出版社,2004.

[29] [美]Linda Darling-Haimnond.有力的教师教育——来自杰出项目的经验[M].鞠玉翠,等,译.上海:华东师范大学出版社,2009.

[30] [美]约翰·杜威.确定性的寻求:关于知行关系的研究[M].傅统先,译.上海:上海世纪出版集团,上海人民出版社,2005.

[31] [美]詹姆斯·A.班克斯.文化多样性与教育:基本原理、课程与教学[M].荀渊,译.上海:华东师范大学出版社,2009.

[32][英]迈克尔·奥克肖特.经验及其模式[M].吴玉军,译.北京:文津出版社,2005.

[33][英]迈克尔·波兰尼.个人知识——迈向后批判哲学[M].徐泽民,译.贵阳:贵州人民出版社,2000.

[34][英]海伦·瑞恩博得,等.情境中的工作场所学习[M].匡瑛,译.北京:外语教学与研究出版社,2011.

[35]陈向明.从教师"专业发展"到教师"专业学习"[J].教育发展研究,2013(8).

[36]陈威.建构主义学习理论综述[J].学术交流,2007(3).

[37]陈晓端,龙宝新.教师专业学习共同体的实践基模及其本土化培育[J].课程教材教法,2012(1).

[38]陈一壮.埃德加·莫兰的"复杂方法"思想及其在教育领域内的体现[J].教育科学,2004(2).

[39]戴伟芬.职前教师教育理论与实践融合的第三空间研究[J].教育研究,2014(7).

[40]樊香兰,孟旭.逻辑与走向:当代教师教育道路的演变[J].教育研究,2009(10).

[41]顾明远.教师的职业特点与教师专业化[J].教师教育研究,2004(6).

[42]郭元祥.教育理论与教育实践关系的逻辑考察[J].华中师范大学学报,1991(1).

[43]韩延明.理念、教育理念及大学教育理念探析[J].教育研究,2003(9).

[44]李玲,黄宸,韩玉梅.教育体制综合改革:理论、路径与评价[J].教育研究,2015(6).

[45]李茂荣.实践共同体概念的转化与反思——基于文本的分析[J].教育学术月刊,2015(7).

[46]李思殿.实习支教:一举双赢的教师教育改革举措——地方师范院校人才培养模式改革的实践和理论探索[J].中国大学教学,2009(5).

[47]刘朝锋.理论与实践融合的职前教师教育模式研究——以美国恩伯利亚州立大学教师学院为中心[J].外国教育研究,2014(8).

[48] 刘力,梁梅.高师院校教师教育"三位一体"实践教学模式的构建与实施[J].中国大学教学,2012(6).

[49] 刘小强,蒋喜峰.教师教育改革走向何方[J].高等教育研究,2015(1).

[50] 龙宝新."互涉"与"互摄":教育理论与教育实践关系的时代解读[J].教育研究,2012(9).

[51] 卢乃桂,王夫艳.教育变革中的教师专业身份及其建构[J].比较教育研究,2009(12).

[52] 容中逵.教育改革的文化逻辑[J].教育研究,2016(6).

[53] 田慧生.落实立德树人根本任务全面深化课程教学改革[J].课程教材教法,2015(1).

[54] 王建磐.中国教师教育:现状、问题与趋势[J].教师教育研究,2004(9).

[55] 蒋玉珉,姚本先.新时期高等师范院校改革与发展的理性探讨[J].中国高等教育,2004(18).

[56] 詹小平.新升格地方高师院校的定位与发展[J].高等教育研究,2004(5).

[57] 王少非.教师专业发展:学校的能为和应为[J].教育发展研究,2011(18).

[58] 王华荣.构建教师教育全程实践教学体系的探索[J].中国大学教育,2010(4).

[59] 温彭年,贾国英.建构主义理论与教学改革[J].教育理论与实践,2002(5).

[60] 杨甲睿,黄甫全.院校协作的互惠原理[J].教育发展研究,2013(4).

[61] 徐学福.理论失位与实践转向——20世纪美国课程与教学研究的重心转移[J].全球教育展望,2011(5).

[62] 胡旭红.基于"研究"的教学实践模式——芬兰小学教师职前教育的经验[J].外国中小学教育,2012(5).

[63] 叶澜.思维在断裂处穿行——教育理论与教育实践关系的再寻找[J].中国教育学刊,2001(4).

[64] 曾天山.教育综合改革的现实意义和实践路径[J].教育研究,2014(2).

[65] 张增田.论教师教育共同体的三重意蕴[J].教育研究,2012(11).

[66] [荷]尼克·温鲁普,简·范德瑞尔,鲍琳·梅尔.教师知识和教学的知识基础[J].北京大学教育评论,2008(1).

[67] [加]吉恩·克兰迪宁,鞠玉翠.知识与课程开发:教师教育的新图景[J].教育研究,2009(4).

[68] [美]李·S.舒尔曼著,王幼真,刘婕编译.理论、实践与教育的专业化[J].比较教育研究,1999(3).

[69] [美]罗伯特·哈里曼著,刘宇译.实践智慧在二十一世纪(上)[J].现代哲学,2007(1).

[70] [美]尼古拉斯,G.奥努弗.建构主义的哲学渊源探析[J].世界经济与政治,2006(9).

[71] 唐玉光.教学工作与师范教育的专业化取向[D].华东师范大学博士学位论,1998.

[72] 张翔.教师教育 U-S 共生性合作研究[D].西南大学博士学位论文,2012.

[73] 朱桂琴.教师的实践性格[D].华中师范大学博士学位论文,2009.

[74] Barr, Robert B., Tagg, John. From Teaching to Learning—A New Paradigm for Undergraduate Education [J]. Change, 1995(6).

[75] Michael H. Parsons. Learner-centered Assessment on College Campuses: Shifting the Focus from Teaching in Learning [J]. 2001(1).

[76] Zeichner. & Liston. D. Reflective teaching: An Introduction [M]. Mahwah. NJ. Erlbaurn, 1990.

[77] Lucas, C. J. Teacher Education in America: Reform Agendas for the Twenty-First Century [M]. New York: St. Martin's Press, 1997.

[78] Long, D. & Riegle, R. Teacher Education—The Key to Effective School Reform [M]. Westport, CT: Bergin and Garvey, 1999.

[79] Sarason, S. B. The Case for Change, Rethinking the Preparation

of Educators [M]. San Francisco: Jossey—Bass, 1993.

[80] Roth, R. A. The Role of the University in the Preparation of teachers [M]. Philadephia: Falmer Press, Taylor&Francis Inc, 1999.

[81] Herbst, Jurgen. And sadly Teach: Teacher Education and Professionalization inAmerican Culture [M]. Madison, Wisconsin: The University of Wisconsion Press, 1989.

[82] Arueen Robinsonm. Initial Teacher Education in a Changing South Africa: experiences [J]. Reflections and challenges. Journal of Education for Teaching, 1999, 25(3).

[83] Maria Ines Marcondes. Teacher Education in Brazil [J]. Journal of Education for Teaching, 2017, 25(1).

[84] Iddo Oberski . The Importance of Relationships in Teacher Education [J]. Journal of Education for Teaching, 1999, 25(2).

[85] Eric Drever&Peter Cope. Students'Use of Theory in an Initial Teacher Education Programme [J]. Journal of Teacher Education, 1999, 25(2).

[86] Nobuo K. Shimahar (ed.). Teacher Education in Industrialized Nations—Issues in Changing Social ContextS [M]. New York and London: Garland Publ ishing, inc. 1995.

[87] Debra J. Ackerman. Getting teachers from here to there: Examining issues related to an early care and education teacher policy [J]. Early Childhood Research & Practice, 2005, 7(1) .

[88] Janice J. Beaty. Skills for Preschool Teachers [M]. Upper Saddle River, N. J. Pearson/Merrill/Prentice Hall, 2008.

[89] M. A. Milter. State-level. Post-Tenure Review Policies [J]. Innovative Higher Education, 1999(1).

后　记

"流光容易把人抛,红了樱桃,绿了芭蕉。"当我为书稿画下最后一个句点,窗外已经是蕉绿樱红、接天莲叶的初夏时节。终于可以放下键盘,舒展匍匐已久的身体,透过月色,听听蛙鸣,看看满天的繁星,感受萤火虫在月下林中的美丽瞬间。南宋大词人辛弃疾在田埂的低吟隐约地在耳边回响,"明月别枝惊鹊,清风半夜鸣蝉。稻花香里说丰年,听取蛙声一片"。初夏盛放的温暖与华美,充盈于天地之间,一如我心中对教育的敬畏、怀想和感恩!

假如说人的发展是一条绵延不息的长河,那么高中阶段的教育对我而言就是这长河中最动人心魄的涛声,至今涛声依旧,声声不息,澎湃、激荡着我的生命之河!我的高中数学老师,一位非常慈祥和蔼、平易近人、充满睿智的数学老师,曾用他充满智慧的教学艺术唤醒、激励、鼓舞了我,在老师的循循善诱下,对数学学习欲罢不能,使一个曾经自卑到尘埃里的数学高恐者获得了自信与新生!若说生命里有不能承受之重,便是恩师这厚厚重重的馈赠!是的,我是幸运的,美好的教育扶植了我的梦想,在此,我对那些扶持和激励我的所有老师致以崇高的敬意和诚挚的谢意,并将以更加切实的努力来回报他们对我的恩典。

德国教育家第斯多惠说过,教学的艺术不在于传授本领,而在于激励、唤醒与鼓舞。苏联著名教育家苏霍姆林斯基也指出:"学生学习兴趣的源泉在于运用知识,在于体会到智慧能统帅事实和现象,人的内心有一种根深蒂固的需求——总想感到自己是发现者、研究者、探寻者……但如果不向这种需求提供养料,即不积极接触事实和现象,缺乏认知乐趣,这种需求就会逐渐消失,求知兴趣也与之一道消失。不断扶植和加深学生想成为发现者的愿望,并通过特殊的工作方法实现他们这一愿望,是十分重要的教育任务。"①

作为高校的教师教育者,我们深知这一任务的重要性和艰巨性。近几年来,我们秉持实践取向的理念不断深化教学改革,努力推进教学的三个改变,即以教为主向以学为主转变、以课堂教学为主向课内外结合转变、以结果评价为主向结果与过程评价结合转变。改革的依据正是为了"扶植和加深学生想成为发现者的愿望",激励、唤醒与鼓舞学生的内在学习动机。通过实践取向的教学改革,切入并丰富学生的经验系统,实现知识向智慧的转化。经验,是个体精神生活的巨大源泉,也是间接知识转化为个体精神财富的中介,是构成个体认知结构的重要因素。而经验是活动的产物。活动的本质特征是个体的主动参与。活动过程是活动主体的个性创造力双向对象化的过程,一方面,通过活动,个体的创造力、潜能、天赋、审美鉴赏力、个性等得以表征、凝固在活动过程中和活动结果上;另一方面,通过活动,又丰富着、发展着个体的个性潜能、资质和素养。单纯的系统讲授教学效果并不理想。现代教学模式论认为,教学就是环境的创造。创造一个有利于培养学生健康、丰富个性的环境,强调教学中师生的民主、平等、友善与合作,把教学过程视为师生的个性发展与完善过程,在教与学的过程中处理学生成长与发展的全面问题,是教学中实现培养学生健康、丰富个性这一首要目标的基本条件。因为任何人的成长都是在一定的时空中、一定的情境中、一定的过程中实现的。正如教育心理学家林格伦(H. G. Lindgren)所指出的:"人有一种使自己成为有能力和有效力的持续的内驱力;能力和效力主要是学习的结果;能力发展有赖于学习,而这种学习是被环境中所觉察到的变化激起的。"②布鲁纳也强调指出:"人唯有凭借解决问题或发现问题的努力才能学到真正的发现的方法。这种实践愈积累,就愈能将自己学到的东西概括为解决问题和探究问题的方式。掌握这种概括的方式,对他解决各种各样的问题是有效的。"③良好的教学过程应该是充满智力挑战、怡人性情、益人

---

① [苏]苏霍姆林斯基著,周蕖,王义高,刘启娴,董友,张德广,译.给教师的建议[M].武汉:长江文艺出版社,2014.
② 钟启泉编译.现代教学论发展[M].北京:教育科学出版社,1988.
③ 钟启泉编译.现代教学论发展[M].北京:教育科学出版社,1988.

心智、变化气质、滋养人生的精神漫游。只有这样的教学过程,才有益于个体精神世界的丰富以及个性、实践力和创造力的培养。

教师是反思性实践者,教师工作是理论指导下的实践活动,教育实践能力是教师专业成长的核心。教师教育要考虑有效联结经验和理论;凸显情境和反思在提升教师专业实践能力中的重要作用。通过多年的实践取向的教学改革,特别是通过不断拓展和丰富师生的"在地实践"的教学经验,我们教师的实践指导能力明显提升,师范生的专业实践能力不断提高,人才培养成效显著。撰写此书的初衷,为的是总结过去,继往开来。我们深知自己还有许多的不足,但我们会知耻而后勇,在教学改革的路上不断勤勉精进,为培养高质量人才不懈探索。

特别感谢原教师教育学院的全体师生,齐心聚力,积极配合,以高昂的热情投入实践取向的教学改革之中,积累了丰富的改革经验,提炼了深邃的教学思想,为本书的撰写提供了宝贵的理论与实践资源。本书所展示的案例,都是本院师生慷慨提供,由于涉及的人员较多,恕不在此一一提名致谢。对于每位案例提供者,除了在书中保留署名以致敬意与谢意外,本人内心也将咏怀感激之念!

还要感谢所有小学、幼儿园教师发展学校,为我们师生的"在地实践"教学提供了强有力的支持。另外,在本书的撰写过程中,还参阅了许多国内外文献资料。特别是该书的写作得到了国家留学基金委的资助,使我在出国访学期间得以进一步完善本书。该书也是台州学院重大教学成果培育项目"核心素养理念下学前教育应用型本科人才培养模式创新研究"的结题成果之一,课题的立项大大推动了本书的写作。还要特别提及吉林大学出版社各位编辑,为该书的出版付出了辛勤的劳动,在此一并表示我衷心的谢忱!

路漫漫其修远兮,吾将上下而求索!教改,我们永远在路上!是为记!

粟高燕

2019 年 5 月下旬于台州景园花园